湖南省高校思想政治工作质量提升工程资助项目（项目编号：21C29）
湖南省社科基金重点项目（项目编号：2017ZWC04）

大学生思想素质结构及其优化研究

唐励 著

中国社会科学出版社

图书在版编目（CIP）数据

大学生思想素质结构及其优化研究 / 唐励著. —北京：中国社会科学出版社，2021.10
ISBN 978-7-5203-9191-7

Ⅰ.①大⋯ Ⅱ.①唐⋯ Ⅲ.①大学生—思想政治教育—研究—中国 Ⅳ.①G641

中国版本图书馆 CIP 数据核字（2021）第 191366 号

出 版 人	赵剑英
责任编辑	刘　艳
责任校对	陈　晨
责任印制	戴　宽

出　　版	中国社会科学出版社
社　　址	北京鼓楼西大街甲 158 号
邮　　编	100720
网　　址	http://www.csspw.cn
发 行 部	010-84083685
门 市 部	010-84029450
经　　销	新华书店及其他书店
印刷装订	三河弘翰印务有限公司
版　　次	2021 年 10 月第 1 版
印　　次	2021 年 10 月第 1 次印刷
开　　本	710×1000　1/16
印　　张	21
插　　页	2
字　　数	278 千字
定　　价	108.00 元

凡购买中国社会科学出版社图书，如有质量问题请与本社营销中心联系调换
电话：010-84083683
版权所有　侵权必究

创新思政教育研究　提高思政教育成效
（代序）

张国祚

习近平总书记指出，"两个一百年"奋斗目标的实现、中华民族伟大复兴中国梦的实现，归根到底靠人才、靠教育。面对新的历史使命，培养思想过硬的可靠接班人成为直接关系社会主义现代化事业兴衰的重大现实问题。近些年来我国大学生思想政治教育不断加强和改进，成效明显。但是，大学生思想政治教育仍然还有改进余地和提升空间。这种"改进"和"提升"总的指导思想是习近平总书记提出的关于思政教师标准的"六个要"和思政教育方法的"八个统一"。其中关于"坚持主导性和主体性相统一"的要求，涉及的就是要加大对学生认知规律和接受特点的了解和把握。即要对大学生思想素质形成的内因和外因进行深入研究。已有的研究"外因"偏多，"内因"偏少，尤其是从内因的结构上去研究的更少。

按照马克思主义辩证唯物论的认识论，内因是事物发展变化的根本原因，外因只在一定条件下起作用。人的思想素质演变也是如此。因而提高大学生的思想政治素质，要内外因同时发力。在改变外部条件的同时，要着力促进内部因素的转化，要着力从大学生思想素质结构的实际状况入手，着眼大学生思想素质结构的优化。

基于上述认识，唐励同志坚持以马克思主义辩证唯物论的认识论为指导，对大学生思想素质结构的要素、要素的逻辑关系、结构模型、现状及优化等问题展开研究。他认为大学生思想素质结构是大学生思想素质内部各要素之间相对稳定的联系方式和组合关系。它由核心要素价值观念、基础要素思想心理、关键要素思想认识和外现要素思想行为四大要素系统构成，其中价值观念是定向的子系统；思想心理是推动和调节的子系统；思想认识是链接的子系统；思想行为是校验的子系统。这四个子系统逻辑关系紧密，它们相互影响、相互作用，协同构成大学生思想素质结构大系统。

　　作者是我的博士后，他主持的这项研究得到了湖南省委宣传部和省委教育工委的立项和支持。这是一项富有创新精神、理论价值和实践意义的研究。面对世界百年未有之大变局和中华民族伟大复兴战略全局，引导大学生立大志、明大德、成大才、担大任，成为社会主义合格建设者和可靠接班人，是思想政治教育工作者的神圣使命。没有最好，只有更好。"更好"只能在不断加强改进创新中得以实现。希望唐励同志以此为起点，不断探索，推出新的更加务实管用、更有时代价值的思想政治教育研究的创新成果。

　　是为序。

（张国祚系中央马克思主义理论研究和建设工程首席专家、
　中国文化软实力研究中心主任，教授、博士生导师，
　　　　　　　　　　　　　　　马克思主义理论家）

目　录

第一章　绪论 …………………………………………………… (1)
　　第一节　研究背景与意义 ……………………………………… (2)
　　　　一　研究背景 ……………………………………………… (2)
　　　　二　选题意义 ……………………………………………… (6)
　　第二节　研究现状与评析 ……………………………………… (12)
　　　　一　国内研究现状 ………………………………………… (13)
　　　　二　国外研究现状 ………………………………………… (30)
　　　　三　国内外研究现状评析 ………………………………… (39)
　　第三节　研究思路及方法与创新点 …………………………… (40)
　　　　一　研究思路 ……………………………………………… (40)
　　　　二　研究方法 ……………………………………………… (46)
　　　　三　主要创新点 …………………………………………… (47)

第二章　大学生思想素质结构概念辨析 ……………………… (51)
　　第一节　相关概念厘定 ………………………………………… (51)
　　　　一　思想素质 ……………………………………………… (52)
　　　　二　大学生思想素质 ……………………………………… (61)
　　　　三　大学生思想素质结构 ………………………………… (66)

四　大学生思想素质结构的优化 …………………………（68）
　第二节　大学生思想素质结构的主要特征 ……………………（70）
　　一　逻辑性 …………………………………………………（70）
　　二　稳定性 …………………………………………………（71）
　　三　耦合性 …………………………………………………（72）
　第三节　研究的理论基础 ………………………………………（73）
　　一　马克思人的自由全面发展理论 ………………………（73）
　　二　思想政治教育关于人的品德形成和发展规律 ………（76）
　　三　系统论及结构模型理论等相关理论借鉴 ……………（79）

第三章　大学生思想素质结构的基本要素 …………………（87）
　第一节　价值观念 ………………………………………………（87）
　　一　价值观念的内涵 ………………………………………（88）
　　二　大学生价值观念系统的构成 …………………………（91）
　　三　价值观念是思想素质结构的定向盘 …………………（94）
　第二节　思想心理 ………………………………………………（97）
　　一　思想心理的内涵 ………………………………………（97）
　　二　大学生思想心理系统的结构 …………………………（99）
　　三　思想心理是思想素质结构的动力元调节阀 ………（102）
　第三节　思想认识 ……………………………………………（105）
　　一　思想认识的内涵 ……………………………………（106）
　　二　大学生思想认识系统的结构组成 …………………（107）
　　三　思想认识是思想素质结构的链接剂 ………………（116）
　第四节　思想行为 ……………………………………………（119）
　　一　思想行为的内涵 ……………………………………（119）
　　二　大学生思想行为系统的主要构成 …………………（120）

三　思想行为是思想素质结构的校验器 …………………（122）

第四章　大学生思想素质结构要素的逻辑关系 ……………（127）
第一节　价值观念是核心 ………………………………（128）
一　价值心理调控思想心理 …………………………（129）
二　价值认识支配思想认识 …………………………（131）
三　价值选择掣肘思想行为 …………………………（133）
第二节　思想心理是基础 ………………………………（135）
一　思想心理是形成价值观念的基础 ………………（136）
二　思想心理是产生思想认识的条件 ………………（138）
三　思想心理是导引思想行为的前提 ………………（139）
第三节　思想认识是关键 ………………………………（140）
一　思想认识影响价值观念 …………………………（141）
二　思想认识作用思想心理 …………………………（142）
三　思想认识指导思想行为 …………………………（144）
第四节　思想行为是外现 ………………………………（146）
一　思想行为反映价值观念 …………………………（147）
二　思想行为体现思想心理 …………………………（148）
三　思想行为表现思想认识 …………………………（149）

第五章　大学生思想素质结构的基本模型 …………………（151）
第一节　思想素质结构的形成机理 ……………………（152）
一　筑轴：思想素质结构核心环节 …………………（152）
二　构基：思想素质结构基础环节 …………………（155）
三　建架：思想素质结构关键环节 …………………（157）
四　成型：思想素质结构铸模环节 …………………（158）

第二节　大学生思想素质结构的主要模型探讨……………（160）
　　一　一轴三体型…………………………………………（161）
　　二　要素主导型…………………………………………（164）
　　三　要素平行型…………………………………………（171）
　　四　要素交互型…………………………………………（172）

第六章　当前大学生思想素质结构现状调查………………（175）
　第一节　思想素质结构抽样调查……………………………（176）
　　一　调查设计：样本选取与量表设计…………………（176）
　　二　量表分析：信度与效度测评………………………（179）
　第二节　思想素质结构的总体状况…………………………（182）
　　一　结构要素多元………………………………………（183）
　　二　结构模型多样………………………………………（188）
　　三　结构方式严谨………………………………………（194）
　　四　结构状态稳定………………………………………（196）
　第三节　思想素质结构的主要问题分析……………………（199）
　　一　结构要素不健全……………………………………（199）
　　二　结构组合欠科学……………………………………（205）
　　三　要素互动呈弱化……………………………………（211）

第七章　优化大学生思想素质结构的时代要求……………（217）
　第一节　结构的方式要求……………………………………（217）
　　一　结构要多样…………………………………………（218）
　　二　结构要严谨…………………………………………（220）
　　三　要素要互动…………………………………………（223）
　第二节　结构的功能要求……………………………………（224）

  一 为大学生核心价值观的建立奠定思维基础……（226）
  二 为大学生坚定理想信念提供意志定力……（229）
  三 为大学生个体心理冲突建构消解机制……（232）
 第三节 结构的品质要求……（233）
  一 要素完善……（234）
  二 状态稳定……（236）
  三 功能正向……（239）

第八章 优化大学生思想素质结构的策略与方法……（241）
 第一节 优化原则……（241）
  一 导向性原则……（242）
  二 系统性原则……（243）
  三 时代性原则……（244）
  四 协同性原则……（245）
  五 个性化原则……（246）
 第二节 优化目标……（246）
  一 内和谐……（247）
  二 外适应……（249）
 第三节 优化方法……（250）
  一 优化结构要素……（251）
  二 改善结构组合……（255）
  三 强化结构链接……（260）
  四 推进结构互动……（263）
 第四节 优化路径……（267）
  一 抓总：拧好总开关，育牢核心价值观……（267）
  二 夯基：培育健康心理，培养健全人格……（273）

三　铸魂：强化理论教育，筑牢理想信念 …………… (275)
　　四　锻造：优化思想环境，加强社会实践 …………… (281)
　　五　塑型：整合教育资源，培优思想素质 …………… (285)

结　语 …………………………………………………… (290)

参考文献 ………………………………………………… (295)

附录1　大学生思想素质结构调查问卷 ………………… (311)

附录2　大学生思想素质结构访谈提纲 ………………… (321)

后　记 …………………………………………………… (323)

第一章 绪论

在实现中华民族伟大复兴的中国梦的征程中，当代中国开启了全面建设社会主义现代化国家新征程，建成富强民主文明和谐美丽的社会主义现代化国家，需要全体中华儿女万众一心、众志成城，更需要人的现代化作为关键支撑。现代化的核心在于人的现代化，在于人的思想素质的现代化。大学生作为社会主义建设者和接班人，其思想素质优劣直接关系到社会主义现代化的顺利实现，关系到中华民族的兴衰成败。改革开放以来，我国取得了举世瞩目的成就，高等教育实现了跨越式发展。我国大学生思想政治教育在推进人才培养、服务国家发展上作出了重要贡献。如何更好地引导当代大学生凝聚中国梦共识、增强"四个自信"，使之成为担当民族复兴大任的时代新人，迫切需要高校思想政治教育更加"强基固本"，迫切需要精准把握当代大学生的思想素质状况，尤其是结构情况，以建构符合我国国情和时代要求的大学生思想素质。这已成为当前理论界和学术界关注的重要课题，也成为现代思想政治教育需要面对和破解的难题。对这一问题的思索，构成了本研究的起点。

第一节 研究背景与意义

习近平总书记深刻指出:"我们党立志于中华民族千秋伟业,必须培养一代又一代拥护中国共产党领导和我国社会主义制度、立志为中国特色社会主义事业奋斗终身的有用人才。"[①] 强调要筑牢当代大学生中国梦,培育大学生社会主义核心价值观,引导他们坚定理想信念,提升思想素质。站在新的历史起点,当前我国面临的国际国内形势错综复杂。面对百年未有之大变局,当前国际局势风云变幻,各种思想文化激烈交流交融交锋,我们面临着意识形态安全和价值观渗透等问题;我国社会深刻变革,改革进入攻坚期和深水区,人们思想异常复杂多元。这些构成了当代中国的现实图景。在新的历史背景下,审视当代大学人才培养、观照当代大学生思想素质,必须置于社会大转型大变革的时代背景中,必须着眼中华民族伟大复兴的战略全局,必须扭住党和国家的需要这一根本,必须把握当代中国对人才培养的新遵循、新要求。开展大学生思想素质结构及其优化研究有着如下深刻的背景。

一 研究背景

(1) 多年来大学生思想政治教育对大学生思想素质结构内部的忽视。长期以来,党中央对我国大学生思想政治教育高度重视,极为关注。尤其是进入新世纪以来中央于 2004 年和 2016 年出台了两大重要的纲领性文件;2019 年 3 月 18 日,习近平总书记主持召开学校思想政治理论课教师座谈会并发表重要讲话,强调思政课是落实立德树人根本任务的关键课程;2019 年 8 月中央办公厅和国务院办公厅下发了

[①] 《习近平谈治国理政》第 3 卷,外文出版社 2020 年版,第 328—329 页。

第一章 绪论

《关于深化新时代学校思想政治理论课改革创新的若干意见》；2021年7月中共中央、国务院印发了《关于新时代加强和改进思想政治工作的意见》，首次提出把思想政治工作作为治党治国的重要方式。在中央加强和改进大学生思想政治教育实施意见等文件和习近平总书记关于思想政治教育的系列重要论述的指引下，全国大学生思想政治教育在加强中改进，在改进中提高，取得了丰硕成果。大学生思想政治教育得到空前重视，大学生思想政治工作机制得到极大加强，大学生思想素质呈现出良好发展态势。但是，不得不承认我国大学生思想政治教育工作还存在着一些问题和短板，其成效离党中央、离全国思想政治工作会议、离当今时代的要求还有差距。一些大学生在理想理念、价值观念、思想心理、思想行为等方面还不同程度地存在着问题。究其原因是多方面的，其中之一的重要原因是多年来较为注重从外部着力，比较忽视大学生思想内部的分析。即强调从外部方式方法入手，比如通过网络、社会实践等外部手段来提高大学生的思想政治素质，而很少注重从大学生思想素质内部作出探究和解析。实际工作如此，学术研究亦如此。从文献上看，展开对大学生思想素质结构内部探析的文本较为鲜见，学术界有些相关成果，但专门从内部研究大学生思想素质结构及其优化的文章还很少。开展大学生思想素质结构及其优化研究，成为解决当前大学生思想政治教育问题的现实需要。大学生作为社会主义建设者和接班人，其思想素质直接关系到社会主义中国培养的接班人可靠与否，关系到党的事业兴衰，关系到国家的前途命运。如前所述，当代大学生思想素质问题的存在是客观的。反思这些问题，教育者应当首先追问大学生思想政治教育自身。为什么教育目的没能很好实现，为什么教育的针对性和实效性还不十分理想，为什么教育者的设计和实施没有达到预期目标？对这些问题的解答，不仅应从大学生思想政治教育系统中寻找答案，更应深入解析其系统结构,从系统内部进行结构性分析。而现实中,当前理论研究和工作实践对大学生思想素质的关注,大多集中在它的主要表现、现实问题,并据此作为问题原点研究对策措施,多从外部入手提出优化的方法手段,而关注其内部结构的很少,尤其以思想素质结构为视点做出结构性研究的比较鲜见。这造成了当代大学生思想素质优化问题依然明显,大学生思想素质教育现实中的结构性矛盾和困惑依然没有得到很好的解决。破解这一问题亟须学界从新的结构化视角入手。

（2）党和国家对大学生思想政治教育对当代大学生提出更新更高要求。2014年5月习近平总书记在与北京大学师生座谈时指出:"建设富强民主文明和谐的社会主义现代化国家,实现中华民族伟大复兴,是鸦片战争以来中国人民最伟大的梦想,是中华民族的最高利益和根本利益。"[①] 中国梦是当代中国的国家梦、民族梦,是千百年来中华儿女矢志不渝的共同追求和精神力量,更应成为当代大学生思想素质结构的核心。习近平总书记还要求广大青年把实现中国梦作为青春责任,作为青年一代牢固树立的远大理想。2018年5月他同北京大学师生座谈时进一步强调,"广大青年既是追梦者,也是圆梦人。追梦需要激情和理想,圆梦需要奋斗和奉献。"[②] 当代大学生思想政治教育必须把凝聚青年大学生的中国梦思想共识作为事关国家和民族未来的高度来认识,必须把巩固中国梦的思想共识作为培育大学生思想素质的内核,必须把引导大学生追逐中国梦的思想认同作为他们的精神动力,不断涂红当代大学生的思想底色。实现中国梦,建设富强民主文明和谐美丽的社会主义现代化强国,是当代中国的第二个百年目标,也是全体中国人的价值追求。习近平总书记高屋建瓴地指出:

---

① 《十八大以来重要文献选编》（中）,中央文献出版社2016年版,第4页。
② 习近平:《在北京大学师生座谈会上的讲话》,《人民日报》2018年5月3日第2版。

"我为什么要对青年讲社会主义核心价值观这个问题？是因为青年的价值取向决定了未来整个社会的价值取向，而青年又处在价值观形成和确立的时期，抓好这一时期的价值观养成十分重要。""青年要从现在做起、从自己做起，使社会主义核心价值观成为自己的基本遵循。"① 社会主义核心价值观是兴国之魂，它承载着中华民族和当代中国的精神追求，体现着社会评判是非曲直的根本价值标准。培育当代青年牢固的社会主义核心价值观事关大学生思想素质结构核心，事关长远未来。高校思想政治教育研究与实践都必须把引导大学生"扣好人生的第一粒纽扣"作为重大战略任务抓紧抓好，必须把建构大学生社会主义核心价值观作为优化其思想素质结构的核心环节。新时代，我们要大力培育担当民族复兴大任的时代新人。这不仅事关大学生个体发展，而且事关高校人才培养成效，更是摆在当前高校思想政治教育工作者面前的一项重要而紧迫的现实任务。面对这一背景，亟须展开对大学生思想素质结构及其优化的研究，这不仅关乎高校立德树人根本任务的实现，而且关系"培养什么样的人、如何培养人以及为谁培养人"这一根本问题。

（3）当代大学生面临着时代赋予的更多更高的挑战。每一个时代都有每一个时代的要求和使命，每一个时代的要求都深深地反映着这个时代的脉搏和文明的程度。这就要求每一个时代都要有对应的思想素质与之契合。大学生是时代的风向标，建构其符合时代要求的思想素质并切实崇尚和引导这种思想风尚和行为惯习，应成为高校思想政治教育义不容辞的战略任务。随着经济全球化、社会信息化、交往虚拟化时代的推进，物质丰盈、社会变迁、思想多元，大数据、全媒体裹挟多样思潮冲击人们头脑，深深地影响着处于时代浪尖潮头的青年

---

① 《习近平关于社会主义文化建设论述摘编》，中央文献出版社2017年版，第117页。

大学生，也对当代大学生的思想素质结构提出新的挑战。这些都深刻改变着当前大学生思想素质教育环境，原有的教育模式已难以适应新的时代要求，造成了大学生思想素质及其结构的变化，更造成了他们中少数人思想素质不高和思想行为失范。诸如理想信念不坚定、空虚无聊、求神拜佛、厌学迷网、见利忘义、拖赖贷款、舞弊抄袭、学术不端等。一些大学生思想看似没有问题，实则在现实中碰壁。比如：一些大学生思想单纯，自以为与世无争；一些大学生思想固执，自以为经验丰富；一些大学生思想活跃，自以为思想前卫；一些大学生思想激进，自以为与时俱进；等等。这些在他们看来看似没有问题的思想素质，却总令他们在现实中跌撞前行，常常碰壁和吃亏，为此令他们深深感到困惑和疑虑。造成这一问题的原因是多方面的，更重要的是结构性的原因，即结构要素和要素组合上的问题。如何更好地建构好当代大学生具备时代要求的思想素质结构，成为当前大学生思想政治教育面临的现实图景，成为迫切要求从理论上予以回应和破解的时代课题。总而言之，在夺取中国特色社会主义新胜利的征程中，开展大学生思想素质结构及其优化研究有着深刻的时代背景。

二　选题意义

大学生因其特殊的社会角色承载着光荣而艰巨的历史使命，其思想素质高低直接关乎社会主义伟大事业，直接关系着党和国家战略目标的实现。当代大学生思想素质水平整体较高，但存在着诸多结构性问题。客观精准地分析当代大学生思想素质的结构关系和现实状况，深入探索当代大学生思想素质结构规律，有利于克服当前我国发展转型中内外多种因素造成的理想信念动摇、思想行为失范等问题，形成符合时代要求的稳定优良的思想素质及其结构，有利于培养社会主义合格建设者和可靠接班人。开展大学生思想素质结构及其优化研究具有重要的理论意义和深远的现实意义。

（1）理论方面的意义

我国大学生群体是社会主义现代化建设的重要生力军。这支队伍的思想素质状态越来越引起党和国家的高度重视。面对日趋复杂的社会环境，当代大学生的思想素质状况呈现出较多的不稳定性，无论是外在表现还是内生结构都日益复杂。面对复杂的思想状况，如何提高大学生思想政治教育实效，这就迫切需要从理论上破题。从结构角度探寻其思想素质内部要素的变化、关系及其规律，显然是对学科视域的拓展，是对大学生思想政治教育理论的创新。它不仅是解决多年来大学生思想政治教育所忽视的偏重外部不重内部研究的需要，有利于为优化大学生思想素质、提升我国核心竞争力提供有力的理论支撑；有利于增强社会主义意识形态的吸引力，巩固马克思主义在高校意识形态领域的指导地位，丰富和发展社会主义思想文化理论。

第一，它有利于丰富和发展思想政治教育理论，拓展学科视域。思想政治教育是我们党的优势，其目的是提高人们的思想政治素质使之符合党和国家事业的发展要求。新中国成立70多年来，理论界对思想政治教育理论进行了较为深入的研究。随着形势的发展，新的情况和问题不断涌现，如何丰富和发展思想政治教育理论以适应新时代的需要，如何提升新形势下思想政治教育的实效？这些问题十分现实地摆在理论界面前。纵观既往思想政治教育理论对思想素质提升的研究，主要集中在外部层面，即围绕方法手段探索提升的措施、路径，而从思想素质内部入手较少，很少探寻思想素质的内生结构、内部关系、内在规律，很少探究通过优化内部结构达到优化思想素质、提升思想政治教育实效之目的。显然，从思想素质结构视角进行研究，不仅是对思想政治教育理论的丰富和发展，而且是思想政治教育学科空间的新拓展、学科视域的新开挖。我国思想政治教育学科从1984年诞生至今已37周年。37年来学科取得了迅猛发展，形成了自身独特的理论体系。这些理论指导学科发展和现实育人，取得了丰硕的成果。然而研究发现，学科从人的思想素质内部层面观照思想政治教育仍然较少，探寻思想素质内部关系和规律，虽做了一些尝试，但尚处于起步阶段，尚大有挖掘的空间。因此，转向这一视角研究应成为今天思想政治教育理论界应当关注的新课题。

第二，它有利于充实和完善思想道德理论，开阔思想理论视界。思想是人类最宝贵的财富，是推动人类发展进步的强大力量。结构存在于意识形态、物质世界等世间万物中。结构既是一种观念形态，又是物质的一种运动状态。结构是主观世界与物质世界的结合构造，是事物与事物及其事物内部的联系方式。人的思想是十分复杂的，因而其结构也是复杂变化的，但思想的结构又是有规律可循的。人的思想素质是人的素质在思想上的体现，人的思想素质结构展示的是思想素质内部要素间的组合方式，即要素关系。每一个时代都有每一个时代的要求。随着时代的发展，必然要求人的思想道德素质与之适应，否则社会的发展时代的进步就会失去动力支撑，尤其是最终的发展——人的自由全面发展就难以实现。实践召唤，理论先行。这就要求始终将理论研究置于首位，首先要探明思想道德的内在奥秘、思想道德素质的内在奥妙，以解开内部之谜为优化提升找到理论依据。开展这一研究，从结构视角将大学生的思想素质进行内在分析，就是对社会主义思想道德理论的内在剖析和深化，就是运用马克思列宁主义、毛泽东思想和中国特色社会主义理论体系，特别是马克思主义中国化最新理论成果——习近平新时代中国特色社会主义思想，分析和解决社会主义思想道德领域的一些重要而紧迫的理论和现实问题，充实和完善当代中国思想道德理论体系。

第三，它有利于探索和总结社会主义核心价值观的培育规律，丰富思想文化建设成果。"人类社会发展的历史表明,对一个民族、一个国家来说,最持久、最深层的力量是全社会共同认可的核心价值观。"① 社会主义核心价值观建设事关凝心聚力根本。习近平总书记要求当代青年"自觉树立和践行社会主义核心价值观"②,"于实处用力,从知行合一上下功夫,核心价值观才能内化为人们的精神追求,外化为人们的自觉行动"③。面对当代中国各种思想文化激荡的现实,如何积极利用我国思想理论和思想文化建设成果,帮助大学生有效地涵养和培育社会主义核心价值观,成为理论界需要积极思考的问题。研究当代大学生思想素质结构及其优化问题,旨在探寻优化其思想素质的良好途径和优良方法,探讨构建科学牢固的思想素质结构模型,使之有效抵御西方价值观渗透,坚定"四个自信";也是探索总结当代大学生社会主义核心价值观的培育规律。它不仅有利于帮助大学生树立正确的世界观、人生观、价值观,引领他们树立坚定的理想信念,形成优良的思想素质;而且还有利于帮助他们更加牢固地树立社会主义的价值目标,更加坚定地选择社会主义的价值取向,更加自觉地坚守当代中国的价值准则,更加坚定不移地走中国特色社会主义道路。

第四,它有利于助力和推进思想素质教育的理论进程,深化素质教育理论。当今世界人才竞争日趋激烈,国与国之间的较量越来越取决于世界一流人才的拥有量,越来越取决于人才素质,尤其是思想政治素质这一核心。提高人才的思想政治素质,提升人才的软实力,越来越成为国家参与国际竞争的重要战略抓手,越来越成为各国素质教育的核心内容。随着形势的发展,尤其是教育实践中涌现出的新情况、新问题,必然要求思想素质教育理论进行创新和与时俱进,必然

---

① 《习近平关于社会主义文化建设论述摘编》,中央文献出版社2017年版,第112页。
② 《习近平关于青少年和共青团工作论述摘编》,中央文献出版社2017年版,第22页。
③ 《习近平关于青少年和共青团工作论述摘编》,中央文献出版社2017年版,第28页。

要求从新的视角进行研究和探索，以适应现代人才培养的需要。我国素质教育肇始于20世纪80年代，发轫于我国教育人本理论的形成。我国素质教育的核心是全面发展教育，思想素质是全面发展的首要。长期以来，教育界对于思想素质教育理论的研究，大多集中在外部，而从内部结构入手显得不够。研究大学生思想素质结构状况及其发展趋势，无疑是新时代全面贯彻党的教育方针、推进素质教育进程的重要工作。它有利于推进高校全面落实立德树人的根本任务，对于培养提高当代大学生的思想水平和综合素质，使之成为习近平总书记要求的"做有理想、有追求的大学生，做有担当、有作为的大学生，做有品质、有修养的大学生"① 具有十分重要的战略意义。

（2）实践方面的意义

习近平总书记在2016年12月召开的全国高校思想政治工作会议上强调"要坚持把立德树人作为中心环节，把思想政治工作贯穿教育教学全过程"②，"不断提高学生思想水平、政治觉悟、道德品质、文化素养"③。这一重要论述深刻回答了培养什么样的思想素质的接班人这一重大问题。分析当代中国大学生思想素质及其结构状况，无论对于推进社会主义精神文明建设，推动高校做好"两个巩固"、落实立德树人根本任务，还是对于破解当代大学生思想素质结构问题、培育大学生健全人格均具有极其重要的现实意义。

第一，它有益于促进社会主义精神文明的发展和进步。社会主义精神文明建设承载着为实现"两个一百年"奋斗目标和中华民族伟大复兴的中国梦提供强大精神力量的重要任务。社会主义精神文明建设的推进很大程度上取决于社会成员的思想素质状况，与当代大学生的精

---

① 《习近平关于青少年和共青团工作论述摘编》，中央文献出版社2017年版，第52页。
② 《习近平谈治国理政》第2卷，外文出版社2017年版，第376页。
③ 习近平：《在北京大学师生座谈会上的讲话》，人民出版社2018年版，第7页。

神面貌紧密相关。大学生的思想素质越优,大学校园的文明程度就会越高,以此辐射和影响的社会风尚就越良,全社会团结奋进的思想基础和精神面貌就越好。人民越有信仰,民族越有希望,国家越有力量,社会主义现代化建设的目标就越易实现。可见,开展大学生思想素质及其结构优化研究,事关大学生思想素质水平的提高,事关当代大学精神家园的建构,事关高校信心和士气,事关社会主义精神文明建设。

第二,它有益于增强高校思想政治教育的针对性和实效性。据2020年6月15日中国教育报、中国教育新闻网发布的2019年全国教育事业统计数据显示:全国共有普通高等学校2688所(含独立学院257所),在学总规模4002万人[①]。习近平总书记曾评价和赞扬"当代大学生是可爱、可信、可贵、可为的"[②]。然而在这一庞大的群体中,思想素质状况存在问题:比如出现了故意碾压人致死的药家鑫、复旦大学投毒案林浩森、云南大学杀人碎尸学生张超等不良典型和理想信念动摇、失德失范、唯利是图等不良现象。有学者认为,当代大学生思想素质问题主要是结构性问题,要深入剖析其思想素质内部结构,从结构入手探寻方法。只有准确把握其内部结构关系、影响要素等问题,才能更有针对性地开展"诊治"使之优化,才能增强其针对性和实效性。因此,结合实证调查开展这一研究,对于精准把握当代大学生思想跃动的脉搏,尤其从动态和静态两个层面、内外两个层次抽丝剥茧地分析当代大学生的思想素质构成,无疑对于培养什么样的人、如何培养人,以及为谁培养人,对于增强大学生思想政治教育的针对性和实效性具有鲜明的实践意义。

第三,它有益于拓宽素质教育渠道,推进高校思想素质教育深

[①] 《2019年教育统计数据》,2020年6月11日,中华人民共和国教育部网站(http://www.moe.gov.cn/s78/A03/moe_560/jytjsj_2019/qg/202006/t20200611_464788.html)。

[②] 《十八大以来重要文献选编》(中),中央文献出版社2016年版,第1页。

化。习近平总书记曾指出，青年的素质和本领直接影响着实现中国梦的进程。教育部在全国范围内实施大学生思想政治教育质量工程，就是积极落实新一届党中央关于素质教育的重大战略部署。面对思想政治教育的新任务新挑战，研究大学生思想素质内在规律应当成为新时代素质教育所应关注的重点。如何提升大学生思想政治教育的实效，如何培育大学生稳固的社会主义核心价值观，需要创新教育机制，拓展研究视域。开展这一研究是破解当前大学生思想素质结构不优的需要，是现代思想政治教育的需要，也是拓展现代素质教育的需要。同时，通过典型个案分析、群体分析以及区域性、专业性、行业性、学历层级性等比较分析，找到不同类别大学生思想素质结构的情况，有益于更好地掌握不同地域、专业、行业、民族等的大学生的思想素质构成状况，有益于为不同群体学生开展个性化教育，从而增强思想政治教育成效，推进高校思想素质教育深化。

理论是实践的先导。研究大学生思想素质及其结构优化不能停留在文本的探讨上，而应紧扣现实，深入分析当代大学生思想素质及其结构的实然状态，用事实和数据回答当代大学生思想素质及其结构的现状和问题，将其置于历史的、世界的、未来的多维坐标中进行全方位的观照和审视，作为落实高校立德树人根本任务、推进社会主义核心价值观的培育、夯实中国梦的思想基础等重要工作的有机组成部分，这才是开展这一研究的重要意义和现实价值。

第二节　研究现状与评析

自人类文明开始，便开始了对人的素质的思考。同时伴随着对人的意识、认识、观念等思想素质的思索一直未曾停息。人们思考的成果——思想，便当之无愧地成为人类最宝贵的财富。纵观古今中外,孔子、毛泽东、柏拉图、黑格尔、马克思等思想巨匠和专家学者对思想、思想素质以及大学生思想素质的研究取得了不朽的理论成果,这些为研究大学生思想素质结构及其优化奠定了坚实的理论基础。

一 国内研究现状

目前,我国专门研究大学生思想素质结构的文献还较少。学术界对思想结构、大学生思想素质结构均各有研究,但取得的成果较为鲜见。从研究阶段来看,进入20世纪80年代以来,我国学界对大学生思想素质的研究伴随着思想政治教育学科的建立和发展而发展,虽起步较晚,但研究成果较多,发展较快。国内关于大学生思想素质结构及其优化的研究,伴随着素质教育在我国的提出和发展而发展,大抵经历了三个阶段:

第一阶段从20世纪70年代晚期到80年代中期,以1985年5月全国教育工作会议为时间点,本次会上邓小平明确提出"素质"一词,指出国家的发展越来越由劳动者的素质所决定,标志着我国对人才素质的研究进入直接探讨阶段;第二阶段从20世纪80年代中期至21世纪初,以2004年8月中共中央、国务院《关于进一步加强和改进大学生思想政治教育的意见》(中发〔2004〕16号)的下发为节点;第三阶段从21世纪初至今。第一阶段为起步阶段,这一阶段以概念运用为主,对其内涵的研究还在起步;1985年至2004年为探索阶段,这一阶段主要探讨了大学生思想素质及其结构的基本构成及外部路径优化等有关问题;2004年至今为初步发展阶段,这一阶段的重要事项是:2004年党中央国务院下发"中发16号"文件和2016年12月中共中央、国务院印发《关于加强和改进新形势下高校思想政治工作的意见》(中发〔2016〕31号)这两大重要文件。这一阶段学界重点从整体性视角探究了大学生思想素质及其优化、大学生思想政治素质结构等方面的问题。研究者们针对形势的发展及其大学生思想素质结构呈现出的新特点和新规律，遵循这一进路，开展了一系列富有成效的探索。

从研究成果看，少数学者对思想结构的定义、图式、特征等展开了一些探索性研究，并将思想结构置于思想政治教育学视域下做了初步探析。一些学者从大学生政治素质结构及优化、大学生政治素质的现状与对策等视角开展了研究，研究"大学生思想素质"的文献很多，但分析大学生思想素质结构的文献鲜见。在大学生思想素质研究上，主要集中在现状、问题等方面的研究，大多结合大学生思想素质状况就优化大学生思想政治素质做出外在性探析，没有从大学生思想素质内部结构入手分析，也没有系统分析优化大学生思想素质结构等方面的问题。国内学术界对大学生思想素质结构研究取得的成果，为系统、深入研究大学生思想素质结构及其优化打下了重要基础，提供了良好借鉴和积累。

（1）国内关于人的思想结构、思想素质结构的研究

思想素质结构起源于思想结构。我国对大学生思想素质结构的研究，首先是从研究人的思想结构、思想素质结构开始的。中国古代及近现代以来的思想家们一直在探寻思想结构的答案，并形成了对思想结构的认识成果。如"仁、义、礼、智、信""温、良、恭、俭、让"的思想，等等。新中国成立以后，学界对思想结构的研究主要集中在对具体思想结构的研究，如墨子思想结构的生成、毛泽东文学思想结构探析、邓小平国际战略思想结构探析等，而对思想结构元理论的研究还较少。从思想结构元理论研究看，20世纪80年代以来，伴随着素质教育的开展，我国少数学者开始着手探讨。李屏南是国内较早研究人的思想结构元理论的学者。他在1986年提出，"人的思想是

第一章 绪论

有结构的，多向性、多层性、多面性、多点性，即向、层、点、面是人的思想结构的主要要素，它们构成一个系统"①。接着，他在《论人的思想结构认识中的误区和界标》②及《论人的思想结构》③等文中，接连阐述人的思想结构，这成为国内颇具代表性的专门研究思想结构的学术成果。这些研究中作者提出了人的思想结构的图式："从内容上构成人的思想结构的软件主要包括：一是认知类的世界观、方法论以及各种具体认知观，二是需求类的理想系列，如社会理想、道德理想、职业理想、生活理想，价值系列，如物质价值、精神价值、人的价值；从形态上划分，构成人的思想结构的硬件主要有四个：多向性、多层性、多面性、多点性。"④ 李屏南还提出了人的思想结构的特点：独立性与相关性的统一、潜隐性与可显性的统一、稳定性与常变性的统一、碰撞性与磨合性的统一、主导性与多重性的统一。随后，罗剑明发展了这一思想，他从思想自我运动、自我发展的视角提出了思想自我构成的辩证过程⑤。后又指出，"人的思想是以社会存在为反映对象、以社会实践为基础的历史地发生和发展着的具有内在结构的系统，而思想系统内部结构的不断自我构造即自组织则是这种发生和发展的内在机制"⑥。1996年，李钦凡认为"人的思想体系要素由人的思想逻辑要素、知识要素、历史要素构成。逻辑要素由概念、命题、推理组成，知识要素由科学理论、经验知识等组成，世界观是思想中处于最高层次的要素，它决定着思想体系的性质，对思想

---

① 李屏南：《论人的思想结构及对人的评价方法》，《求索》1986年第2期。
② 李屏南：《论人的思想结构中的误区和界标》，《求索》1990年第6期。
③ 李屏南：《论人的思想结构》，《湖南师范大学社会科学学报》1997年第10期。
④ 李屏南：《论人的思想结构》，《湖南师范大学社会科学学报》1997年第10期。
⑤ 罗剑明：《论人的思想系统自我构成的辩证过程》，《社会科学》1991年第6期。
⑥ 罗剑明：《论人的思想系统的自组织》，《湖南师范大学社会科学学报》1992年第1期。

体系的结构具有根本导向作用，世界观决定人们的思想"[1]。2002年，童强论述了思想的结构层次："无意识层面、意识层面、系统化思想、抽象化思想、统一的知识。"[2] 他相应地划分了思想的结构层次：统一的知识——统一的思想结构；哲学、数学——思想的普遍结构、数理逻辑结构；系统化思想——人文、历史、心理等，社会科学，自然科学；日常意识——具有无限多样性、丰富内容的思想结构；无意识——无意识结构。这些代表性学者，从思想结构的要素阐述了人的思想结构，但还没有阐述思想结构的内涵，研究还不系统和深入。

伴随着对人的思想结构的研究，国内对人的思想素质结构的研究一直未曾停息，起步较早，且取得了一些基础性成果。综观这些研究主要集中在对思想素质的概念、思想素质教育、思想素质提高等方面，大多整体性借用思想素质概念，而系统梳理思想素质内部结构的成果较少。综合学者们的观点，学界较为认同的关于思想素质内涵的观点是：思想素质是人们在一定社会、阶级的思想体系指引下，按照一定的言行规范行动时，集中表现在个体身上的相对稳定的心理特点、思想倾向和行为习惯的总和。思想素质是个体所具有的思想品质的统称，它反映一个人思想品质的高低，是素质在思想方面的体现，指人在思想意识方面所表现出来的基本品质，包括认识、觉悟、观念、修养等方面。在此基础上提出思想素质结构的内涵，认为思想素质结构是思想素质内部各要素之间相对稳定的联系方式和配比关系。对思想素质结构内涵论述的代表性学者有：陈万柏、张耀灿认为，"思想品德结构是一个以世界观为核心，由心理、思想和行为三个子系统及其多种要素按一定方式联结起来，具有稳定倾向性的多维立体

---

[1] 李钦凡：《思想体系要素初探》，《淮北师范大学学报》（哲学社会科学版）1996年第3期。

[2] 童强：《结构与思想的结构史》，《南京大学学报》2002年第6期。

结构"①。陈志波提出,"思想政治素质是人文素质的重要方面,居于统帅地位,起着主导作用,包括以解决立场、观点、理想、信念等问题为特征的政治素质,以树立正确的思想认识和思想方法为特征的思想素质,以培养社会公德、高尚道德品质和文明行为习惯为特征的道德素质"②。他还认为,思想素质结构由思想认识和思想方法组成。熊建生提出,"思想素质主要包括一个人的思想观念、思想方法、思想作风,反映出一个人的思想觉悟、思想境界和思想水平","正确的思想观念、科学的思想方法、良好的思想作风构成人的思想素质结构"③。苏恩泽认为,人的精神、心理、意识、思想构成"精神四层次",思想在"最内层",六个基本思想素质构成人的思想素质结构:视觉素质、联系素质、坚持素质、速力素质、计数素质和全局素质④。王升臻提出,思想政治素质是一个多要素的综合系统,是人们在行为中表现出来的较为稳定的心理特点、思想倾向和行为习惯的总和⑤。作为人的意识形态之一的思想政治素质,其内在结构理应包括人与自然、人与人以及人与自身的关系。他还主张思想政治素质结构是思想政治教育学的研究对象之一,属于思想政治教育学研究的元问题,是思想政治教育学科建立的内在依据。"作为思想政治教育学的元问题,研究思想政治素质结构既应该探讨其外在结构,即心理—思想—行为结构,更应探讨其内在结构,即人与自然、人与人以及人与自身的关系结构。只有加强对思想政治素质内在结构的探讨,才能真正推动思

---

① 陈万柏、张耀灿:《思想政治教育学原理》,高等教育出版社2007年版,第117页。
② 陈志波:《对提高理工科大学生思想政治素质的几点思考》,《上海交通大学学报》(社会科学版)2000年第S1期。
③ 熊建生:《思想政治教育内容结构论》,中国社会科学出版社2012年版,第19页。
④ 苏恩泽:《思想的力量——关于思想素质的思考》,军事科学出版社2009年版,第88页。
⑤ 王升臻:《思想政治素质内在结构刍议》,《教育与管理》2014年第3期。

想政治教育基础理论研究的不断深化。"① 综合上述观点见表 1-1。此外，杜传平的《浅谈领导群体的心理素质结构和思想素质结构》（《行政与法》2001 年第 12 期），吴爱军、吕治国的《创新人才思想政治素质培养》（武汉大学出版社 2009 年版），周远清、阎志坚的《论素质教育思想》（高等教育出版社 2015 年版）等学者从不同侧面论及了人的思想素质结构。纵观国内对思想素质结构的研究，大多是对概念的运用和内涵的初步阐述，而从思想素质结构内部入手系统厘析人的思想素质结构的研究还比较少。

表 1-1　　　　　思想素质结构构成要素的理论观点

国内学者	理论观点	构成要素
陈志波	二要素	思想认识、思想方法
陈万柏　张耀灿	三要素	心理、思想、行为三个子系统构成
熊建生	三要素	思想观念、思想方法、思想作风
王升臻	三要素	心理特点、思想倾向、行为习惯
苏恩泽	六要素	视觉素质、联系素质、坚持素质、速力素质、计数素质、全局素质

（2）国内关于大学生思想素质结构及其优化的研究

第一，从构成要素探讨大学生思想素质结构。

国内学者研究大学生思想素质及其结构，是从研究大学生思想结构开始的。杨宜音较早研究大学生思想结构，1983 年她就提出，"大学生的思想倾向和特点通过对图书的自由择取能比较真实地表现出来。图书择取的动态指标是窥见大学生心灵的窗口之一"②。随后，学

---

① 王升臻：《思想政治素质内在结构刍议》，《教育与管理》2014 年第 3 期。
② 杨宜音：《从读书结构看大学生思想结构》，《青年研究》1983 年第 3 期。

者们从价值观念、理论水平、认知能力、行为实践等诸多方面探析了大学生思想结构的特点。这些研究其实是从大学生思想构成的角度初步探讨大学生思想素质的构成。伴随着对大学生思想结构的研究,学者们进而研究大学生思想素质结构,大多从大学生思想素质内涵出发阐述大学生思想素质的构成。汤勇(1986)提出了对大学生思想素质的理解,他从马克思主义伦理学、教育学、心理学及行为科学等方面的观点入手,通过实地调查统计和分析,对思想素质在理论与实际的统一等方面提出了其观点,认为"广义的素质内涵应是'人们自身所具备的内在思想行为和主观特性'。而素质包括有思想素质、专业素质、身体素质,因此大学生思想素质的内涵是上述定义在思想范畴内的具体体现"[①],认为大学生思想素质的外延"是大学生在与外部世界相互作用的过程中所表现出来的信念、情绪、向往、追求、世界观等即人们对外部世界的看法、认识,或者说是一定的意识倾向性","体现为在现实态度上的、意志上的、情绪上的及理智上的性格特征"[②]。他说,素质"近乎于一般能力的作用,但不等于'特殊能力'的作用,更不能等同于才能。因为素质不能与能力混为一谈,它仅是各种能力在形成过程中的一种'动力'、前提和'主观条件'","具有良好的性格和一定的特质则反映了大学生的素质成熟"[③]。他还指出,"情感、理想、性格、特质组成了思想素质的外延","因此把性格、特质作为素质的内容并系统地制定出它们的良好特征,是有利于逐步提高、完善大学生思想素质结构的"[④]。汪浩然(1987)从心理上的逆反性、意识上的主观性、思想方法的直线性、观察问题的片面性、行动上的盲目性

[①] 汤勇:《对大学生思想素质的理解》,《高校德育研究》1986年第3期。
[②] 汤勇:《对大学生思想素质的理解》,《高校德育研究》1986年第3期。
[③] 汤勇:《对大学生思想素质的理解》,《高校德育研究》1986年第3期。
[④] 汤勇:《对大学生思想素质的理解》,《高校德育研究》1986年第3期。

五个方面对部分大学生的思想素质进行了结构性分析①。这些是较早研究大学生思想素质结构的代表性学者。

20世纪90年代末到21世纪初,一些学者从不同侧面探讨了大学生思想素质结构。如郭波探析了传统文化教育与大学生思想道德素质的养成;何维民、王丽娟论述了大学生政治素质结构及形成发展机制;苗靖贤、花明就提高大学生的思想政治素质提出见解;姜晰、周怡分析了大学生思想道德素质的现状、成因及对策,从理想信仰、公德意识、集体观念等方面探讨了大学生思想素质的结构状况;陈志波对提高理工科大学生思想政治素质提出思考,涉及思想素质的内涵及大学生思想素质的构成;戴钢书认为,"思想政治道德素质是指个人在思想政治教育环境作用下,在实践的基础上,在思想政治道德方面所获得或增长的素养和修养。思想素质是个体所具有的思想品质的统称,是反映一个人的思想品质高低的标准,其核心是个人看待社会、人生和个人问题所采用的世界观、人生观、价值观"②。他还分析了环境、中介和人的思想政治道德素质的结构方程。这些论述都不同程度地分析了大学生思想素质结构要素、内涵等。

进入新世纪以后,尤其是中发〔2004〕16号文件下发后,国内研究大学生思想素质结构及其相关问题的著述快速发展起来。综合这些研究,一些学者把思想素质与政治素质、道德素质合并起来研究大学生思想政治素质结构、思想道德素质结构,一些学者单纯研究大学生政治素质结构、心理素质结构。上述两方面的研究居多,而专门研究思想素质结构的论述仍然较少。相关的代表性成果有王滔的《大学生心理素质结构及其发展特点的研究》(西南师范大学2002年硕士学

---

① 汪浩然:《对部分大学生思想素质的分析》,《学校思想政治教育研究》1987年第3期。
② 戴钢书:《环境、中介和人的思想政治道德素质的结构方程分析》,《统计研究》2001年第12期。

位论文），刘江的《当代大学生的政治素质结构及其优化》（河海大学 2003 年硕士学位论文），周治金的《论大学生心理素质结构》（《高等教育研究》2003 年第 3 期），孟莉、徐建平、孙发利的《当代师范大学生心理素质结构模型》[《延安大学学报》（社会科学版）2003 年第 5 期]，李瑛的《大学生心理素质结构研究》（华中科技大学 2005 年硕士学位论文），罗品超的《大学生心理素质构成因素及其测量工具的研究》（华南师范大学 2005 年硕士学位论文），刘亚菲的《大学生心理素质的结构与测评》（天津大学 2009 年硕士学位论文），王滔、陈建文的《大学生心理素质三维结构模型探析》（《高等教育研究》2006 年第 4 期），李凤兰、蒋俊杰的《品德心理结构与大学生道德素质现状调查》（《学校党建与思想教育》2010 年第 35 期），李春山、魏晓文的《生态文明视域下当代中国大学生政治素质结构与优化探索》（《北京教育（高教）》2012 年第 11 期），李春山的《当代中国大学生政治素质优化研究》（大连理工大学 2012 年博士学位论文），李春山的《当代中国大学生政治素质结构与特征的教育启示》（《思想政治教育研究》2013 年第 4 期），陈秀清的《现代大学生心理素质结构特点分析》[《新西部》（理论版）2016 年第 8 期] 等，国内这方面的研究成果颇多，但都是些相关性研究。

  国内较早专门研究大学生思想素质结构的学者是曾涛等人。曾涛提出，"构成大学生思想道德素质结构的要素可以分为四个层次，即思想素质层、政治素质层、道德素质层、心理素质层，这四个层次都有其各自的内容，包括大学生的世界观、人生观、价值观、政治方向、政治立场、政治观点、政治态度、社会公德、职业道德、家庭美德、心理倾向、心理发展水平等，这些要素及内容共同构建大学生思想道德素质"①。他还分析了大学生思想道德素质结构的关系,指出思想素质是核心、政治素质是灵魂、道德素质是基础、心理素质是保障。其他代表性学者,郭平认为,在大学生素质中,思想政治素质是灵魂。"思想政治素质是一个人的政治态度、政治观点、思想观念、思想方法和政治理论等方面基本品质的总称。"②"大学生思想政治素质的拓展指大学生在思想政治素质方面的积累和提高。"③郭平提出,大学生思想素质拓展的内容包括:树立科学的世界观,掌握辩证唯物主义和历史唯物主义的基本观点和方法;树立正确的人生观,坚持全心全意为人民服务;树立正确的价值观,坚持人民利益高于一切。还从世界观、人生观、价值观三个要素论述了大学生思想素质的要素构成④。

此外,朱应皋、金鑫对江苏、安徽部分高校学生思想政治素质进行了调研和实证分析⑤,李春雷、郑绘通过设置政治倾向、道德取向、价值观念、择业心态四项指标,以实证调查的方式对大学生思想政治素质结构现状及不足进行了实证分析⑥。田益民从静态和动态两个视角入手,逐层剖析了大学生思想道德素质要素结构和内容结构。他认为,静态上大学生思想道德素质分为思想素质、政治素质、道德素质、心理素质,"思想素质即思想品质,是指人们在社会生活中处理各种思想关系的行为习惯或习性,是一定阶级或社会的思想观念转化为人们的内心信念,并在其言行中表现出来的稳定特征和一贯倾向,

---

① 曾涛:《大学生思想道德素质结构及其优化》,硕士学位论文,武汉大学,2004年,第14页。
② 郭平:《大学生思想政治素质及其拓展》,《毛泽东思想研究》2005年第4期。
③ 郭平:《大学生思想政治素质及其拓展》,《毛泽东思想研究》2005年第4期。
④ 郭平:《大学生思想政治素质及其拓展》,《毛泽东思想研究》2005年第4期。
⑤ 朱应皋、金鑫:《当代大学生思想政治素质的实证分析》,《高等工程教育研究》2006年第2期。
⑥ 李春雷、郑绘:《新时期大学生思想政治素质调查研究》,《广西民族大学学报》(哲学社会科学版)2007年第6期。

包括人的思想认知、思想情感与思想方法。从内容构成上，思想认知、思想情感、思想方法构成大学生思想素质内容结构"[1]。王琴认为，"思想素质包括人们如何看待世界，人生及形成的世界观、人生观和价值观"。"思想素质包括人的思想认识、思想情感与思想方法"[2]，"大学生思想政治素质，是在受教育过程中表现出来的具有稳定特征的品质，在思想素质方面，表现在对掌握马克思主义理论、毛泽东思想和邓小平理论的基础上，树立正确的世界观，养成明辨是非的能力"[3]。闵永新在其专著中从大学生思想政治教育者的角度提出，"思想素质包括三个方面的要求：正确的思想观念、正确的思维方式、民主的思想作风"[4]。吴薇认为大学生思想素质的主要构成是世界观、人生观、政治观、价值观、道德观[5]。上述学者观点概括起来见表1-2，综观这些研究，主要集中在对大学生思想素质结构内涵进行初步研究，而对其内部结构的系统分析还不深入。

表1-2　　　　大学生思想素质结构构成要素的理论观点

国内学者	理论观点	构成要素
汤勇	二要素	性格、特质
姜晰　周怡	三要素	理想信仰、公德意识、集体观念
戴钢书	三要素	世界观、人生观、价值观

---

[1] 田益民：《大学生思想道德素质结构浅析》，《传承》2008年第6期。
[2] 王琴：《新时期大学生思想政治素质现状及其对策研究》，硕士学位论文，陕西科技大学，2012年，第8页。
[3] 王琴：《新时期大学生思想政治素质现状及其对策研究》，硕士学位论文，陕西科技大学，2012年，第10页。
[4] 闵永新：《大学生思想政治教育整体有效性问题研究》，中国社会科学出版社2012年版，第139页。
[5] 吴薇：《改革开放以来大学生思想变化轨迹与规律的研究》，博士学位论文，东北林业大学，2011年，第8—14页。

续表

国内学者	理论观点	构成要素
曾涛	三要素	世界观、人生观、价值观
郭平	三要素	世界观、人生观、价值观
田益民	三要素	思想认知、思想情感、思想方法
王琴	三要素	思想认识、思想情感、思想方法
闵永新	三要素	思想观念、思维方式、思想作风
吴薇	五要素	世界观、人生观、政治观、价值观、道德观

除此之外，学者们从不同侧面论及了大学生思想素质的结构问题，比较典型的相关研究有：薛亮、刘新庚的《大学生思想素质新探》(《湖南医科大学学报》2005年第4期)，雷鉴的《当代大学生思想现状分析及对策研究》(西南大学2006年硕士学位论文)，张晓多的《当代大学生思想政治素质现状及对策研究》(《渭南师范学院学报》2012年第4期》)，王学梅的《当代大学生思想政治素质现状分析及其教育策略》(《淮海工学院学报》2012年第19期)，吕志的《大学生思想政治素质发展研究》(广西师范学院2013年硕士学位论文)，王利平的《对"90后"大学生思想现状的调查分析及其教育对策研究》(西华大学2012年硕士学位论文)，李婷婷的《90后大学生思想政治素质现状及对策研究》(渤海大学2013年硕士学位论文)等，这些研究均从不同侧面分析了当代大学生的思想素质，但对大学生思想素质内部的结构性分析还没有论述。

第二，从影响因素探析大学生思想素质结构。

20世纪90年代后对大学生思想素质结构的研究，理论界开始重视对其影响因素的研究。这些研究多从思想素质、思想结构出发从侧面进行探讨，而专门研究大学生思想素质结构影响因素的文献还不多。综合研究者们的观点，普遍认为大学生思想素质结构受环境的影响，它与环境相互联系、共同作用。宏观、中观、微观环境共同构成影响大学生思想素质结构的环境因素。徐雅芬、廖何平等学者对影响大学生思想素质结构的外部因素作了初步的探索性分析，提出政治、经济、学校、家庭等因素是影响大学生思想素质结构的客体因素。一些学者还提出，影响其结构的还有主观因素，即大学生思想心理、思想方法、思想作风等，还有媒介等介体因素。总之，客体、主体、环体、介体四大因素共同构成影响其结构的因素。这些代表性学者有：戴钢书认为，"人的认知、实践、评价形成思想素质。认知由观察学习、舆论引导、德风感化、精神塑造、理论武装、信任激励等要素构成，实践包括社会实践、生产实践和科学实践，评价包括理想信念、社会责任感、奉献精神、协作意识、进取意识、基础文明素养、自立能力等方面的评价"[①]。据此，他根据上述影响因素提出了德育环境、中介和人的思想政治道德素质三维结构框架图形和三维结构通径图形。吴薇从大学生思想素质的主要构成要素出发，结合调查利用AHP分析法从外部客观因素、内部主观因素分析了影响大学生思想变化的因素指标[②]。这是国内较为详细地研究大学生思想结构影响因素的论述。

此外，从大学生思想结构、思想素质角度出发研究其影响因素的相关性研究有：冯霞从大学生思想结构的政治意识、价值观念、人生追求、道德素质与生活态度等要素入手，结合调查分析提出利益、信仰、情感与承认四重要素是影响其结构相互联系模式与连接方式的关

[①] 戴钢书：《环境、中介和人的思想政治道德素质的结构方程分析》，《统计研究》2001年第12期。

[②] 吴薇：《改革开放以来大学生思想变化轨迹与规律的研究》，博士学位论文，东北林业大学，2011年，第58—73页。

键因素。她还提出,"当代大学生思想结构特质的主要表征是:政治意识表达方式显性化、价值观念形成方式多元化、人生追求方式自主化、道德素质养成方式多样化、生活态度养成方式个性化"[①]。吴敏英、陈青山分五六十年代、"文革"时期、70年代后期至80年代、90年代、21世纪五个时期,较为详细地梳理了新中国60年大学生思想道德素质的发展轨迹和特点,认为其影响因素是:经济基础是决定因素、思想政治教育是主导因素、文化等社会环境是重要因素[②]。包玉山、杨兴猛从民族和社会两个维度,对当前影响我国少数民族大学生提高思想政治素质的诸多要素进行了探讨和分析,并从教育理念、教育模式、教育方法、工作机制等方面,提出了新形势下加强和改进少数民族大学生思想政治素质教育的新思路[③]。杨丽、黄红梅、王梦娜针对大学生思想政治素质的现状研究大多数是定性方面的描述、少见量表方面的测量,从构建大学生思想政治素质量表入手,通过量表测量出大学思想政治素质现状,从理想信仰、政治目标、政治态度、政治参与等指标定量研究了大学生思想政治素质结构现状[④]。

第三,从方法路径探究大学生思想素质结构的优化。

理论界一直以来十分重视对大学生思想素质结构优化的研究,综观这些研究,大多从思想素质、思想道德素质以及思想道德素质结构优化等维度展开,而专门从思想素质结构视角出发研究的著述鲜见。概括来说,理论界从四个层面对这一问题进行了专门和相关

[①] 冯霞:《当代大学生思想结构特质的影响因素及主要表征》,《广西师范大学学报》(哲学社会科学版)2013年第6期。

[②] 吴敏英、陈青山:《新中国60年大学生思想道德素质发展轨迹及其启示》,《四川师范大学学报》(社会科学版)2009年第5期。

[③] 包玉山、杨兴猛:《社会转型期影响少数民族大学生思想政治素质的因素及对策》,《黑龙江民族丛刊》2014年第1期。

[④] 杨丽、黄红梅、王梦娜:《大学生思想政治素质量表的研制及信效检验》,《人才资源开发》2014年第12期。

研究。

专门从优化大学生思想道德素质结构入手进行研究的学者有曾涛等人。曾涛从大学生思想道德素质的内涵、形成规律及现状入手，分析了构成大学生思想道德素质的结构层次及相应的各个要素，论述了大学生思想道德素质结构层次间的关系，重点阐释了大学生思想道德素质结构优化的四大原则：开放性原则、实践性原则、纵横性原则、自控性原则，并从三个方面分析了优化的战略：努力构建具有时代特色、符合中国国情的大学德育体系；充分发挥学校德育的主渠道作用，着重培养学生的道德实践能力；坚持正面宣传，抨击丑恶现象，净化社会环境。最后，提出了优化的具体路径：转变德育思想是优化的基本前提，发展主体性是优化的着力点，开发精神资源是优化的根本途径，注重网络德育是优化的重要渠道，建立有效评价体系是优化的必要保障[①]。

从优化大学生思想结构、素质结构出发展开相关性研究。国内较早研究大学生思想结构优化的学者有吴丽兵等。吴丽兵认为，要提高思想政治教育的有效性，就必须分析、研究教育对象的思想结构，根据教育对象思想结构的特点，采取能够为他们所接受的教育方法[②]，同时提出了一些对策建议。徐蓉主张通过多向度的结构分析来揭示大学生思想状况的方法，剖析了大学生思想系统所具有的内在结构，并探析了相关策略：以结构单位为起点，各单元（思想要素）之间的相互关系可从其特定的时间分布、量与质的分布等方面进行考察；站在要素系统（整体）的层面上，我们可对要素单元在层次与等级上的结

[①] 曾涛：《大学生思想道德素质结构及其优化》，硕士学位论文，武汉大学，2004年，第38—44页。

[②] 吴丽兵：《分析教育对象的思想结构 增强思想政治教育的有效性》，《合肥工业大学学报》（社会科学版）1992年第S1期。

构及其分布,以及在开放性上所具有的特点进行考察;我们还可站在要素功能的视角上来考察各单元要素在其离合度和平衡性上所具有的结构特点及其分布,单元要素在其组合方式与性质上的不同将使要素以及整个系统的功能发生变化①。此外,耿俊茂基于对大学生素质结构的理解,通过分析认为,当代大学生素质结构存在着发展不平衡、内容发展不全面和素质水平发展程度不高的现状,提出大学生素质结构优化中应坚持统一化、体系化、科学化、制度化及个性化等思想②。耿俊茂还探析了大学生素质结构优化中的思想政治理论教育问题③。

从优化大学生思想素质角度开展相关性研究。严枫是国内较早阐述提高大学生政治思想素质的学者,他阐述了提高大学生政治思想素质的举措④。随后,冯翠华提出提高大学生思想道德素质的方法途径,申世英提出大学生思想素质的量化考评方法。这些都是较早研究大学生思想素质优化的论述。进入20世纪90年代后,郭波提出高等学校培养的人才必须具备较高的思想道德素质和科学文化素质,应当重视和发挥传统文化的优势⑤。苗靖贤、花明结合实践提出努力培养和提高大学生的思想政治素质的对策。姜晰、周怡从理想信仰、公德意识、集体观念等方面探讨了大学生思想素质的结构状况,分析了道德教育的缺憾等原因,提出了增强全员德育意识、完善德育工作机制等对策⑥。

---

① 徐蓉:《结构分析法在大学生思想状况分析中的运用及其启示》,《复旦学报》2010年第4期。
② 耿俊茂:《坚持"五化"思想优化大学生素质结构》,《改革与战略》2006年第6期。
③ 耿俊茂:《试析大学生素质结构优化中的思想政治理论教育》,《内蒙古农业大学学报》(社会科学版)2006年第1期。
④ 严枫:《提高大学生政治素质的重要措施》,《教学与研究》1984年第5期。
⑤ 郭波:《传统文化教育与大学生思想道德素质的养成》,《教育评论》1997年第5期。
⑥ 姜晰、周怡:《大学生思想道德素质的现状、成因及对策》,《陕西师范大学学报》(哲学社会科学版)1998年第S3期。

从优化大学生思想政治素质及其结构着手开展相关性研究。比较典型的有张家驹的《论军人政治素质结构及其形成发展机制》(《空军政治学院学报》1995年第6期),王丽娟、何维民的《试论大学生政治素质结构及形成发展机制》(《思想政治教育研究》1996年第4期)。最有代表性的是刘江和李春山的阐述,刘江从结构角度提出了优化的原则、目标和方法:激发大学生政治素质结构的政治动力系统,强化大学生政治素质结构的政治功能系统,规范大学生政治素质结构的政治评价系统[①]。李春山分析了优化的内容结构、影响因素和作用机制,从根本途径、有效措施、可靠保障、重要条件、整体合力五个方面论述了优化的对策。他认为,其根本途径是发挥高校思想政治教育功能,有效措施是拓宽大学生政治参与渠道,可靠保障是加强社会主义政治文明建设,重要条件是构建政治生态环境,整体合力是充分利用党团组织、同朋辈交往等有效资源[②]。

除此之外,开展的相关性研究还有袁雅琦的《民族院校大学生思想政治素质现状与对策》(哈尔滨工业大学2006年硕士学位论文),徐海祥的《提升大学生思想政治素质的对策研究》(东北师范大学2006年硕士学位论文),李春雷、郑绘的《新时期大学生思想政治素质调查研究》[《广西民族大学学报》(哲学社会科学版)2007年第3期],肖大卉的《和谐校园视野下大学生思想政治素质优化论》(湖南师范大学2008年硕士学位论文),祝虹、杨勤刚的《大学生思想政治素质评价的内容和方法研究》[《华中农业大学学报》(社会科学版)2008年第3期],赵兵的《大学生政治素质现状及培育对策——

[①] 刘江:《当代大学生的政治素质结构及其优化》,硕士学位论文,河海大学,2003年,第38—48页。

[②] 李春山:《当代中国大学生政治素质优化研究》,博士学位论文,大连理工大学,2012年,第111—131页。

以承德医学院为例》（河北师范大学 2011 年硕士学位论文），王艾莉的《新时期高校大学生思想政治素质评价体系研究》（渤海大学 2012 年硕士学位论文），杨双霜的《民办高校大学生思想政治素质现状与对策研究》（西南大学 2012 年硕士学位论文），李杰的《大学生政治素质评估研究》（中国地质大学 2013 年博士学位论文）等，就优化大学生思想政治素质做了不同视角的探讨。这些研究对大学生思想素质结构研究亦有着借鉴价值。

二 国外研究现状

思想素质研究是世界话题。对思想素质结构的研究欧美等西方国家也在探索。从"Scopus""Web of Science"等专业外文数据库检索看，国外专门研究大学生思想素质结构的著述和论文还较为鲜见。目前，国外关于人的思想素质的研究较多，这些研究多以著作形式出现，亦形成了较为丰富的理论成果。在这些研究中同时涉及了对人的思想素质结构的研究。国外对大学生思想素质结构及其优化的研究还在探索起步阶段，还没有太多的理论成果。这些相关性成果为开展本研究积淀了良好基础。

（1）国外关于思想素质结构的研究

西方国家关于思想素质结构的研究涵盖在对人的思想素质研究里。主要集中在古希腊时期、中世纪和近代时期、现代以来几个较为典型的时期。西方思想家柏拉图、赫拉克利特、亚里士多德及马克思、恩格斯、英格尔斯等思想大匠和专家学者都从不同侧面对人的思想素质及其结构作出过探究。

第一时期：古希腊时期。这一时期对于思想素质的认识处于初浅阶段。学者们开始把人的灵魂、思考等理性的东西作为人的基本组成部分，认为思想是"人的一部分"、人要有思想才能成为人。比较有代表性的观点有：泰勒斯提出，人能够做各种运动是因为有健全的灵魂；毕达哥拉斯认为人与动物的区别在于有灵魂，能理解和思考；赫拉克利特则对这一认识进一步深化，认为"思想是人人共有"；苏格拉底提出"美德即知识"[①]，最高的知识是关于"善"的概念的认识，开始从认识层面理解人的思想素质。著名思想家、哲学家亚里士多德是对这一研究的集大成者，他认为一切具体事物由"质料"和"形式"构成，"质料"是一种"潜能"，人的素质由人的自然性素质（质料）和精神性素质（形式）构成，"美德乃习惯的结果"[②]，个体的善性是获得幸福的方式。这位被黑格尔、马克思称为"历史上无与伦比的人物""古代最伟大的思想家"的"百科全书式的学者"，开始从结构视角研究人的素质，其思想已蕴含了现代意义上的思想素质结构的雏形。

第二时期：中世纪和近代时期。这一时期以15至18世纪最为典型。15、16世纪是世界历史的重大转折期，也是人类认识自身的大转折期。这一时期人们对于思想素质的认识，围绕认识论为中心展开，提出的认识主体的认识能力等论断实质上是从思想素质的形成视角探讨思想素质。从"文艺复兴"到近代的黑格尔，西方社会对人的思想素质的关注点均集中在人的认识能力相关的素质上，非理性素质诸如人的意志、品质、欲望、情感和个性等，对人的认识的作用被大力弘扬，西方思想界开始关注人性并以此否定神性。对于非理性素质的细分，就是对人的思想素质的初步分解，亦是对思想素质结构的初步探析。这一时期的代表性观点有：但丁提出人性的东西就是人的自由意志和个性的发展；卜伽丘主张张扬人性、发掘个性、高扬人的理

[①] 《古希腊罗马哲学》，商务印书馆1961年版，第1992页。
[②] 《古希腊罗马哲学》，商务印书馆1961年版，第322页。

性；培根认为"知识就是力量"，人类驾驭、征服自然的力量源于对自然规律的认识，主张提高人的思想素质要通过废除人的思维中影响正确认识真理的四种"假相"来完成。培根的"四假相"说是探索提高人的思想素质途径的尝试；霍布斯提出人的思想中包含人的认识和人的本性，认识离不开人的感觉、记忆、想象和思维等。这其实亦是朴素的思想素质结构思想。17世纪西欧大陆整体崇尚理性思维，人的思想素质成为关注的必然。笛卡尔提出"我思，故我在"，把人的思想活动、理性作为人的第一存在前提和基础。这一时期特别注重人的思想能力、理性的研究。18世纪的德国古典哲学着重于人的理性和认知方面的素质研究，并将之推向了顶峰。康德作为代表人物，他详细考察了人的认识能力（素质）的起源、范围与界限，提出人有三种先天认识能力：感性认识能力、知性认识能力、理性认识能力，人的认识能力和素质趋向无限性。他还对善良意志、至善、道德意识等意识问题进行了研究，提出人的道德意识的观点实质是指人的道德素质。康德的研究从思想素质的生成视角初步探讨了人的思想素质结构。中世纪欧洲笼罩在宗教神学的雾霾中，对人的思想素质的探究在夹缝中产生了一些成果，但始终难以脱离神学的重压，甚至难以与古希腊时期人的素质思想萌发的状况相媲美。

  第三时期：现代以来至今。近现代西方受科学技术的限制，对人的思想素质的认识水平均无大的突破。但到了现代，人的主体地位崛起、科学技术突飞猛进，尤其是心理学、社会学、人类学研究取得重大突破，人们对于思想素质的认识取得重大进展。这一时期，叔本华、尼采、弗洛伊德、哈贝马斯等的思想具有代表性。他们对思想素质的认识有了新的飞跃。概言之，就是普遍地认同思想素质的形成源于人的心理活动。"二战"后至今，世界经受战争洗礼、环境恶化、资源枯竭等问题困扰后，和平与发展成为时代的重要主题，人们重新思考如何使人类的发展走出困境。伴随着对发展问题的思索，人的现代化理论提出并开始主导人的素质的研究。以美国社会心理学家阿历克斯·英格尔斯所著的《迈向现代化》及美国社会学教授贝迪阿·纳思·瓦尔马的《现代化问题探索》等为代表。英格尔斯认为人的现代化是现代化制度与经济赖以长期发展并取得成功的先决条件，人的现代化的实质是指人的行为、心理、思想观念和态度等方面素质的现代化。佩西提出"唯有人类素质和能力的发展才是取得任何新成就的基础"[①]，他认为发展的素质应包括人自身的思想、观念和道德等方面的素质改善和变革。他们的这些观点开始阐释人的思想素质的优化。接着一批学者纷纷论析人的现代化，大多认为人的现代化是指作为社会主体的人所具备的与现代社会相适应的思想观念、价值取向、道德水平、精神境界、思维能力、心理特征、文化心态、科技意识、劳动技能等的各种素质。其实质就是把主体提高到当代的水准，实现主体素质的现代化。

随后，对人的现代化的研究逐步演变为人学研究，以海德格尔的人学思想为代表。海德格尔提出个体就是世界的存在。人类通过世界的存在而存在，世界由于人类的存在而存在。其思想对现代存在主义心理学具有强烈的影响，L. 宾斯万格心理学将其世界之存在概念作为存在主义心理学的基本原则。这一时期，西方大量学者提出了教育发展六目标：社会发展、体力发展、智力发展、职业发展、情感发展、精神发展，围绕这些目标尤其是精神发展的目标学界从多个视角展开了对人的思想素质的研究，尤其是从公民视角的研究成果较为丰富。如英国的 T. H. 马歇尔《公民身份与社会阶级》，作为公民权利

---

① ［意］奥雷里奥·佩西：《人类的素质》，薛荣久译，中国展望出版社1988年版，第183页。

理论发展史上的经典之作该书提出公民的要素（civil element）由个人自由所必需的权利组成，包括人身自由，言论、思想和信仰自由等。美国大学教授布鲁克·诺埃尔·穆尔、肯尼斯·布鲁德《思想的力量》（北京联合出版公司2017年版），帕斯卡尔《思想录》（商务印书馆1985年版），美国约翰·派博（John Piper）《思想的境界：让头脑被灵性的激情点燃》（团结出版社2012年版），英国佩里·安德森《思想的谱系：西方思潮左与右》（社会科学文献出版社2010年版），等等，从不同视角探讨了思想和有关思想素质的问题。但这些著述均笼统探讨思想及其素质问题，还没有从内部层面研究思想素质及其结构。

从结构和思想素质结构的研究上看，涉及的相关研究有贝塔朗菲的《一般系统理论基础、发展和应用》、荣格的《心理结构与心理动力学》、居健郎的《日本人的心理结构》、塔尔科特·帕森斯（Talccot Parsons）的《社会行动的结构》、皮亚杰的《结构主义》、亚当沙夫的《结构主义与马克思主义》、布洛克曼（Broekman Jan M.）的《结构主义：莫斯科—布拉格—巴黎》、詹姆斯·B.弗里曼（James B. Freeman）的《论证结构：表达和理论》、塞缪尔·享廷顿、劳伦斯·哈里森的《文化的重要作用——价值观如何影响人类进步》等。这些论著从不同视角论述了结构及相关问题，还没有专门研究思想素质结构。

（2）国外关于大学生思想素质结构的研究

国外对大学生思想素质的研究一直以来为学界所关注。学者们结合实践从理论和实证层面主要从公民教育视角对大学生思想素质展开了一些研究，但这些研究大多集中在对个案的分析和比较，专门从思想素质结构角度来分析大学生思想素质结构及优化的论述，目前还较为鲜见。

国外对大学生思想素质结构的相关性研究为本研究奠定了良好基础。国外对大学生思想素质结构的研究是从对思想道德素质教育的研究开始的。西方国家十分重视大学生思想素质教育，将之视为关系国家前途命运的工作。西方大学生思想政治教育的主题是培养合格公民，它始终包含着强烈的阶级性和政治性，其实质是形成以个人为本位的资产阶级自由、民主、人权思想和价值观念，为资产阶级统治服务。因而对大学生思想政治教育核心内容的研究长期保持了稳定性和连续性。作为英国著名的思想家和教育家洛克在教育上首次提出德、智、体和谐发展的新教育体系，其德育思想立足于为新的英国资产阶级培养新人，主张只有"把子弟的幸福奠定在德行与良好的教养上面，那才是唯一可靠的和保险的办法"[①]。美国实用主义教育家约翰·杜威著的《民主主义与教育》提出，教育在培育社会信仰中具有重要作用。学校道德教育的目的应该是培养道德观念。"学校里面教授与训育的最大目的，是要养成学生的品性。"这些观点均具有代表性。其他论述方面，以朱利安的《体育、德育和智育概论》、卢梭的《爱弥儿》、纽曼的《大学的理想》、阿兰的《教育的未来》《教育漫谈》等著作为代表。这些著述从不同侧面论及了国家对人才素质的要求，分析了思想、道德对学生的重要性。第二次世界大战以后，西方国家对大学生思想素质教育的研究转向从人的现代化视角展开。最具代表性的是英格尔斯；此外，布鲁纳在《教育过程》《教学论》等论著中从结构主义的视角研究了人才培养；英国霍姆斯（Brian Holmes）在《教育问题：一种比较的方法》《比较教育：对方法的思考》等著作中提出了精神状态模式（包括传统观念、民族意识和特性等方面）。随后，1988年4月美国联邦教育部长贝内特提出：切实增强学生的爱

---

① ［英］洛克：《教育漫话》，傅任敢译，人民教育出版社2007年版，第109页。

国精神和民族精神，必须加强"道德课"，强调爱国精神和民族精神构成学生思想内核。美国原总统布什也撰文呼吁品德加智力才是教育之目的，强调"必须把道德价值观的培养和家庭参与重新纳入教育计划"，突出了价值观在学生素质中的重要地位①。20世纪80年代，英国教育部颁布道德教育大纲，提出学校必须把道德价值观的传授与培育纳入必修课。全国课程委员会也发文规定："应试图引导学校对于精神和道德发展的理解，并阐明这些标准并不仅仅是用于宗教教育和集会，而且还有课程的每一领域以及学校生活的所有方面。"教育家、该委员会主席大卫·柏斯卡认为："教育不能与道德相脱离，对学生进行道德教育是学校义不容辞的责任。"②

从上述分析看，西方学界对于大学生思想素质教育内容的探究围绕四个重点展开：一是在学生爱国主义教育的研究上，提出要把爱国主义作为大学生思想素质教育的重要内容广泛渗透到学校教育的方方面面中去，以唤起青年一代的民族自尊心和自豪感，激励其为国家繁荣奋斗。二是对学生法制教育的研究，提出教育大学生具备遵纪守法观念和行为，使大学生懂得作为公民的责任、权利和义务。三是对大学生价值观教育的研究，对这一问题政府和学界都十分重视。美国盖洛普民意调查对20年的调查进行分析均得出：在学校进行价值观教育和研究的重要性得到80%以上的家庭和成人组织认同。英国的价值观教育研究协会也得出类似结论。四是对学生健康人格教育的研究，提出把个性、能力和智力等学生人格的全面发展作为培养身心健康公民的大学教育目标。在教育方式的研究上，西方学界提出注重实用性和有效性，主张因地制宜、因材施教，运用各种途径，让教育形式生

---

① 苏振芳：《西方主要国家学校道德教育走向简介》，《思想理论教育导刊》2003年第8期。
② 罗骋：《英国学校道德教育途径的特点及其启示》，《新课程研究》2009年第10期。

动活泼，并注重调动和发挥各种力量，推进教学手段现代化，实现思想素质教育目的。西方学界还特别强调心理健康教育在大学生思想素质教育中的作用，主张为大学生提供全方位的发展咨询、适应咨询和障碍咨询。从西方国家对大学生思想素质教育内容的界定出发，学界围绕这些内容展开了对大学生思想素质的研究，比如学生爱国主义精神的培养，民族自尊心和自豪感的激发；学生法制观、价值观的培育，尤其是价值观的培育，成为学界研究的重点；学生健康人格的培养；等等。这些内容其实是构成学生思想素质结构的重要方面，比如爱国主义精神，民族自尊心、自豪感，法制观、价值观，健康心理。这一时期的相关性成果有：英国学者恩斯特·卡西尔的《人论》，德国学者雅斯贝尔斯的《现时代的人》，美国学者奈尔·诺丁斯的《培养智慧的信仰和不信仰》《教育哲学》等。

进入新世纪后，2002年美国制定了《"21世纪素养"框架》，学界提出培养大学生批判性思维和问题解决能力、创造性和创新能力、交流与合作能力以及责任能力等论断，得到政府采纳。美国大学生思想素质教育在实践上，强调以知识性教育为载体，通过大量开设相关人文社会科学课程，帮助大学生理解和把握国家所提倡的价值观。学界亦围绕如何提升大学生思想素质、培育国家提倡的价值观从外部手段方面展开了相关研究。学界在价值观的培育上展开了较为广泛的研究，形成了一些成果。如路易斯·拉思斯（Louis E. Raths）论述了价值澄清方法的四个具体要素，阐述了价值澄清学派的理论，以及价值澄清理论在学校德育中的实践策略，并提出了著名的价值澄清理论的实证研究[1]。此外还有奥恩斯坦、丹尼尔的《教育基础》，奈尔·诺丁斯的《培养有道德的人：以关怀伦理替代品格教育》及其最新出版

---

[1] ［美］路易斯·拉思斯：《价值与教学》，谭松贤译，浙江教育出版社2003年版，第20页。

的《幸福与教育》等相关性论著。1979年英国RSA（皇家文学、制造和商业促进会）颁布的《能力教育宣言》（*Education For Capability Manifesto*）指出教育在培养人才方面存在严重缺陷。基于前期学界有关学生素养的长期研究，2007年英国在修订的《国家课程》总目录中提出培养学生精神、道德等方面的核心能力。研究著述方面有英国学者帕尔默的《教育究竟是什么：100位思想家论教育》等理论成果。澳大利亚2008年发布著名的《墨尔本宣言》（*Melbourne Declaration on Educational Goals for Young Australians*）提出培养青少年成为成功的学习者、自信且富有创造力的个体和主动明智的公民的总目标，对培养大学生批判性创造性思维、道德行为等方面进行了详细规定。2010年新加坡颁布学生"21世纪素养"框架主张"核心价值观"居于框架的核心，核心价值观包括尊重、负责、正直、关爱、坚毅不屈、和谐等元素，围绕"核心价值观"培养学生社会意识、自我意识、全球意识、批判性创造性思维等素养，最终使之成为"充满自信的人、能主动学习的人、积极奉献的人、心系祖国的公民"。上述国家学界对之都进行了相关研究。此外，芬兰国家教育事务委员会提出致力于培养大学生个性健康全面发展、有创造力和合作精神、能够独立探求知识、热爱和平的社会成员，学界从促进大学生成长为人、信息素养、责任感等方面对大学生思想素质进行了研究。目前，在日本，德育始终占据着大学教育的首位，理论研究方面强调最重要的德育目标是培养大学生坚持民族精神和爱国思想，倡导培养大学生强烈的爱国主义精神，教育内容上要从共同价值观扩展至宗教、伦理、法制、民主、人道等方面。此外，国外学者坂本茂树、克里斯托弗·J.霍普伍德及杰森莫泽、艾哈迈德·米、米歇尔·M.卡特、埃琳娜、伊凡·马里茨、梅瑞迪斯克米等，从理论和实证层面对大学生思想素质展开了相关性研究。总的来看，国外专门从思想素质结构视角分析大学生思想素质结构的论述还比较鲜见，但这些相关研究和个案研究为开展本研究提供了良好的学术参考。

三 国内外研究现状评析

从以上分析可以看出，目前学界对大学生思想素质结构及其优化的研究还在探索中，还没有形成比较系统和深入的观点，但相关性研究已取得一些成果。比如一些学者对思想结构展开了研究，并将思想结构置于思想政治教育视域下做了探析。少数学者从大学生政治素质结构及优化、心理素质结构及优化以及大学生思想道德素质、思想政治素质、政治素质、心理素质的现状与对策等视角开展了诸多相关性研究。国内外研究以"大学生思想素质"为概念的论述较多，但分析大学生思想素质结构的文献还较少。在大学生思想素质研究上，主要集中在概念、现状、问题等方面的研究，对大学生思想素质的概念形成了较多的观点和认识，初步梳理了大学生思想素质结构的内涵、要素；从政治素质的角度分析了结构与功能的关系，并初步探析了影响结构的因素。在大学生思想素质优化研究上，学者们大多结合大学生思想素质状况就优化思想素质做出探究，大多从外部方法、路径入手探析优化策略，较少从思想素质内部结构入手分析，也很少从结构视角系统分析优化策略。

综观国内外对大学生思想素质及其结构的研究现状和水平，虽整体上取得了一些初步成果，但尚存在着研究视点的外围化、研究方式的表层化、研究结论的模糊化等方面的问题。在相关元理论即思想素质结构的本质内涵、逻辑关系、结构组成等方面的研究仍处于起步阶段，成果较少，且多从思想素质的外部环境论优化，比较少见从结构内部进行剖析，故很难取得实效性强的研究突破。这为开展大学生思想素质结构及其优化研究留下了广阔空间，提供了重要价值。具体来讲，研究上存在的不足表现在：一是表面描叙现象的多，深入分析思想素质内部结构的少。大多笼统性概括思想素质，或者引用思想素质概念进行分析，而从思想素质结构元理论入手探讨的少；概括性描叙思想素质的状况、问题和特征的多，而从其里层入手，探寻内部结构和关系的成果比较少见。二是阐述外在措施的多，深入从内部结构入手分析如何优化的少。大多结合思想素质现状，从外在层面研究优化的方法、途径，而从内在结构层面提出如何优化的研究比较鲜见。可以说，目前国内外学者对大学生思想素质结构及其优化的研究尚处于起步阶段。学者们仅从大学生思想素质构成方面开展了表层化的研究，尚缺乏从内部结构入手，进行细致的挖掘和深入的理论探讨。我国学者王升臻等意识到了大学生思想素质结构的研究具有重要意义，认为它对思想政治教育研究的深入推进，对于学科建设具有重要意义，但没有深入去探究。一些学者意识到了要解决思想政治教育的针对性、实效性问题，需从内部视角去剖析大学生思想素质，但以此角度去开展研究的还很少。因此，开展大学生思想素质结构及其优化研究无疑是大学生思想政治教育研究的一个新视域、新拓展。也给今天我们开展大学生思想政治教育工作和研究带来诸多启示。总而言之，国内外学界对大学生思想素质结构研究取得的初步成果，为系统研究大学生思想素质结构及其优化打下了良好基础，提供了重要借鉴和积累。

第三节 研究思路及方法与创新点

一 研究思路

对大学生思想素质结构理论的关注，构成了本书的逻辑起点和重要动因。本书将大学生思想素质结构及其优化置于思想政治教育的时代背景和国家需要的历史坐标下考察,将其界定为合格建设者和可靠接班人的首要因素,定位为社会主体参与社会实践、实现人的现代化的基本条件和品质。大学生思想素质结构以价值观念为内核、思想心理为基础、思想认识为关键、思想行为为外现,价值观念、思想心理、思想认识和思想行为四个子系统构成大学生思想素质结构系统,是大学生的价值观、思想认知、思想情感、意志信念、思想觉悟、理论水平以及世界观、人生观、政治观、道德观、时代观、法制观等重要观念和大学生的学习行为、生活行为、社会行为等元素的综合表现。本书突破以往就思想素质论思想素质的窠臼,从思想素质的来源、形成机理、基本模型等方面探究了价值观念—思想心理—思想认识—思想行为"四位一体"的结构系统,并对之量化和剖析,探究优化其结构的方法路径,力图让难以具体化的思想素质能够感知、判断、检验、表现,以对高校人才培养实践提供借鉴和参考。

  本书从思想素质结构入手,以大学生思想素质结构为研究对象,旨在通过研究明晰三个问题:研究目的是什么、研究解决什么、研究得出什么。这构成了本书的基本脉络。其一,从研究的目的看,辩证唯物主义认为世界是物质的,物质是联系的,因而任何事物及其事物内部联系的方式即结构是客观的。大学生思想素质亦如此,其结构毫无疑问是客观存在的。今天,大学生思想政治教育的成效还不尽人意,很重要的原因是多年来大多从外部手段来探析其提升的方法、路径,而忽视了从思想素质内部作出研究。这致使大学生思想政治教育的针对性和实效性这一难题一直困扰着理论界和实践者,如何解决这一问题,必须更多地转向内部视角给予关注。在外部方法手段已为学界广泛关注和应用的背景下,转向内部研究无疑是全新视角。科学地厘清大学生思想素质内部联系,即结构要素与组合方式,意在揭示其本质与规律性，找到优化内部结构的方法，通过优化结构以达到优化素质之目的。这是本研究之初衷。其二，从研究解决什么来看，这是本研究的内容部分，主要解决大学生思想素质结构是什么、怎么关联、如何作用、要素间构成什么样的模型、什么模型最稳固以及时代需要什么样的大学生思想素质结构、怎样优化其结构等问题。本书力图通过析理大学生思想素质结构内涵，系统阐释大学生思想素质内部关系、基本模型，调查剖析当代大学生思想素质结构状况、问题及其原因，分析其优化的时代要求，探究优化的策略和方法路径。其三，从研究得出什么看，这是研究结论部分。通过对大学生思想素质结构的分析和调查后，如何优化成为本书的落脚点。这就需要厘清优化的原则、目标和方法、路径。这亦是构建适合我国国情的大学生思想素质结构及其优化的理论与实践体系的重要内容。

本书依据思想素质的内涵与特征，结合"大学生思想素质结构及其优化"这一选题的特点与要求，从结构视角出发，采用定性和定量相结合的方法调查当代大学生思想素质结构状况，探析其影响因素和动态过程，进而探究奋战中华民族伟大复兴目标背景下我国大学生思想素质结构的时代要求，构建具有中国特色的大学生思想素质结构模型。本书分为八个部分，从八大方面展开。其基本框架是：

第一部分，绪论。从多年来我国大学生思想政治教育大多从外部手段来探析提高思想素质的方法、路径，而比较忽视从思想素质内部作出研究的现实背景出发，结合中国梦的时代背景、思想政治教育面临的现实问题、国家现代化赋予大学生的新使命等角度分析研究的背景，探析研究的目的与意义，以及研究的现状、基本观点、学术基础及学术借鉴，进而介绍研究的基本思路和主要方法，提出文献分析法和调查研究法构成其主要研究方法。

第二部分，大学生思想素质结构概念辨析。从概念上对大学生思想素质结构进行解析。界定思想素质、大学生思想素质、大学生思想素质结构以及大学生思想素质结构优化等研究单元的科学内涵和主要特征，分析研究的理论基础。阐释马克思主义关于人的全面发展理论、思想政治教育关于人的品德形成和发展规律，将本书置于马克思主义理论和思想政治教育学科理论的基点上，并以系统论、结构模型理论、人的现代化理论等作为理论借鉴，为本书阐明学理依据。

第三部分，大学生思想素质结构的基本要素。分析大学生思想素质结构系统的四大要素，解析价值观念、思想心理、思想认识、思想行为的基本内涵、主要构成及特点、作用。提出价值观念系统是大学生思想素质结构的定向系统，思想心理系统是其动力和调节系统，思想认识系统是其链接系统，思想行为系统是其校验系统，为论述大学生思想素质结构要素逻辑关系奠定基础。

第四部分，大学生思想素质结构要素的逻辑关系。通过结构关系、要素组合分析要素关系，提出价值观念是大学生思想素质结构系统的核心，思想心理是其结构系统的基础，思想认识是其结构系统的关键，思想行为是其结构系统的外现。它们之间有着紧密的逻辑关系，并相互影响相互作用协同构成大学生思想素质结构系统。它们还与素质结构外部环境相互影响。这种内外关联作用影响着大学生思想素质结构系统。这一部分的分析其实是为第五部分结构模型的阐释建构理论基础。

第五部分，大学生思想素质结构的基本模型。通过分析大学生思想素质结构筑轴、构基、建架、成型四个环节的形成机理，探讨了大学生思想素质结构的四种方式：并列式、主导式、层进式、交互式，以及在这些方式下形成的主要结构模型：一轴三体型、要素主导型、要素平行型、要素交互型，它们构成大学生思想素质结构的主要模型。

第六部分，当前大学生思想素质结构现状调查。以湖南高校为样本，调查我国高校大学生思想素质结构状况，分析当前大学生思想素质结构的总体状况、主要问题，并剖析其影响因素和原因。调查发现，当前大学生思想素质结构的总体状况是：结构要素多元、结构模型多样、结构方式严谨、结构状态稳定。结构要素不健全、结构组合欠科学、要素互动呈弱化是当前大学生思想素质结构的主要问题，大学生思想素质结构的影响因素有个体及社会、教育等各个层面的因素，造成大学生思想素质结构问题的原因也是多方面的，主要是要素本身和要素组合、要素链接等方面的原因。

第七部分，优化大学生思想素质结构的时代要求。从结构方式要求、功能要求、品质要求三个方面阐释了优化的时代要求。结构要多样、要严谨，要素要互动构成其结构方式要求；为大学生核心价值观的建立奠定思维基础、为大学生理想信念提供意志定力和个体心理冲突建构消解机制构成其功能要求。大学生思想素质结构优化的品质要求是：要素完善、状态稳定、功能正向。厘清要求旨在为探寻优化方法路径提供依据。

第八部分，优化大学生思想素质结构的策略与方法。提出优化的原则、目标和方法。导向性、系统性、时代性、协同性、个性化等原则是优化的基本原则，内和谐、外适应构成优化的目标，优化结构要素、结构组合，强化结构链接，推进结构互动是优化大学生思想素质结构的基本方法，优化的路径是：拧好总开关，育牢核心价值观；培育健康心理，培养健全人格；强化理论教育，筑牢理想信念；优化社会环境，加强社会实践；整合教育资源，培优思想素质。

最后，归纳总结本书的主要结论，总结大学生思想素质结构及其优化的理论架构和实践体系，提出其结论对于夯实大学生中国梦思想

第一章　绪论

基础、培育大学生社会主义核心价值观、改进大学生思想政治教育，乃至推进社会主义精神文明建设的启发借鉴作用。本书框架结构见图 1-1。

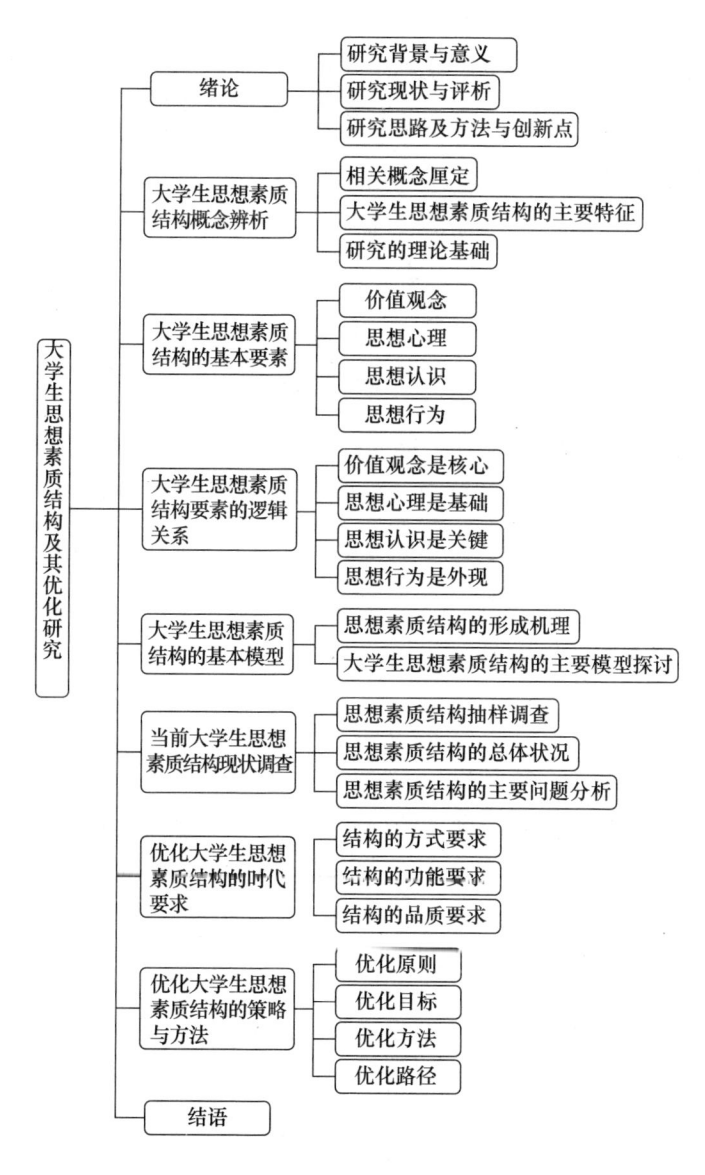

```
大学生思想素质结构及其优化研究
├── 绪论
│   ├── 研究背景与意义
│   ├── 研究现状与评析
│   └── 研究思路及方法与创新点
├── 大学生思想素质结构概念辨析
│   ├── 相关概念厘定
│   ├── 大学生思想素质结构的主要特征
│   └── 研究的理论基础
├── 大学生思想素质结构的基本要素
│   ├── 价值观念
│   ├── 思想心理
│   ├── 思想认识
│   └── 思想行为
├── 大学生思想素质结构要素的逻辑关系
│   ├── 价值观念是核心
│   ├── 思想心理是基础
│   ├── 思想认识是关键
│   └── 思想行为是外现
├── 大学生思想素质结构的基本模型
│   ├── 思想素质结构的形成机理
│   └── 大学生思想素质结构的主要模型探讨
├── 当前大学生思想素质结构现状调查
│   ├── 思想素质结构抽样调查
│   ├── 思想素质结构的总体状况
│   └── 思想素质结构的主要问题分析
├── 优化大学生思想素质结构的时代要求
│   ├── 结构的方式要求
│   ├── 结构的功能要求
│   └── 结构的品质要求
├── 优化大学生思想素质结构的策略与方法
│   ├── 优化原则
│   ├── 优化目标
│   ├── 优化方法
│   └── 优化路径
└── 结语
```

图 1-1　本书的框架结构图

二 研究方法

选择科学的研究方法是做好研究的重要前提。本书以马克思列宁主义、毛泽东思想、邓小平理论、"三个代表"重要思想、科学发展观和习近平新时代中国特色社会主义思想为指导并将之贯穿研究始终,立足大学生思想素质结构及其优化之视角展开研究,认为优化大学生思想素质结构是现代思想政治教育的目的性价值,运用文献研究法、调查研究法、综合研究法等研究方法进行了较为全面系统的研究,较好地解析了大学生思想素质系统的内在关系、大学生思想素质结构主要模型以及外在关系,旨在科学论证大学生思想素质结构优化及其对大学生政治思想建设,乃至对人的现代化建设的推进产生示范和带动效应,以此推动全社会的思想道德建设,提升我国软实力。

(1) 文献研究法。通过中国知网、中国学术期刊网、国家数字图书馆、Scopus、Web of Science 和互联网及实体图书等途径广泛检索查阅资料,形成对大学生思想素质结构及其优化的研究背景、研究基础、研究理论等方面的资料积累和文献借鉴,并以此为基础开展研究。当代中国大学生的思想素质结构及其优化是一个动态的发展过程,需要进行文献比较分析,需要用系统辩证论等理论对之全方位审视,以科学全面地把握当前大学生思想素质结构的现状和要求。本书针对当下大学生思想政治教育大多从外部着力,而对思想素质内部研究少,教育实效不尽人意等现实背景,以马克思关于人的全面发展理论、人的思想品德形成与发展规律等为理论依据,用文献研究法在研究中广泛搜索并整理与之有关的著作、译著、论文、报告等资料、数据,忠于文献,用文献研究法辩证地对这些数据进行对比和大数据分析,为大学生思想素质结构优化的理论建构提供坚实的理论基石。

(2) 调查研究法。在文献研究的基础上,本书通过制定具有较高信度和效度的调查问卷，采取开放式问卷调查、结构化访谈、半结构化访谈、自由访谈等多种方式结合的调查方法，广泛收集调查问卷进行整理、统计，围绕大学生思想素质结构状况展开实证分析。同时，通过图表分析大学生思想素质构成及各项指标，直观、清晰地呈现问题，显示结果，找寻规律。本书还结合案例进行调查分析，解剖具体个案，从区域、专业、类别、层次、行业、民族等方面分类，对个案进行个性和共性分析，找到共性和规律。在研究中，始终坚持将理论研究与实践研究紧密结合起来，将理论研究成果运用于实践中检验，又在高校开展实验论证，再根据实践反馈修正研究结论。

（3）综合研究法。这里的综合研究法主要指跨学科综合研究法。思想政治教育本身就是跨学科的研究领域，思想素质结构同样是涉及多学科理论的研究范畴。本书综合运用了思想政治教育学、哲学、伦理学、社会学、心理学、教育学、系统科学、信息科学、行为科学、认识科学以及传播学等方面的综合知识，采取跨学科综合研究法，并以这些跨学科理论作为研究的理论基础，支撑和引领研究的开展，用综合理论探讨和分析大学生思想素质结构及其优化的规律性，探究大学生思想素质结构研究上的理论创新，进而建构大学生思想素质结构及其优化的新的理论体系。

三 主要创新点

思想素质是一个连接理论与现实、宏观与微观双重意义的重要命题。思想素质更是一个不可分割的整体。毫无疑问，任何整体内部均存在结构。这为开展本研究提供了科学依据。纵观多年来大多从外部手段来研究提升思想素质，而比较忽视从思想素质内部作出探究之现状，本书以思想素质结构为视角，针对当前大学生思想政治教育效果尚不尽人意，外部手段尚难以引起内部的共鸣，甚至外部压力越大学生越反感,理论上也一直没有大的突破等现实问题,研究大学生思想素质内在结构,力图通过思想素质结构的内部剖析,探讨大学生思想素质内部构成、结构关系,探析优化大学生思想素质结构的方法路径,最终达到优化素质、提升教育效果之目的,在研究上具有创新性。

(1) 选题的创新。今天,大学生思想政治教育的成效尚不够理想,很重要的原因是多年来教育者和研究者一直坚持从外部着力,而不太注重从思想素质内部入手。从研究上看,通过搜索中国知网等学术数据库发现有"大学生思想素质结构"的文章仅有几篇,国外开展该论题的研究比较鲜见。教育成效如何取得实际性突破一直困扰着理论界和实践者。本书突破传统,将视角转向内部研究大学生思想素质结构,旨在揭示其内在规律性,进而探究优化内部结构的方法,通过优化结构以达到优化素质之目的。这构成了选题的创新和特色。本书以梳理大学生思想素质内部结构为研究点,从理论层面初步厘清了大学生思想素质结构的内在规律性,为实践找到了理论支撑,为大学生思想政治教育找到了新维度,学理性较强,拓展了学科空间。本书还综合运用思想政治教育学、政治学、心理学、伦理学、社会学、教育学、哲学、公共关系学等诸多学科的相关理论,尤其是结合了系统科学、现代教育技术学、信息科学、新闻传播学等时代发展要求的学科,从不同学科视角拓展了研究内容。以"结构"为视点对大学生思想素质进行结构性剖析和量化研究,这种研究具有新意。

(2) 提出了大学生思想素质结构四要素说。本书在前人研究的基础上,广泛吸收前人研究成果,认为陈志波等学者提出的思想素质结构二要素、三要素、六要素说尚有不足,认为汤勇等学者主张的大学生思想素质结构二要素、三要素、五要素说需要完善,尤其是较多学者阐述的三要素说还不够完整。在经过综合分析和广泛论证后,提出了大学生思想素质结构的科学内涵，认为大学生思想素质结构应包括价值观念、思想心理、思想认识、思想行为四大要素。价值观念是思想素质的核心，是大学生思想素质结构系统的定向系统；思想心理是形成思想素质的基础，离开思想心理思想活动无法完成，思想心理是大学生思想素质结构的动力和调节系统；思想认识是思想素质的关键，思想素质往往通过思想认识的静态形式——思想观念体现出来，思想认识是大学生思想素质结构的链接系统；思想行为是外现，人的一切思想素质都借助行为展现出来，思想行为是大学生思想素质结构的校验系统。这四大要素相互影响相互作用，环环相扣，缺一不可，协同构成大学生思想素质结构系统。这一观点具有创新性。

（3）提出了大学生思想素质结构模型的观点。本书在分析大学生思想素质结构要素逻辑关系的基础上，探讨了思想素质结构模型，回答了要素间逻辑关系是什么，以及结构与环境如何作用等问题，用模型形象地阐释了要素间的相互影响相互作用的关系。本书认为，大学生思想素质结构一般存在着四种结构方式：并列式、主导式、层进式、交互式，这四种方式构成了大学生思想素质结构的四大主要模型，即一轴三体型、要素主导型、要素平行型、要素交互型，其中要素主导型又可分为价值观念主导型、思想心理主导型、思想认识主导型、思想行为主导型四种类型，也就是说，构成大学生思想素质结构主要模型有七种主要的类型。综合国内外研究来看，本书提出的大学生思想素质结构模型观点有些新意。

（4）从结构视角调查了大学生思想素质结构状况。本书突破以往就思想素质调查思想素质的传统，开创性地精心设置选题从结构视角调查了大学生思想素质要素构成及其要素组合情况。研究突破用资料与文献分析的方式，采用数据和案例厘清了当前大学生思想素质结构的总体状况，得出了结构要素多元、结构模型多样、结构方式严谨、结构状态稳定这一大学生思想素质结构总体状况的结论，得出了结构要素不健全、结构组合欠科学、要素互动呈弱化这一当前大学生思想素质结构的主要问题之结论，用数据和事实回答了当前大学生思想素质结构状况怎么样、存在什么问题这一论题。

（5）提出了大学生思想素质结构优化"三维一体"的时代要求和"五维联动"的优化策略等思想。任何事物的发展离不开时代要求，本书在综合分析大学生思想素质结构理论并对其状况进行调查的基础上，通过展示时代背景，用宏观的线条勾画出了优化大学生思想素质结构"三维一体"的时代要求。认为结构要多样、要严谨，要素要互动是其结构的方式要求；为大学生核心价值观的建立奠定思维基础，为大学生坚定理想信念和个体心理冲突建构消解机制是其结构优化的功能要求；要素齐全、状态稳定、功能正向是其结构优化的品质要求。研究还提出导向性、系统性、时代性、协同性、个性化等原则是优化大学生思想素质结构的基本原则；内和谐、外适应是优化的目标；优化结构要素、结构组合，强化结构链接，推进结构互动是优化大学生思想素质结构的基本方法。本书还提出了"五维联动"的优化路径：拧好总开关，育牢核心价值观；培育健康心理，培养健全人格；强化理论教育，筑牢理想信念；优化社会环境，加强社会实践；整合教育资源，培优思想素质。

第二章　大学生思想素质结构概念辨析

对大学生思想素质结构及其优化的研究，一定要建立在对人的素质研究基础上。对人的素质的研究由来已久，且已积累了较为丰富的理论成果。黑格尔认为，"真正的思想和科学的洞见，只有通过概念所作的劳动才能获得"①。"范畴是区分过程中的梯级，即认识世界的过程中的梯级，是帮助我们认识和掌握自然现象之网的网上纽结。"②学界对素质、思想素质、思想素质结构等内涵的阐释莫衷一是。为此，必须首先厘清这些基本概念。

第一节　相关概念厘定

马克思主义哲学认为，任何事物的发展都存在客观规律，人的主观能动性的发挥只有建立在客观规律的基础之上，才能达到最终目的和预期效果。而弄清事物的客观规律，首先要厘清"事物是什么"。列宁曾指出："如果不先解决一般的问题，就去着手解决个别的问题，

---

① ［德］黑格尔：《精神现象学》上卷，贺麟、王玖行译，商务印书馆1962年版，第48页。

② 《列宁全集》第55卷，人民出版社1990年版，第78页。

那么，随时随地都会碰上这些一般的问题。"①北京大学教授黄楠森也提出"研究问题首先要为其'正名'，这是思维体系之纲，纲举而目张"②。因而研究大学生思想素质结构，首先要对思想素质、思想素质结构等几个概念进行辨析。

一 思想素质

要析理思想素质的概念及内涵，先需厘清"思想"及"素质"。思想是什么？古往今来，人们为之上下求索和探讨不休。《辞海》对"思想"有三种解释："思考、思虑；想念、思念；思维活动的结果，属于理性认识，亦称'观念'。"③《简明社会科学词典》解释为："思想亦称观念，是相对于感觉、印象的一种认识成果，属于理性认识。"毛泽东在《人的正确思想是从哪里来的?》中提出："人们在社会实践中从事各项斗争，有了丰富的经验，有成功的，有失败的。无数客观外界的现象通过人的眼、耳、鼻、舌、身这五个官能反映到自己的头脑中来，开始是感性认识。这种感性认识的材料积累多了，就会产生一个飞跃，变成了理性认识，这就是思想。"④法国思想家帕斯卡尔说："人的全部尊严就在于思想。"思想是人与动物的根本性区别。思想是人脑对客观存在反映在其意识中并经过思维活动加工而产生的理性认识，一般以想法、观念、见解、思量等形式表现出来。思想作为人的主观世界对外部客观对象的意识反映和心理情感，是一种精神现象，是人的精神世界的特有产物。思想可以用文字、语言、图形、雕

---

① 《列宁全集》第12卷，人民出版社1959年版，第476页。
② 王东：《21世纪哲学创新——黄楠森教授八十华诞纪念文集》，中央编译出版社2001年版，第526页。
③ 《辞海》，上海辞书出版社2000年版，第2027页。
④ 《毛泽东文集》第8卷，人民出版社1999年版，第320页。

饰等形式表现出来。从内容上看，思想是观念、认识的组合；从机理上看，它是意识现象（思想态度、思想观念、思维）、精神状态（思虑、思考、思索）、心理活动（思绪、思慕、思想感情）等构成的逻辑活动；从类别上看，它可以分为政治思想、经济思想、文化思想、社会思想和生态思想，个体思想、群体思想、人类思想等；从内涵深度上看，有社会心理、日常思想、社会思潮、理论观点等；从性质上看，有正确与错误、先进与落后、积极与消极之分；从状态上看，有牢固与易变、系统与单一、整体与松散、清晰与模糊、肤浅与深入、主动与被动、坚定与摇摆等的区分。思想具有多因性、多向性和多层次的表现和自由性、内隐性、导向性、时代性等特点。

思想是有结构的。从意识层面来看，人的思想大致可以分为认知、需要、判断、精神等几大结构。概言之，人的思想包括客观对象在人的头脑中的一切反映，是集对客观世界的认识、评价、判断、追求、精神于一体的集群，是一个因素众多、结构复杂、动因纷繁、互为机制的系统，是人类理性化、系统化的思维成果①。思想对客观存在的反映以实践为基础，并通过实践检验。凡是经得起实践检验并符合客观实际的即为正确的思想，反之则是错误的思想。思想同时对客观事物的发展具有强大的反作用。人们一旦掌握了正确的思想，就会转变为改造客观世界的巨大力量。思想是认识的最高境界，是智慧的光芒，是人类的精神之花。理想信仰是人的思想的灵魂，价值观是思想的指挥棒、调节器。

素质（quality）的含义，主要有狭义和广义两种。狭义的素质，主要是遗传素质，是人与生俱来的生理特点。《辞海》对"素质"的解释是"一般指有机体天生具有的某些解剖和生理特性，主要是神经

---

① 李屏南：《论人的思想结构及对人的评价方法》，《求索》1986年第2期。

系统、脑的特性以及感官和运动器官的特性,是能力发展的自然前提"①。广义素质概念,泛指整个主体现实性和未来发展可能性,即在先天与后天共同作用下形成的人的身心发展的总水平,是人适应社会发展所需要的基本条件和能力。如国民素质、民族素质、干部素质、教师素质、作家素质以及政治素质、道德素质、思想素质等,都是个体在后天环境、教育影响下形成的。广义的素质强调的是人的先天禀赋与后天培养形成的较为稳定的人的身体上和人格上的稳定的性质特点。人的素质具有以下特征:遗传性与习得性、稳定性与可塑性、潜在性与整体性、个体性与群体性、时代性与前瞻性。人的素质一般包括思想政治素质、科学文化素质、身心素质和专业素质等。其中身心素质是基础,科学文化素质是保障,思想政治素质是根本。思想政治素质是人的素质的精神层面,是最核心的素质,对人的其他素质起着统摄作用。

思想素质(ideological quality)是人在思想上的个人禀赋和气质、个性的显现,它是人的素质在思想意识方面的体现,是思想意识上体现出来的基本品质,包括认识、觉悟、道德、修养、境界等。思想素质反映一个人的思想水平,显现人在思想上的个人禀赋、气质和个性。思想素质是人的素质的核心,在人的素质系统中发挥着导向、凝聚、调节、推动等重要功能。本书所论述的思想素质,是指人们在一定阶级的思想体系的指导下,按照一定的言行规范行动时,集中表现在个体身上相对稳定的价值倾向、心理特点、思想品性和行为习惯的总和。思想素质内部由诸多要素组成,其要素间相互作用、相互联系、相互渗透。人的思想素质主要包括价值观念、思想心理、思想认识和思想行为,反映人的思想觉悟、思想作风、思想境界和思想水

---

① 《辞海》,上海辞书出版社1989年版,第1378页。

平。思想素质是人的行动指南,决定着人的方向和动力,具有定向、动力、保证作用。一个思想素质高的人,一般拥有:一是正确的价值观念,具备反映时代和社会需要的价值观,以此牵引个体思想发展,并对事物和实践做出正确的评判和选择。二是健康的思想心理,具有科学的思维方式和创造性的思维方法,坚持解放思想、实事求是、与时俱进的思维方式,并以此良好发挥知、情、意、信的作用;运用马克思主义的世界观和方法论的思想方法,面对问题能分清轻重主次,抓住主要矛盾,辩证地认识和分析问题,提出新的话语,形成新的思想。三是深刻的思想认识,拥有良好的思想觉悟、较高的理论水平和先进的思想观念,具备建立在辩证唯物主义和历史唯物主义基础上的正确的世界观、人生观、时代观、是非观,坚持用正确先进的思想观念引领个体思想进路,指导行为实践。四是规范的思想行为,以社会和时代要求的行为规范指导和规范言行实践,具备良好的思想作风和思想惯习,注重行为修养,并以自身行为影响和感召他人。思想行为是一个人在思想上、工作上和生活上表现出来的态度、行为,规范的思想行为和良好的思想作风是形成正确思想的重要保证。良好的思想作风包括严谨务实的思想作风、民主开放的思想作风、密切联系群众的思想作风。

人是社会的主体,思想政治素质是人的主体素质,思想素质是人的主体素质的核心,对其他素质起着决定作用,决定着主体素质的方向和优劣。思想素质是人的素质系统的重要部分,在人的素质系统中居于核心地位,发挥导向功能。思想素质侧重于人的正确意识、世界观、人生观、价值观,它制约着人的活动和价值量,在人的素质系统中起着核心作用,是人的素质系统的核心要素,对其他素质具有统摄作用。人一旦拥有正确的思想,就能在它的指导下产生各种动机和行为并向一切生活领域辐射,进而以政治思想、道德思想、法制思想、生态思想等形式影响和支配着人的政治素质、道德素质、法律素质等的形成。可以说，思想素质是人的其他素质存在和发挥的辐射源，其他素质是思想素质的衍生和延伸。当然，人的其他素质也会反过来影响思想素质。

人的思想素质与政治素质、道德素质、心理素质既有联系又存在明显的区别。思想素质侧重于人的思想立场、态度、观点和思想品质。政治素质反映人的政治品质，是人的政治立场、政治意识、政治观念和政治能力等的综合体现。政治素质是一种特殊的素质，是人们为实现本阶级根本利益而进行各种精神活动和实践活动的特殊品质。道德素质是人们的道德认识和道德行为水平的综合反映，包含人的道德修养和道德情操，体现人的道德水平和道德风貌，它是人的思想素质和政治素质在德性上的具体外化。心理素质是人的各种心理品质的综合状况，一般包括兴趣、性格和自我控制能力等要素。人的所有素质的发挥必须依赖健全的心理素质，心理素质是人的一切素质的物质基础。总之，在人的主体素质中，它们本身既有自身特有的功能，又相互内在联系，其方向和灵魂是思想素质和政治素质，而道德素质则是它们的具体外化；心理素质是基础和条件，它们共同构成人的主体素质结构整体。

中国古代关于思想素质的论述。普里戈金（I. Prigogine）在《从混沌到有序》里说："中国文明对人类、社会和自然之间的关系有着深刻的理解。……中国的思想对于那些想扩大西方科学范围和意义的哲学家和科学家来说，始终是个启迪的源泉。"儒家学派的创始人、伟大的思想家孔子非常重视人的思想素质的修养。他说："见贤思齐焉，见不贤而内自省也。"[①] 他主张人立身处世要诚信、正直，又云：

---

① 《论语·里仁》，线装书局2011年版。

"人而无信，不知其可也。大车无輗，小车无軏，其何以行之哉。"①"人之生也直，罔之生也幸而免。"② 孔子强调仁德是立身之器，指出："志于道，据于德，依于仁，游于艺。""德之不修，学之不讲，闻义不能徙，不善不能改，是吾忧也。"③ "德不孤，必有邻。"④ "知者不惑，仁者不忧，勇者不惧。"⑤ 他还提出："志士仁人，无求生以害人，有杀身以成仁。"⑥ 强调有志之士、仁德之人，不贪生怕死而损害仁德，肯勇于牺牲自己来维护仁德。孔子非常看重环境对人的思想德行的影响，"里仁为美。择不处仁，焉得知?"⑦ 他认为，居住在有仁德风气的地方是美好的。挑选住处，不选有仁风的地方，怎么能说是聪明呢？非常看重环境对修身的作用。孔子主张青少年要非常重视思想素质的修养，他说："弟子入则孝，出则弟，谨而信，泛爱众，而亲仁。行有余力，则以学文。"⑧ 指出少年子弟平时在家要孝顺父母，出门要敬爱兄长，做事要谨慎，说话要讲信用，要广泛关爱大众，亲近有仁德的人。若还有富余的精力，就用来学习文化知识。强调要"就有道而正焉"。孔子严格要求学生做到"志于道，据于德，依于仁，游于艺"，主张"修己安人"。他感慨道："朝闻道夕死可矣!"孔子的修身俟命论深深地影响中国社会几千年，成为封建统治阶级治世的正统。其修身思想亦成为中华优秀文化的经典，在当今乃至未来深深地影响着人们。孔子还非常重视人的思想素质结构，他

---

① 《论语·为政》，线装书局2011年版。
② 《论语·雍也》，线装书局2011年版。
③ 《论语·述而》，线装书局2011年版。
④ 《论语·里仁》，线装书局2011年版。
⑤ 《论语·子罕》，线装书局2011年版。
⑥ 《论语·卫灵公》，线装书局2011年版。
⑦ 《论语·里仁》，线装书局2011年版。
⑧ 《论语·学而》，线装书局2011年版。

说:"质胜文则野,文胜质则史。文质彬彬,然后君子。"①意思是一个人的质朴要是超过他的文采,就未免有些粗野;文采要是超过他的质朴,又未免有些浮华。只有文采和质朴结合得匀称均衡,那才称得上大雅君子。其实就是人的思想素质结构要优。孔子认为,人的思想素质要"文质彬彬"才能称得上君子。他还提出:"刚、毅、木、讷,近仁。"②认为"刚强、果断、朴实、言语谨慎,这些品格接近于仁。"就是说"仁"的结构要素包括刚强、果断、朴实、言语谨慎。

儒家学派的追随者孟子主张"穷则独善其身,达则兼济天下"。其言论"生亦我所欲也,义亦我所欲也;二者不可得兼,舍生而取义者也""爱人者,人恒爱之,敬人者,人恒敬之""大人者,不失其赤子之心者也""得道者多助,失道者寡助。寡助之至,亲戚畔之;多助之至,天下顺之"皆强调人的思想素质之重要。孟子主张摒弃私利,其实是对思想素质结构组合的思考,认为"上下交争利而国危矣",为国家上上下下相互追逐、攫取私利深感忧虑。儒家经典中,《尚书》有语云:"自天子以至于庶人,壹是皆以修身为本。壹是,一切也。正心以上,皆所以修身也。齐家以下,则举此而措之耳。"孟子认为贵至天子,贱至百姓,无论高低贵贱,无分地位高下,在修养自身的道德品行方面是一致的,强调"以德为本"乃所有为人之根本。道家学派的创始人老子,其《道德经》博大精深,成为千百年来人们修身治国齐家的重要经书。《道德经》云:"上善若水,水善利万物而不争,处众人之所恶,故几于道""上德不德,是以有德;下德不失德,是以无德""失道而后德,失德而后仁,失仁而后义,失

---

① 《论语·雍也》,线装书局2011年版。
② 《论语·子路》,线装书局2011年版。

义而后礼"等，阐述了思想素质对人修身齐家的重要性。老子还提出"孔德之容，惟道是从"，认为一个真正有道德修养的人，他的内涵，只有一个字"道"，强调修身要"致虚极，守静笃"。道家学派的继承者庄子在其《庄子·田子方》中云："夫哀莫大于心死，而人死亦次之。"这是庄子有名的精神毁灭论，他认为最大的悲哀莫过于心如死灰，精神毁灭，而人的身体的死亡还是次要的，强调人要有点精神。庄子还在《山木》里提出"士有道德不能行，惫也"。他同时告诫弟子们："弟子记之，行贤而去自贤之行，安往而不爱哉！"对学生思想素质的修炼十分注重。西汉大儒董仲舒的思想，既有"本天"为主旨的哲学思想，也有为人修身的思想取向，其提出的"勉强修养，则德日起而大有功""承天意以从事，任德教而不任刑"等亦强调思想素质对于治国安民的重要性。总的来说，中国古代先贤十分强调人的思想素质的修炼和人的思想素质结构的科学。最典型的儒家文化倡导人要"仁、义、礼、知、信"，要"温、良、恭、俭、让"，其实就是对人的思想素质的结构要求，认为人在思想上首先要"仁"、要"温"，其次才"义""良"，而后"礼、知"与"恭、俭"，而"信"与"让"居最后。

马克思主义经典作家也有着关于思想素质的深刻阐述。马克思认为，思想是人类的精神产品，它在社会实践中产生，受到生产力发展水平的制约。马克思指出："物质生活的生产方式制约着整个社会生活、政治生活和精神生活的过程。"[①] 还强调思想的塑造靠教育，马克思说："哲学把无产阶级当作自己的物质武器，同样，无产阶级也把哲学当作自己的精神武器；思想的闪电一旦彻底击中这块素朴的人民

---

① 《马克思恩格斯选集》第2卷，人民出版社2012年版，第8页。

园地，德国人就会解放成为人。"①恩格斯认为人们行动的动机和思想的形成不是天生的、内心自生或上帝赋予的，而是"外部世界对人的影响表现在人的头脑中，反映在人的头脑中，成为感觉、思想、动机、意志"②。恩格斯阐述了思想的形成即来源。他还提出人的思想及其素质的发展"总是在客观上受到历史状况的限制，在主观上受到得出该思想映象的人的肉体状况和精神状况的限制"③。他说："历史从哪里开始，思想进程也应当从哪里开始，而思想进程的进一步发展不过是历史过程在抽象的、理论上前后一贯的形式上的反映。"④那么思想的实现，抑或思想素质的提高靠什么呢？在马克思、恩格斯看来，思想的实现取决于人们对于它的需要，以及它满足人们需要的程度。马斯洛认为人的需要具有层次性，其中最根本的需要是物质生活与物质利益的需要，其次才是精神生活的需要。人的思想行动无法脱离历史与社会现实，它由社会实践中的物质利益所决定和反映。"人们为之奋斗的一切，都同他们的利益有关"⑤。马克思还一针见血地指出："'思想'一旦离开'利益'，就一定会使自己出丑。"⑥思想的形成，思想素质的塑造必须遵循利益一致原则，即把主体的物质需要结合起来，否则难以达到预期的效果。其次，在马克思看来，无产阶级具有倾向于社会主义的自发性，但其社会主义意识难以从阶级斗争中自发产生，而要从外面灌输进去。在马克思主义经典作家看来，思想的形成，即思想素质的塑造必须进行理论灌输。马克思、恩格斯不仅亲自安排和指导了李卜克、伯恩斯坦等革命者的思

---

① 《马克思恩格斯选集》第1卷，人民出版社2012年版，第16页。
② 《马克思恩格斯全集》第28卷，人民出版社2018年版，第339页。
③ 《马克思恩格斯全集》第26卷，人民出版社2014年版，第40页。
④ 《马克思恩格斯选集》第2卷，人民出版社2012年版，第14页。
⑤ 《马克思恩格斯全集》第1卷，人民出版社1995年版，第187页。
⑥ 《马克思恩格斯文集》第1卷，人民出版社2009年版，第286页。

想理论学习，还派他们前往美国从事理论灌输工作，用以塑造、改变工人阶级的思想素质。马克思还指出："我们的理论是发展着的理论，而不是必须背得烂熟并机械地加以重复的教条。越少从外面把这种理论硬灌输给美国人，而越多由他们通过自己亲身的经验（在德国人的帮助下）去检验它，它就越会深入他们的心坎。"[1] 列宁在新的历史条件下，针对工人阶级的思想状况提出："工人本来也不可能有社会民主主义的意识。这种意识只能从外面灌输进去，各国的历史都证明：工人阶级单靠自己本身的力量，只能形成工联主义的意识。"[2] 他还说："阶级政治意识只能从外面灌输给工人，即只能从经济斗争外面，从工人同厂主的关系范围外面灌输给工人。"[3] 无产阶级政党应当积极地"把社会主义思想和政治自觉性灌输到无产阶级群众中去"[4]。这就是列宁著名的灌输理论，它强调人即无产阶级思想的塑造、思想素质的提升必须依赖灌输。

二 大学生思想素质

本书研究的大学生是指我国在校学习生活的全日制大学生，包括大学、学院、职业学院的在校本、专科大学生。大学生思想素质是指大学生在思想意识方面所表现出来的基本品质，是大学生所具有的思想品质的统称，是集中体现在大学生身上相对稳定的价值倾向、心理特点、思想品性和行为习惯等的总和。大学生思想素质反映大学生思想品质的高低，包括认识、观念、修养、品性等方面，认识是思维层面的要素，包括思想觉悟、理论认识等；观念即世界观、人生观、价

---

[1] 《马克思恩格斯选集》第4卷，人民出版社2012年版，第588页。
[2] 《列宁全集》第6卷，人民出版社2013年版，第29页。
[3] 《列宁全集》第6卷，人民出版社2013年版，第76页。
[4] 《列宁全集》第4卷，人民出版社2013年版，第339页。

值观等诸多观念的组合，是意识层面的要素，是相对稳定的认识，是认识的静态形式；修养一般以言行外现出来，体现在思想作风、思想惯习、思想行为等方面；品性直接反映思想素质优劣，一般以道德、观念等形式反映出来。

　　大学生思想素质既与其他社会成员思想素质存在着共性而相似，又区别于它们存在着特殊性。它与其他社会成员的思想素质相比较既存在同一性，又存在区别。这种共同性体现在它们都具有思想素质的共性，其区别表现在：大学生思想素质从品性上看较其他同龄社会成员的思想素质相对要高；从构成上看，它的要素更加完备、结构更加严谨；从功能上看它更加强大；从外部影响上看，它抵御外部影响的能力更强。大学生思想素质是大学生在环境和教育的影响下形成和发展起来的相对稳定的思想方面的基本质性，是大学生适应社会发展需要所必需具备的基本条件和品质，也是大学生思想意识和思想行为实践的综合体现。大学生思想素质是大学生准确的思想意识和世界观、人生观、价值观以及是非观、时代观的综合体现，规定着大学生对客观世界、社会、人生的根本看法，体现着大学生的人生目的、人生态度和人生价值，涵盖了个人对国家、社会、他人和个人的基本理念。作为大学生素质系统的组成部分，大学生思想素质处于核心地位，是大学生素质的核心，在大学生素质系统中发挥着导向、凝聚、调节、推动等重要功能。优良的思想素质会帮助大学生树立崇高的理想信念和为之矢志不渝奋斗的精神动力，是大学生作为合格建设者和可靠接班人的重要素质之一。

　　长期以来，我国党和国家领导人十分重视大学生思想素质，并对之进行了重要而精辟的论述。毛泽东同志曾亲切地将青年一代喻为"早晨八九点钟的太阳"，强调"未来属于青年人"，年青一代要成为"又红又专"的接班人。1964年针对国内外形势，毛泽东指出："为了保证我们的党和国家不改变颜色,我们不仅需要正确的路线和政策,而且需要培养和造就千百万无产阶级革命事业的接班人。……这是关系我们党和国家命运的生死存亡的极其重大的问题。这是无产阶级革命事业的百年大计,千年大计,万年大计。帝国主义的预言家们根据苏联发生的变化,也把'和平演变'的希望,寄托在中国的青年身上。我们一定要使帝国主义的这种预言彻底破产。"[1] 他说:"'革命的或不革命的或反革命的知识分子的最后的分界,看其是否愿意并且实行和工农民众相结合。'我在这里提出了一个标准,看一个青年是不是革命的,拿什么做标准呢?拿什么去辨别他呢?只有一个标准,这就是看他愿意不愿意、并且实行不实行和广大的工农群众结合在一块。"[2] 强调"没有正确的政治观点,就等于没有灵魂"[3],对年青一代的"红"即思想素质有着深刻的论析。

邓小平同志也十分重视年轻人的思想素质,要求全社会"都来关心青少年思想政治的进步"[4]。1992年春邓小平南方谈话时指出:"中国的事情能不能办好,社会主义和改革开放能不能坚持,经济能不能快一点发展起来,国家能不能长治久安,从一定意义上说,关键在人。"[5] 强调"要注意下一代接班人的培养"[6]。他曾多次论述"又红又专"以及"有理想、有道德、有文化、有纪律"[7] 和年轻化、知识化、专业化的思想,要求"教育全国人民做到有理想、有道德、有文

---

[1] 中国人民解放军国防大学党史党建政工教研室:《中共党史参考资料》第24册,国防大学1986年编撰。
[2] 《毛泽东选集》第2卷,人民出版社1991年版,第566页。
[3] 《毛泽东文集》第7卷,人民出版社1999年版,第226页。
[4] 《邓小平文选》第2卷,人民出版社1994年版,第106页。
[5] 《邓小平文选》第3卷,人民出版社1993年版,第380页。
[6] 《邓小平文选》第3卷,人民出版社1993年版,第381页。
[7] 《邓小平文选》第3卷,人民出版社1993年版,第190页。

化、有纪律"①，提出"这四条里面，理想和纪律特别重要。我们一定要经常教育我们的人民，尤其是我们的青年，要有理想"②，"其中我们最强调的，是有理想"③，还强调"到什么时候都得讲政治"④。这些论断都是对青年大学生思想素质内涵的论析。

江泽民同志多次强调年轻人要牢固树立正确的世界观、人生观、价值观，要树立崇高的理想和信念。在全国第三次教育工作会议上他强调："要说素质，思想政治素质是最重要的素质，不断增强学生和群众的爱国主义、集体主义、社会主义思想，是素质教育的灵魂。"⑤1998年5月在北京大学百年校庆的讲话中他说"祖国和民族的希望寄托于青年"，并对北大学生和全国青年提出了"四个统一"的要求，即"就要坚持学习科学文化与加强思想修养的统一；坚持学习书本知识与投身社会实践的统一；坚持实现自身价值与服务祖国人民的统一；坚持树立远大理想与进行艰苦奋斗的统一"⑥。2001年4月在庆祝清华大学建校90周年大会上又对全国青年学生提出了"五个成为"的希望，即希望成为理想远大、热爱祖国的人；成为追求真理、勇于创新的人；成为德才兼备、全面发展的人；成为视野开阔、胸怀宽广的人；成为知行统一、脚踏实地的人。江泽民"四个统一""五个成为"的思想，实质上是对全面发展的接班人思想和"四有新人"思想的新阐释。

胡锦涛同志对青年大学生十分重视和关心，多次要求大学生树立正确的世界观、人生观、价值观，自觉抵制拜金主义、享乐主义和极

---

① 《邓小平文选》第3卷，人民出版社1993年版，第110页。
② 《邓小平文选》第3卷，人民出版社1993年版，第110页。
③ 《邓小平文选》第3卷，人民出版社1993年版，第190页。
④ 《邓小平文选》第3卷，人民出版社1993年版，第166页。
⑤ 《江泽民文选》第2卷，人民出版社2006年版，第332页。
⑥ 《江泽民文选》第3卷，人民出版社2006年版，第483页。

端个人主义等腐朽思想的侵蚀。他在 2005 年 1 月 17 日召开的全国加强和改进大学生思想政治教育工作会议上指出:"不仅要大力提高他们的科学文化素质,而且更要大力提高他们的思想道德素质。"① 提出要抓好大学生理想信念这个核心,培养他们正确的世界观、人生观、价值观,培养其优良道德和民族精神,促进他们思想道德素质、健康素质和科学文化素质等的协调发展。

习近平总书记对大学生思想素质的论述十分深刻。他提出每个青少年都要有"我的中国梦",要积极培育和践行社会主义核心价值观。"要把培育和弘扬社会主义核心价值观作为凝魂聚气、强基固本的基础工程。"② 他还对青年们说:"无数人生成功的事实表明,青年时代,选择吃苦也就选择了收获,选择奉献也就选择了高尚。青年时期多经历一点摔打、挫折、考验,有利于走好一生的路。要历练宠辱不惊的心理素质,坚定百折不挠的进取意志,保持乐观向上的精神状态。"③ 他在同北京大学师生座谈时指出:"道德之于个人、之于社会,都具有基础性意义,做人做事第一位的是崇德修身"④,"核心价值观,其实就是一种德,既是个人的德,也是一种大德,就是国家的德、社会的德"⑤。并要求广大青年"要在勤学、修德、明辨、笃实上下功夫,下得苦功夫、求得真学问,加强道德修养、注重道德实践,善于明辨是非、善于决断选择,扎扎实实干事、踏踏实实做人,立志报效祖国、服务人民,于实处用力,从知行合一上下功夫"⑥。

---

① 中央文献研究室:《十六大以来重要文献选编》(中),中央文献出版社 2006 年版,第 75 页。
② 《习近平关于社会主义文化建设论述摘编》,中央文献出版社 2017 年版,第 107 页。
③ 《习近平关于青少年和共青团工作论述摘编》,中央文献出版社 2017 年版,第 48—49 页。
④ 《习近平关于青少年和共青团工作论述摘编》,中央文献出版社 2017 年版,第 27 页。
⑤ 《习近平关于社会主义文化建设论述摘编》,中央文献出版社 2017 年版,第 112 页。
⑥ 习近平:《青年要自觉践行社会主义核心价值观——在北京大学师生座谈会上的讲话》,《人民日报》2014 年 5 月 5 日第 2 版。

2016年4月26日，习近平总书记寄语广大青年："要以国家富强、人民幸福为己任，胸怀理想、志存高远，投身中国特色社会主义伟大实践，并为之终生奋斗。"① 2021年4月19日他在清华大学考察时要求"广大青年要肩负历史使命，坚定前进信心，立大志、明大德、成大才、担大任，努力成为堪当民族复兴重任的时代新人，让青春在为祖国、为民族、为人民、为人类的不懈奋斗中绽放绚丽之花"②。今年7月1日，他向全国青年发出号召，"新时代中国青年要以实现中华民族伟大复兴为己任，增强做中国人的志气、骨气、底气，不负时代，不负韶华，不负党和人民的殷切期望！"③ 等等这些论述充分反映了习近平总书记对当代大学生思想素质及其要求的深刻阐述。

三 大学生思想素质结构

在阐释大学生思想素质结构概念前，先需厘析结构的概念及其内涵。"结构"（structure）一词的原意是"事物的框架"，意指"事物被架构的方式"或"某一整体各元素之间的相互关系"。从词源上说，在拉丁文中 structure 来源于 struere，意指"构建"（to build）。结构是指组成整体的诸要素之间时空相互联系的总和，它是一事物区别于其他事物的内在规定性。结构规定了事物本身的特性。结构既是一种观念形态，又是物质的一种运动状态。结构是系统中诸要素之间的相互联系与组织形式。列维-斯特劳斯曾引用美国人类学家克洛伯（A. L. Kroeber）对结构概念的说明："'结构'概念很可能就是对时

---

① 《习近平关于青少年和共青团工作论述摘编》，中央文献出版社2017年版，第37页。
② 《习近平在清华大学考察时强调 坚持中国特色世界一流大学建设目标方向 为服务国家富强民族复兴人民幸福贡献力量》，《人民日报》2021年4月20日第1版。
③ 习近平：《在庆祝中国共产党成立100周年大会上的讲话》，人民出版社2021年版，第21页。

第二章 大学生思想素质结构概念辨析

尚的一种附和……任何事物只要不是完全没有形状的都有结构。"①辩证唯物主义认为，世界是物质的，物质是运动的，运动是联系的，这种联系便构成世间万物及其事物内部的组合方式。不同的组合方式便形成结构。结构具有整体性和可变性。结构的整体性规定结构的稳定性，结构的可变性促成结构的变化。整体由结构内各个要素组成，整体中的各要素相互联系，整体的结构决定每一个要素的位置。在整体里某个要素的状况变化将导致其他要素状况的变化，任何要素位置的变化都会导致其他要素的变化，因而导致结构的变化。要素依赖于结构，整体大于要素之和和部分之和。一个系统的各要素之间相互联系的方式即它们关系的总和，构成这一系统的"结构"。"系统"与"结构"以特有的方式不可分割地联系在一起：没有相关的系统便没有"结构"，没有适当的"结构"也就没有系统②。

大学生思想素质结构是指大学生思想素质内部各要素之间相对稳定的联系方式和组合关系。它是大学生思想素质系统的外在呈现和外部表现形式。系统论认为，系统的结构是事物内部的组织状态，是指系统构成要素及其关联方式的总和，包括事物内部各要素之间的空间关系、时间关系（过程）以及要素之间的影响和作用。要素和关联构成结构的基础。系统论提出要素是构成系统的组成单元③。什么是要素呢？要素是构成事物的必要因素④。大学生思想素质结构要素，是指构成大学生思想素质体系、保证思想活动正常开展、实现思维活动目标的必要因素。大学生思想素质结构的要素，就是在促进大学生正

---

① [法]克洛德·列维-斯特劳斯：《结构人类学》，陆晓禾、黄锡光译，中国人民大学出版社2006年版，第278页。
② [波兰]亚当·沙夫：《结构主义与马克思主义》，袁晖、李绍明译，山东大学出版社2009年版，第4页。
③ 乌杰：《系统辩证论》，人民出版社1997年版，第133页。
④ 《现代汉语词典》，商务印书馆2002年版，第1466页。

确思想行为实现中发挥作用的不可缺少的因素。在认识和把握大学生思想素质结构有效要素时必须把握两点：第一，这一要素是必不可少的，少了它，思想活动就无法开展；第二，这一要素能够朝既定的方向发挥作用。大学生思想素质结构要素包括四个方面，或称四个子系统：价值观念、思想心理、思想认识、思想行为。价值观念是人的思想素质的核心，是人的思想素质必不可少的部分；思想心理是形成思想素质的基础，离开思想心理思想活动就无法完成；思想认识是思想素质的关键，思想素质往往通过思想认识的静态形式——思想观念体现出来；思想行为是外现，人的一切思想素质均要通过行为显现出来。显然，这四大要素缺一不可，它们共同构成大学生思想素质结构。

大学生思想素质结构是一个系统。按照系统论的观点，系统的结构性质与两大因素紧密相关：要素的特性、要素的联结方式，也就是时空秩序。要素的特性具有相对独立性，它通过自身性质影响系统结构性质，即不同性质的要素构成不同性质的系统结构；联结方式即时空排列秩序的变化，亦促使结构性质转变[1]。可见，大学生思想素质结构要受到要素性质、要素内部关系及互动情况等因素的影响。要素性质、要素组合、要素链接、要素互动等都会直接影响大学生思想素质结构。

四 大学生思想素质结构的优化

大学生思想素质结构的优化是指大学生思想素质的要素系统与构成要素之间协调发展，各系统功能的最大发挥与各要素之间的最佳配合相统一，从而促使大学生思想素质结构的整体功能最大化地发挥。

---

[1] 乌杰：《系统辩证论》，人民出版社1997年版，第89页。

第二章　大学生思想素质结构概念辨析

大学生思想素质结构优化的前提，一方面源于大学生正处于心理发展趋向成熟阶段，这一时期大学生心理相对不稳定，易于遭受外部环境的影响，其素质结构要素相对活跃；另一方面，大学生作为心智相对较高的群体既存在着思想素质上的缺陷，又具有较强的可塑性，通过内外作用力，比如发挥结构轴的作用，突出主导要素；增强链接剂的功能，强化要素链接；加强教化、建优环境等手段产生外部动力可以不断优化完善其思想素质结构，使之朝着社会所需要的思想素质结构方向健康、有序发展。

大学生思想素质结构的优化关键在于大学生思想素质结构要素性质优良，结构组合严谨，结构链接有力，从而呈现出结构状态稳定、结构功能优良的整体状态；在于内部要素结构与外在影响因素的协调一致。只有大学生内心建立起了正确的价值观念、健康的思想心理、良好的思想认识，才能外显出优良的思想行为。大学生思想素质结构优良，首先，在于大学生思想素质结构要素优良，即大学生价值观念正确、思想心理健康、思想认识科学、思想行为端正；其次，在于价值观念、思想心理、思想认识、思想行为这四大结构要素系统组合严谨、链接牢固、互动有力。价值观念系统是大学生思想素质结构系统的核心，它构成大学生思想素质结构系统的定向系统，起着中轴作用，如果结构轴不发挥作用，或者变异势必造成整个系统停滞或反向运行，如此整个结构系统必然难以发挥优良功效。思想心理系统是大学生思想素质结构系统的基础系统，也是大学生思想素质结构系统的动力系统、调节系统，它通过动机、需要形成心理动力，通过情感、意志调节心理进而调节大学生思想素质系统。任何离开思想心理的思想活动都是不存在的，同样其思想素质也是不可能形成的。大学生思想认识系统是大学生思想素质结构系统的链接系统，它是大学生思想素质结构的关键部分，链接着价值观念、思想心理和思想行为，思想认识系统出现问题，造成认识肤浅、错误或者固执必然影响价值观念、思想心理和思想行为，容易致使思想素质出现问题。思想行为是大学生思想素质结构系统的校验系统，它影响着其他系统，受其他系统的作用，并直接显示人的思想素质的优良与否。人通过行为外现展示其思想素质高低，受到社会及其周围的人的评价，如果评价优良势必激励和刺激这一行为；相反遭受诟病，势必刺激思想心理引发人对其行为的反思，从而校正其行为。大学生思想素质结构的优化，就是其内部要素系统相互影响相互作用的结果，也是大学生思想结构系统与外部环境共同作用的结果。优化的目标是形成稳定牢固的结构系统，外现优良的思想素质。

第二节　大学生思想素质结构的主要特征

大学生思想素质结构特征是相对于大学生思想素质的内涵和外在表现而言的。所谓特征就是特点、特质，是事物可供识别的特殊的征象或标志，是一事物异于其他事物的特点。辩证唯物主义认识论认为，一切事物均为整体，整体由部分构成，部分间相互联系、相互作用，构成整体的部分，部分影响整体。因此，在认识事物时，要将对象置于多重结构和复杂关系中来把握，要把认识对象视为整体。对大学生思想素质结构的认识亦如此，依据其内涵和外现从整体上把握看，它具有逻辑性、稳定性和耦合性特征。一般而言，结构的特征还有系统性、发展性等，但这三大特征是大学生思想素质结构特征区别于其他群体较为显著的特征。

一　逻辑性

逻辑是客观世界的存在和发展规律，是认识事物的重要起点。逻辑性是事物所具有的符合逻辑体系、具有逻辑特点、恪守逻辑规则、协同有序的特性。大学生思想素质结构的逻辑性主要体现在其内在规律性，即大学生思想素质结构是理性的、科学的、逻辑有序的，而不是杂乱无章、无规律可循的。这是对大学生思想素质结构内在特性的描述。大学生思想素质结构的逻辑性体现在：内部要素相互作用和要素的时空秩序严谨，要素互动遵循逻辑，结构内部要素与环境间的作用亦严谨有序。大学生思想素质结构的逻辑性还体现在其内在整体性，即大学生思想素质内部要素是相互联系、相互影响存在的，这种联系具有逻辑性。大学生思想素质结构的整体性质由相互依存的各个要素的关系，也就是内在逻辑性来体现。一方面，结构要素的性质由要素整体性规定，如果离开整体，要素就失去存在的条件，要素只能存在于整体中才能发挥应有的功能。同样，要素是结构整体的基础，缺少了其中的任何一个要素，大学生思想素质结构就难以成为一个有机整体，大学生思想素质结构的功能就宣告散失，大学生思想素质结构就逻辑失序。比如，如果没有心理要素做基础，认识要素就失去认知的基础，认识要素就难以发挥其功效。同样，思想素质结构的整体功能也会散失。

二 稳定性

这是相对于结构的外在表现而言的，是指大学生思想素质结构状态外现是稳定的。这种稳定性体现在：整体的结构是相对稳定的，是严谨平衡的，这种相对稳定建立在层次性基础上。如果这种稳定性一旦打破，结构即面临解体。大学生素质结构的稳定性表现在：一是要素性质的相对稳定，二是要素组合的相对稳定，三是要素链接的相对稳定，四是系统环境的变化引发的结构状态的相对稳定。辩证唯物主义认识论认为，实践是认识的基础。心理是认识的条件，而认识是人的思想素质形成的重要条件。人的实践活动既要坚持"物的尺度",即符合客观规律;又要坚持"人的尺度",即满足人的需要。正是在实践中人的思想素质才得以不断优化;同时,实践,也可称为行为,又反作用于认识从而校验人的认识正确与否。实践是形成人的思想素质的源泉,思想素质基于实践而产生,是人的社会本质的体现,是人作为社会关系的总和这一本质属性的反映。实践是相对稳定的,社会关系是相对稳定的、整体的,人的认识在一定时期内也是相对稳定的。因而从思想素质结构要素来看,价值观念、思想心理、思想认识、思想行为在一定时期都是相对稳定的,这些要素的相对稳定性及其内部组合、链接等作用力的相对稳定,构成了思想素质结构的稳定性。

三 耦合性

大学生思想素质结构的耦合性是指结构要素的耦合和结构功能的耦合。结构要素的耦合在于结构要素间的关联度,这种关联性一方面体现在要素间的包含性,另一方面体现在要素间的链接性。其耦合的强弱取决于要素间的联系和要素链接面的光洁性以及链接剂的强弱。结构与功能紧密相联,结构决定功能,功能反作用于结构,二者构成耦合关联。大学生思想素质结构与功能的耦合,是指大学生思想素质结构要素及其内生元素在相互作用、相互影响、相互关联下,产生新的特性和功能。这种耦合以结构性为物质基础,以相关性为内在依据,并以整体性表现出来。皮亚杰指出:"一个结构是由若干个成分组成的;但是这些成分是服从于能说明体系之成为体系特点的一些规律的。这些所谓组成规律,并不能还原为一些简单相加的联合关系,这些规律把不用于各种成分所有的种种性质的整体性赋予作为全体的全体。"① 这就是说，功能的整体性来源于结构的整体性，整体功能可以由子系统的耦合产生，而不需要从外部去寻找。大学生思想素质结构的耦合还表现在发展性，即这种耦合是发展变化的。表现在大学生思想素质结构随着环境的变化发展，功能亦随之变化发展。这种发展来源于内部要素耦合的变化，要素耦合、要素关联以及环境对结构的影响。一般而言，其耦合性的发展呈正向发展、反向发展两种情形，但整体趋势是螺旋上升的发展形态。

第三节 研究的理论基础

任何学术研究必须以科学的理论为支撑。对大学生思想素质及其结构优化的研究，必须首先明确理论渊源，必须以科学理论为依据。同时也需要多种相关理论知识丰富其内涵。马克思人的全面发展理论和思想政治教育学科关于人的品德形成和发展规律，以及系统论、结构模型理论、人的现代化理论等相关理论是研究这一问题的重要理论支撑。

一 马克思人的自由全面发展理论

马克思主义是颠扑不破的真理。习近平总书记指出："马克思主义是我们立党立国的根本指导思想。背离或放弃马克思主义，我们党就会失去灵魂、迷失方向。"② 作为指导社会主义中国不断从胜利走向胜利的根本思想保证，马克思主义不仅构筑了人类社会的美好蓝图，而且是认识世界改造世界最锐利的思想武器。马克思主义系统结

---

① ［瑞士］皮亚杰：《结构主义》，倪连生、王琳译，商务印书馆1984年版，第3页。
② 《习近平谈治国理政》第2卷，外文出版社2017年版，第33页。

构理论已科学地表明，世界是联系的，这种联系构成了纷繁复杂的各种系统。系统是结构与功能的统一体，由诸多要素以一定的结构和相应的功能构成，系统既有内部结构，又有外现功能。马克思人的全面发展理论和马克思主义中国化关于发展的理论成果——科学发展观和习近平总书记关于发展的重要论述是大学生思想素质结构及其优化的理论基石。

（1）马克思主义关于人的全面发展的目标为大学生思想素质结构及其优化提供了目标指向。马克思主义认为"实现人的自由而全面发展"是核心价值目标。马克思人的全面发展理论把人的发展界定为一个目标，认为人的全面发展是共产主义社会的本质特征、基本原则和价值目标，提出个体的全面发展和人类的整体发展有机统一。二者互为基础和条件，个体的发展是人类整体发展的基础，整体的发展是个体发展的条件。"人是历史的剧作者，又是历史的剧中人。"[①] 人创造了社会，社会也成就了人。对社会发展理论的阐述，马克思指出："人是全部人类活动和全部人类关系的本质、基础……历史什么事情也没有做，它'并不拥有任何无尽的丰富性'，它并'没有在任何战斗作战！'创造这一切、拥有这一切并为这一切而斗争的，不是'历史'，而正是人，现实的、活生生的人。……历史不过是追求着自己目的的人的活动而已。"[②] 这就将人的自由个性发展与人类的整体发展有机统一了起来，同时科学地阐明了发展的依靠是人，离开人发展就无从谈起。思想政治教育作为实现人的全面发展的重要手段，其目的是提升人的思想素质，实现人的自由全面发展。因此必须将人的自由全面发展作为其首要目标和任务。

---

① 《马克思恩格斯全集》第1卷，人民出版社1995年版，第147页。
② 《马克思恩格斯全集》第2卷，人民出版社1957年版，第118、119页。

（2）马克思主义关于人的全面发展的内涵为大学生思想素质结构及其优化提供了内容规定。马克思主义将人的发展厘定为全面发展，其内涵包含整体发展和系统发展等要义。马克思认为，人的全面发展是每一个人的全面而自由的发展，"使每一个社会成员都能够完全自由地发展和发挥他的全部力量和才能"①。人的全面发展的内容包括人的本质的发展，人的能力、素质和个性的发展等方面。"人以一种全面的方式，就是说，作为一个完整的人，占有自己的全面的本质。"② 人的全面发展首先是人的本质的全面发展，如人的社会属性、社会关系、社会实践的发展。马克思指出："社会关系实际上决定着一个人能够发展到什么程度，一个人的发展取决于和他直接或间接地进行交往的其他一切人的发展。"③ 在马克思看来，人的能力的发展是人的全面发展的另一个本质特征，"任何人的职责、使命、任务就是全面地发展自己的一切能力，其中也包括思维的能力"④。马克思人的全面发展理论阐明了人的发展的具体内涵，认为人的全面发展包括人的能力、社会关系和人的个性等方面的自由全面而充分的发展。显然，这种全面非单项、片面和畸形的发展。这为人的思想素质的优化提供了丰富的内容规定。

（3）马克思主义关于人的全面发展的方式为大学生思想素质结构及其优化提供了思想方法。马克思指出教育是实现人的全面发展的根本途径。素质教育以提高人的思想政治素质、身心素质、科学文化素质等全面素质为目标，人的整体素质的优化就是人的全面发展目标所要提高的内在要素，因而素质教育是实现人的全面发展的重要方式。

---

① 《马克思恩格斯选集》第1卷，人民出版社2012年版，第302页。
② 《马克思恩格斯文集》第1卷，人民出版社2009年版，第189页。
③ 《马克思恩格斯全集》第46卷，人民出版社1979年版，第36页。
④ 《马克思恩格斯全集》第3卷，人民出版社1960年版，第330页。

同时，人的发展又是一个动态的过程，总是处在人类历史的特定时期和进程中。人的发展必须置于时代背景和现实情景中去考量，任何脱离实际和实践而谈人的发展都将是无本之木、无源之流。因而，大学生思想素质的优化必须置于时代发展进程中与时俱进，必须创新思想政治教育，必须借鉴素质教育的方式方法。

特别值得提出的是，作为马克思主义中国化关于发展的新的理论成果——科学发展观和习近平总书记关于发展的重要论述继承了马克思的全面发展理论，并赋予了新的时代内涵。科学发展观提出了以人为本的发展观、全面发展观等新思想新论断，认为发展的核心是以人为本，凸显了对发展主体的高度重视。党的十八大以来，习近平总书记带领我们党经过艰辛理论探索，形成了习近平新时代中国特色社会主义思想。这一思想对发展作出新的重要论述。比如，坚持以人民为中心，更加关注人的发展，做到德智体美劳全面发展。这些新的发展理论是当代中国最鲜活的马克思主义发展观。总之，马克思关于人的全面发展的理论确立了人在世界中的主体地位，阐明了人的个体发展与人类共同发展的一致性。大学生思想素质的优化是大学生全面发展的重要组成部分，马克思人的全面发展理论为大学生思想素质结构及其优化提供了重要的理论基石。

二　思想政治教育关于人的品德形成和发展规律

思想政治教育的根本在于关注人的发展，其终极目的是实现人的自由全面发展。列宁指出："规律就是关系。对于马赫主义者、其他不可知论者以及康德主义者等等，这点是要注意的，本质的关系或本质之间的关系。"[①] 毛泽东在《实践论》和《矛盾论》中认为，事物

---

① 《列宁全集》第 55 卷，人民出版社 2017 年版，第 128 页。

的本质是事物的相对稳定的内部联系,这种联系是由于事物本身所包含的特殊矛盾所构成的。这些论述表明,规律就是事物发展过程中的本质联系和必然趋势。《思想政治教育学原理》科学地揭示了人的思想品德的形成和发展的规律,为开展大学生思想素质结构及其优化研究提供了理论基础。

(1)《思想政治教育学原理》关于人的思想品德结构的思想为大学生思想素质结构及其优化提供了理论支持。《思想政治教育学原理》认为,思想品德是人的思想素质的静态形式和外在表现。人的"思想品德是一个多要素的综合系统,是人们在一定思想的指导下,在品德行为中表现出来的较为稳定的心理特点、思想倾向和行为习惯的总和"[1]。思想品德是有结构的,"其核心是人的世界观、人生观、价值观"[2],是对社会规范的认同和掌握,它一般通过行为表现出来。思想品德作为一个多要素的综合系统,其内部构成即思想品德的结构,是"人的思想品德的各构成要素及其相互联系、相互作用的方式"[3]。人的思想品德的构成要素是多层次、多方面的,各要素间的联结方式也是多种多样的。一般而言,人的"思想品德结构是一个以世界观为核心,由心理、思想和行为三个子系统及其多种要素按一定方式联结起来,具有稳定倾向性的多维立体结构"[4]。其中"心理子系统包括认知、情感、意志、信念等因素"。"人的心理是思想品德的基础。""思想子系统包括政治观、世界观、人生观、道德观等"[5],它在思想品德结构中居于十分重要的地位,"思想是思想品德的核心要素"[6],

---

[1] 陈万柏、张耀灿:《思想政治教育学原理》,高等教育出版社2007年版,第116页。
[2] 陈万柏、张耀灿:《思想政治教育学原理》,高等教育出版社2007年版,第117页。
[3] 陈万柏、张耀灿:《思想政治教育学原理》,高等教育出版社2007年版,第117页。
[4] 陈万柏、张耀灿:《思想政治教育学原理》,高等教育出版社2007年版,第117页。
[5] 陈万柏、张耀灿:《思想政治教育学原理》,高等教育出版社2007年版,第117页。
[6] 陈万柏、张耀灿:《思想政治教育学原理》,高等教育出版社2007年版,第118页。

它是思想品德的内容，并决定着思想品德的性质和方向。"行为是思想品德的外显因素"①，是"思想品德的外在标志"，"行为习惯是思想品德的客观内容"，"培养良好的思想品德行为是思想政治教育的直接任务"。"心理、思想和行为三个子系统不是孤立存在的，虽有相对独立的一面，但更多的是相互联系、相互作用、密不可分的，它们共同构成思想品德的全貌。""人的思想品德一般是按照心理—思想—行为的顺序，由简单到复杂、由低级到高级、由不完善到逐步完善发展的。"② 在其形成和发展过程中，"世界观居于核心地位，对心理、思想和行为起着总的指导作用"。"心理、思想和行为围绕着世界观有序形成发挥着各自的作用。"③ 总之，"思想品德结构是以世界观为核心的心理、思想和行为的综合系统，是心理、思想、行为及其要素和功能相互联结和构成的三维立体结构"④。

（2）《思想政治教育学原理》关于人的思想品德的形成和发展的规律为大学生思想素质结构及其优化提供了理论基础。在《思想政治教育学原理》看来，人的"思想品德的形成发展过程是外部制约和内在转化的辩证统一的过程"⑤。人生活在社会实践中，是实践的产物，人的思想必然受到实践，即外部环境的影响。这些外在环境因素主要有：社会大环境以及学校、社区、家庭、组织、交往及媒介环境。"各种环境因素通过人的主体活动和人际交往等实践形式将思想观念、价值观点、道德规范等逐步渗透到人的意识和行为中，影响人的思想品德"；"而人在社会实践活动中，有选择地接受外界环境的各种刺激

---

① 陈万柏、张耀灿：《思想政治教育学原理》，高等教育出版社2007年版，第118页。
② 陈万柏、张耀灿：《思想政治教育学原理》，高等教育出版社2007年版，第118页。
③ 陈万柏、张耀灿：《思想政治教育学原理》，高等教育出版社2007年版，第118页。
④ 陈万柏、张耀灿：《思想政治教育学原理》，高等教育出版社2007年版，第118页。
⑤ 陈万柏、张耀灿：《思想政治教育学原理》，高等教育出版社2007年版，第119页。

影响,从而逐渐形成一定的思想品德,并通过实践对环境产生影响"[①]。实践成为联结外部信息和思维活动的中介。可见,"在环境因素影响人的思想品德形成发展的过程中,社会环境通过社会实践影响制约着每一个体,在一定意义上决定人的思想品德全貌"[②]。这就需要协调和控制各种因素使之同向发挥作用。人的思想品德形成发展除外部环境双向互动外,还离不开内在思想矛盾的转化过程,即人的思想品德认识转化为思想品德行为的过程。这一过程"必须经历思想品德情感、思想品德信念、思想品德意志三个要素的催化作用"[③] 和"人的内在知、情、意、信、行诸要素辩证运动、均衡发展"[④]。总之,"人的思想品德是在社会实践的基础上,在客观外界条件的影响与主观内部因素的相互作用、相互协调和主体内在的思想矛盾运动转化的过程中产生、发展和变化的"[⑤]。显然,人的思想品德的形成和发展规律为优化人的思想品德素质提供了理论来源。

三 系统论及结构模型理论等相关理论借鉴

研究大学生思想素质结构及其优化还离不开系统论、结构模型理论及人的现代化理论的借鉴。系统论的观点阐明了系统的结构和优化的重要思想,结构模型理论奠定了最优模型的理论基础,人的现代化理论建构的现代人格思想为大学生思想素质结构及其优化提供了优化的目标指向。这些理论为大学生思想素质结构及其优化架设了理论模型和学理支持。

[①] 陈万柏、张耀灿:《思想政治教育学原理》,高等教育出版社2007年版,第120页。
[②] 陈万柏、张耀灿:《思想政治教育学原理》,高等教育出版社2007年版,第120页。
[③] 陈万柏、张耀灿:《思想政治教育学原理》,高等教育出版社2007年版,第120页。
[④] 陈万柏、张耀灿:《思想政治教育学原理》,高等教育出版社2007年版,第120页。
[⑤] 陈万柏、张耀灿:《思想政治教育学原理》,高等教育出版社2007年版,第123页。

(1) 系统论思想对大学生思想素质结构及其优化的理论借鉴

第一，系统论关于系统与结构的思想，对大学生思想素质结构及其优化的理论借鉴。"系统观认为，系统是物质世界存在的基本方式和根本属性"①，"任何事物都是系统和要素的统一体"②。系统论的创立者L. V. 贝塔朗菲在系统论的奠基之作《一般系统理论基础、发展和应用》中提出，系统是由若干要素以一定结构形式联结构成的具有某种功能的有机整体。系统包括要素、结构、功能，存在着要素与要素、要素与系统、系统与环境等方面的关系，具有开放性、整体性、关联性、动态平衡性等特征。系统的开放性促使系统与周围环境进行着物质、能量和信息的交换。任何系统都是有机的整体，系统中各要素不是孤立存在而是相互关联的，每一要素处在一定的位置上，发挥特定作用。我国系统论专家乌杰认为，物质世界是系统的。"要素、结构、功能构成系统三因素，是系统核。"③"在系统观中存在着'系统核'（整体核）"，"它在不同客观事物中占据着主导地位和起着决定作用"④，"'环'与'链'在范畴的联接方式上是客观存在的，'环'与'链'是'核'的展开和补充，三者之间有内在的关联性"⑤。乌杰还指出，"任何系统都是由若干相互联系的要素构成的有机体，离开了要素就无所谓系统"⑥，可见，要素是系统必不可少的组成部分，"结构是要素相互联系、相互作用的方式"⑦，结构具有有序性、整体性、稳定性等特性。功能是"系统整体与外部环境相互联系

---

① 乌杰：《系统辩证论》，人民出版社1997年版，第35页。
② 乌杰：《系统辩证论》，人民出版社1997年版，第47页。
③ 乌杰：《系统辩证论》，人民出版社1997年版，第46页。
④ 乌杰：《系统辩证论》，人民出版社1997年版，第72页。
⑤ 乌杰：《系统辩证论》，人民出版社1997年版，第72页。
⑥ 乌杰：《系统辩证论》，人民出版社1997年版，第47页。
⑦ 乌杰：《系统辩证论》，人民出版社1997年版，第48页。

时所表现出的特性和能力"①。在系统中,"结构是关键,要素、功能通过结构组合变换表现整体功能。结构是功能的基础,它决定系统的功能"②。结构是系统与要素的中介。在系统平衡稳定时,结构控制和作用要素的地位、次序、性质和范围大小,并统率各个要素的特性和功能,协调要素间数量比例关系③。

第二,系统论关于系统优化的思想,对大学生思想素质结构及其优化的理论借鉴。系统辩证论认为,"运动是系统的根本属性,是系统存在的方式"④,一方面"构成系统的诸要素相互联系相互作用形成的运动性"⑤,另一方面系统与外部产生运动。正是这种运动促成了系统的发展和优化。系统的发展表现为过程和转化⑥,这个"过程取决于系统的自组织与环境因素的相互作用"⑦。信息控制促使系统整体优化、结构质变、层次转化和差异协同,它是系统趋向最稳定的有序结构状态的重要因素⑧。系统优化其实质是系统自组织不断获取、加工、处理和使用信息(熵),并使之保持有目的状态,完成系统自组织的目的性。系统优化受着多种条件的制约,动力来源于要素的差异性、结构和功能所固有的差异性,其标准一般指趋向最完美的结构形态,或显示最佳的结构性质和特定的功能⑨。系统的优化还取决于结构的性质,"系统的结构性质由三个因素决定:要素的数量、要素的质量、要素的联结方式即时空秩序(序量)"⑩。要素性质决定结构

---

① 乌杰:《系统辩证论》,人民出版社1997年版,第48页。
② 乌杰:《系统辩证论》,人民出版社1997年版,第50页。
③ 乌杰:《系统辩证论》,人民出版社1997年版,第134页。
④ 乌杰:《系统辩证论》,人民出版社1997年版,第52页。
⑤ 乌杰:《系统辩证论》,人民出版社1997年版,第51页。
⑥ 乌杰:《系统辩证论》,人民出版社1997年版,第52页。
⑦ 乌杰:《系统辩证论》,人民出版社1997年版,第54页。
⑧ 乌杰:《系统辩证论》,人民出版社1997年版,第70页。
⑨ 乌杰:《系统辩证论》,人民出版社1997年版,第78、110页。
⑩ 乌杰:《系统辩证论》,人民出版社1997年版,第89页。

性质，要素的数量与相互作用为结构性质的差异提供可能，要素的联结方式即时空排序是系统性质变化的要因。系统的有序性表明：排序越科学，系统要素之间的相互作用就越协调，结构也就越合理越稳定，功能也就越优。金刚石与石墨的内部结构较好地说明了这一问题。总之，系统的有序性和目的性与结构的稳定性是紧密相连的。有序规定着系统的结构稳定性，有目的规定着系统的最终目标：走向最稳定的系统结构①。

（2）结构模型理论对大学生思想素质结构及其优化的理论借鉴

第一，结构模型形态的思想，对大学生思想素质结构及其优化的理论借鉴。系统辩证论认为，"结构是物质世界内各组成要素相互联系、相互作用的方式"②，相互作用的方式就是要素在空间内的排列与组合的具体形式。在结构中，"要素之间经过涨落的具体联系形式不同，致使各个要素在空间排列的顺序、距离和方位也不同，形成了不同的结构形式"③。这种形式就是不同的结构模型。结构模型具有三大要素：纳入结构的要素、结构要素的组合数量、结构要素的组合方式和结合程度。结构要素是结构模型的基础要素，组合方式和结合程度是模型的核心要素。不同的组合方式和结合程度形成不同的结构模型。一般而言，按照不同的分类，结构模型主要有：平面型、立体型、多维型、网络型、封闭型、开放型、简单型、复杂型、静态型、动态型、耗散型、突变型，等等。这一思想为大学生思想素质结构模型建构提供了理论基础。

第二，结构模型影响因素的观点，对大学生思想素质结构及其优化的理论借鉴。依据系统辩证论的观点，影响结构模型的因素主要是

---

① 乌杰：《系统辩证论》，人民出版社1997年版，第142页。
② 乌杰：《系统辩证论》，人民出版社1997年版，第138页。
③ 乌杰：《系统辩证论》，人民出版社1997年版，第139页。

组合方式和结合程度。"结构的组合方式和结合程度取决于结构力。"① 结构力是结构模型存在的重要动力和影响要素,它使结构诸要素间发生相互联系和相互作用。"结构力对要素具有相互限制的作用、要素间相互筛选的机制作用和要素间的相互协同作用。"② 结构要素在结构力的作用下,表现出结构的整体性、层次性、核心性、有序性、稳定性、变异性等特性③,呈现出不同的结构模型。结构系统具有核心性,即结构内要素结合时总有在时空上分布居于中心、复杂、密集的地带和起着关键作用的部分,这个部分就是结构核④。"结构核决定整个结构的核心"⑤,也是决定结构模型的轴心。因此,"要改造结构,首先要改造结构核;要构建新结构,关键要创造新的结构核"⑥。结构核动摇变化,结构模型即发生改变,甚至发生结构模型坍塌。

第三,结构模型与结构功能的思想,对大学生思想素质结构及其优化的理论借鉴。在系统辩证论看来,"系统结构决定系统功能"。"结构是系统内诸要素的联系,功能是系统与外部环境的联系"⑦,功能是"系统整体与外部环境相互联系时表现出的特性和能力"⑧。系统发挥功能一般通过外部联系来发挥,并通过外部作用影响内部联系即结构。因此,功能又反作用于结构。"正是结构与功能的这种相互作用,推动了系统的进化和发展。"⑨ 结构具有差异性,不同结构形成

---

① 乌杰:《系统辩证论》,人民出版社1997年版,第139页。
② 乌杰:《系统辩证论》,人民出版社1997年版,第139页。
③ 乌杰:《系统辩证论》,人民出版社1997年版,第139页。
④ 乌杰:《系统辩证论》,人民出版社1997年版,第140页。
⑤ 乌杰:《系统辩证论》,人民出版社1997年版,第140页。
⑥ 乌杰:《系统辩证论》,人民出版社1997年版,第140页。
⑦ 乌杰:《系统辩证论》,人民出版社1997年版,第50页。
⑧ 乌杰:《系统辩证论》,人民出版社1997年版,第49页。
⑨ 乌杰:《系统辩证论》,人民出版社1997年版,第50页。

的结构模型,显然其外现功能也是不同的,这种不同来源于结构内要素的差异性和组合方式与结合程度的不同。在结构力作用下形成不同的结构方式,即不同的结构模型,呈现不同的结构功能。结构方式决定结构功能,而结构功能的显现来源于结构内部和外部的环境与结构的作用、联系,这种作用、联系外现结构功能的涨落。"结构通过涨落规定和主导着功能,而功能通过涨落又影响和改变着结构"① 和结构模型。这种情形表现出三种类型:同构同功、同构异功或一构多功、异构同功②。总之,"系统的稳定性规定、制约着结构功能的性质和水平,限制着结构功能的范围和大小"③。

(3) 人的现代化理论对大学生思想素质结构及其优化的理论借鉴

第一,人的现代化理论关于人的现代化的根本目的的思想,对大学生思想素质结构及其优化的理论借鉴。马克思主义认为,社会发展的主体是人,终极目标也是人。因此社会现代化的首要和前提是人的现代化,离开人的现代化,社会现代化便失去根本支撑。人的现代化是社会现代化的最终目的。社会现代化是人的现代化的根本目的。人的现代化理论的集大成者英格尔斯认为,中外近现代发展历史已充分证明,人的现代化一旦被忽视或滞后,必然会带来巨大的危害与祸患。人的现代化是社会整体现代化的核心内容,是国家现代化的不可缺少的因素④。我国学者也指出,现代化的核心在于人的现代化⑤。长期以来,我国"人的建设"滞后于"物的建设"。面对新的挑战,推进人的现代化关系到两种制度的较量,关系到社会主义伟大事业的

---

① 乌杰:《系统辩证论》,人民出版社1997年版,第141页。
② 乌杰:《系统辩证论》,人民出版社1997年版,第142页。
③ 乌杰:《系统辩证论》,人民出版社1997年版,第142页。
④ [美] 阿历克斯·英格尔斯:《现代化的核心是人的现代化》,殷陆君编译,四川人民出版社1985年版,第1页。
⑤ 田芝健等:《现代化的核心是人的现代化》,《光明日报》2013年1月28日第7版。

第二章 大学生思想素质结构概念辨析

兴衰成败。显然，推进人的现代化建设是我们实现第二个百年奋斗目标的现实要求，是我国面临的一项重大而紧迫的任务。

第二，人的现代化理论关于思想道德素质是人的现代化素质的核心思想，对大学生思想素质结构及其优化的理论借鉴。人的现代化理论认为，推进人的现代化，提升和完善人的现代素质其目的是促进人的全面发展。思想道德素质是人的现代化素质的核心和关键，是人的素质结构的灵魂。英格尔斯在其《人的现代化素质探索》中提出，"人的现代化指的是态度、价值观、观念、感觉方式及行为方式，还可能指那些有效参与现代社会所产生的或所要求的方式"。他提出，思想观念的现代化是人的现代化的灵魂。人的现代化理论的奠基人之一马克斯·韦伯指出："现代人格表现为注重实际、追求财富的功利主义倾向，忘我奋斗、克己禁欲的严谨生活作风，精打细算、科学经营的理性行为方式。"[1] 我国学者田芝健等将思想观念的现代化阐释为：包括价值观念、精神态度、思想意识、思维方式等方面的现代化，具体表现为：世界观、人生观、价值观科学，具有与时俱进、改革创新、不断超越的时代精神，具备牢固的现代公民意识、民族意识、竞争意识、开放意识、法制观念和责任使命感[2]。武斌认为："实现人的现代化转变是民族性格和文化精神的根本性改造，是从社会心理、意义信念、价值观念、伦理精神、思维方式到人格等各个层面的完全的、整体的转变，形成与新的社会条件、新的社会生活相一致的一代新人。"[3] 柯卫提出："人的现代化是指与现代社会相联系的人的素质的普遍提高和全面发展，它不仅包括知识、技能的现代化，还包括人的思维方式、价值观念、生活方式和行为方式由'传统人'向

---

[1] 邢虹文：《电视与社会——电视社会学引论》，学林出版社 2005 年版，第 208—210 页。
[2] 田芝健等：《现代化的核心是人的现代化》，《光明日报》2013 年 1 月 28 日第 7 版。
[3] 武斌：《现代中国人》，辽宁大学出版社 1991 年版，第 345 页。

'现代人'转变。"① 总的来说，实现人的现代化根本在于认知态度、思想观念、价值取向、行为方式和生活方式的改变。这些理论为大学生思想素质结构及其优化提供了理论借鉴。

---

① 柯卫：《人的现代化与社会现代化的统一性》，《社会科学家》2007年第1期。

第三章　大学生思想素质结构的基本要素

列宁说："如果不把不间断的东西割断，不使活生生的东西简单化、粗陋化，不加以划分，不使之僵化，那么我们就不能想象、表达、测量、描述运动。思想对运动的描述，总是粗陋化、僵化。"[①] 系统论认为，系统是由要素组成的，要素构成系统的内在结构。作为物质的存在状态，结构是事物内的架构，是构成某一事物的各个要素的链接与组合方式。要素是结构必不可少的组成部分，"任何结构总是由一定量的要素构成"[②]。研究大学生思想素质结构及其优化，首先应从分析其要素入手。大学生思想素质结构系统，与人的思想素质结构一样，由大学生的价值观念、思想心理、思想认识和思想行为等要素系统组成，它们共同构成大学生思想素质这一复杂的整体系统。

第一节　价值观念

价值观念是大学生思想素质结构要素的观念形态之一，它与其他

[①] 《列宁全集》第55卷，人民出版社2017年版，第219页。
[②] 乌杰：《系统辩证论》，人民出版社1997年版，第91页。

要素共同构成大学生思想素质结构，价值观念品质是大学生思想素质结构要素重要的品质形态。价值观念居于大学生思想素质结构的最里层、最核心的部分，是大学生思想素质结构的核心要素，也是大学生思想素质结构系统的定向盘。大学生的价值观念一般由其内核和基础构成，即大学生核心价值观和一般价值观。社会主义核心价值观构成其内核，是它的轴心，大学生的一般价值观构成它的基础。

一 价值观念的内涵

要厘清价值观念的内涵，首先需廓清价值和价值观的内涵。价值是客体对主体的有用性，是存在于主客体之间的一种满足需要关系。马克思说："'价值'这个普遍的概念是从人们对待满足他们需要的外界物的关系中产生的，因而，这也是'价值'的种概念"[①]，认为价值是客体对主体的需要和满足。价值的产生离不开主体的需要、客体的属性和主客体之间的关系三个要素。依据人的物质需要和精神需要，价值可划分为三种类型：物质价值，即对人的物质需要的满足；精神价值，即对人的精神需要的满足；物质—精神综合价值，即对人的物质和精神共同需要的满足，或物质价值与精神价值的统一。价值观是对价值的理解和认识，是人们对于各种客体满足主体需要的有用性所进行的评价、认识和所持的根本看法。

关于价值观念的内涵学界有不同的说法。我国学者晏辉认为"价值观念是个人与组织在特定环境下形成的关于对象有无价值，有多大价值的认识"[②]。郭凤志倾向于实践视角认为"价值观念是对现实价值关系的评价性反映，本质上是一种指导人的生活的实践性观念，是

---

① 《马克思恩格斯全集》第 19 卷，人民出版社 1963 年版，第 406 页。
② 晏辉：《现代语境下的价值与价值观》，北京师范大学出版社 2009 年版，第 33、34 页。

价值观与人的实践活动的中介环节。价值观念是价值认识的一种理性形式"①。张思宁从价值评价的视角提出，"在相同社会环境中的个体人会产生大致相同的思维模式，呈现在意识中的就是价值观念"②。李德顺认为，"关于什么是价值观念，简要的回答是：作为人类特有的一种精神神态，它是人们关于基本价值的信念、信仰、理想的系统"，"从内容方面看，它是人们关于什么是好、什么是坏，怎样为好、怎样为坏，以及自己向往什么、追求什么、舍弃什么、拥护什么、反对什么等的观念、思想、态度的总和"，"构成价值观念的思想形式主要是信念、信仰、理想等"③。综合学界的观点，本书认为，价值观念是指价值主体对价值客体关于价值方面的认识、观点和思想的总和。

价值观念与价值观、价值体系是既有联系又有区别的不同概念。价值观念是人们对于价值关系的具体思考而通过信仰、信念等具体形式表现出来的观念体系。价值观是对价值的理解和认识，是人们对于各种客体满足主体需要的有用性所进行的评价、认识和所持的根本看法，是人们在处理价值过程中持有的根本观点和方法。换言之，"价值观念是一个人或一个组织对当下事物及将来事物是否具有价值，有多大价值，应该具有何种价值的信仰、信念、认知、情感以及意志的总称"④。可见，价值观念是对所有价值关系总的概括和总结，是理论化、系统化的价值观。价值观侧重人们对价值的看法，而价值观念则倾向于人们的价值信仰。价值体系属于社会意识范畴，是一个包含着

---

① 郭凤志：《价值、价值观念、价值观概念辨析》，《东北师大学报》2003 年第 6 期。
② 张思宁：《价值观念与价值观念评价体系关系研究》，《社会科学辑刊》2013 年第 5 期。
③ 李德顺：《价值论——一种主体性的研究》，中国人民大学出版社 2013 年版，第 137—148 页。
④ 晏辉：《现代语境下的价值与价值观》，北京师范大学出版社 2009 年版，第 33—34 页。

思想理论、理想信念、价值取向、道德准则和精神风尚等丰富内容和诸多要素的价值认同的整体系统。显然，它不同于价值观和价值观念。

价值观念的分类。按照教育学家、心理学家斯普朗格对价值观的分类，价值观包括理论型价值观、经济型价值观、审美型价值观、社会型价值观、政治型价值观、宗教型价值观。价值观念按照形态分类，包括个体价值观念（个人价值观念）和群体价值观念（社会价值观念）、主流价值观念和一般价值观念等，价值观念还有正确的价值观念和错误的价值观念、先进的价值观念和低俗落后的价值观念等方面的区分。主流价值观念在一个社会体现和保障绝大多数人的利益，是社会精神的支撑点。人在主流价值观念指导下形成理性行为，并保证人自觉地承担本该担当的社会责任。从价值意识角度看，价值观念由主体意识、价值理想、价值信念、规范意识、实践意识和本位意识组成。从整体上看，价值观念主要由价值目的、价值评价、价值选择等部分组成。价值目的是价值观念的旨归，价值评价是价值主体对价值活动的实现结果或可能出现的后果的评估。价值选择是价值主体对价值实践活动的取舍、扬弃。

价值观念系统（以中国人为例，下同）按照层次可分为：社会主义核心价值观、核心价值观、价值观、价值观念。社会主义核心价值观是人的核心价值观里最重要最内核的部分，是社会主义核心价值体系的内核，并体现其根本性质和基本特征，反映全国人民的核心利益和共同愿望。核心价值观是社会价值观体系中处于主导地位代表着价值体系的基本特征，体现着社会的基本价值导向的基本价值观念。价值观念系统结构可以用图3-1来表示：

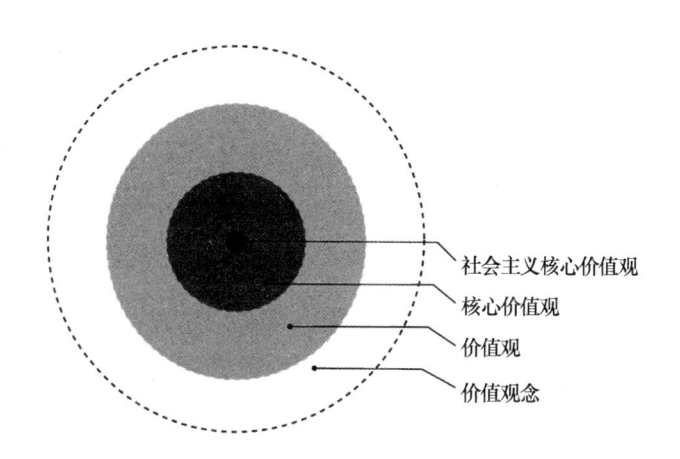

图 3-1　价值观念系统结构图

二　大学生价值观念系统的构成

大学生价值观念是指大学生对价值客体关于价值方面的认识、观点和思想的总和，是大学生价值观的观念体系和具体形式。科学哲学家拉卡托斯提出，任何科学体系一般是由"硬核"与"保护带"两大部分组成，出于结构深层次的硬核是一个科学理论得以确立的核心观点，处于外围的则是该学科的保护带，是建立在核心观点上的其他观点[①]。大学生价值观念体系一般由大学生核心价值观和一般价值观组成，大学生核心价值观是大学生价值观念体系的内核，处于主导地位，统摄并约束一般价值观，为它们提供方向和依据，并维护价值观念体系的稳定和统一。大学生一般价值观是大学生价值观念体系的"保护带"，处于从属地位，受大学生核心价值观的主导和支配，并对核心价值观起保护作用。

（1）内核：大学生核心价值观——社会主义核心价值观

---

① 杨业华、湛利华：《大学生核心价值观的内涵及研究意义探析》，《思想教育研究》2013年第4期。

大学生核心价值观是指大学生在长期的价值生活实践中积淀和形成的对于各种客体满足大学生主体需要的关键评价和根本看法,是大学生在处理各种价值问题时所持的根本立场、观点和态度①。简单地说,就是大学生关于美丑、好坏、得失、善恶、优劣等价值的根本立场、看法和观点。大学生核心价值观在大学生价值观念体系中居于核心地位,发挥主导和统领作用。它体现大学生价值观念体系的根本特征,反映大学生价值观的主要倾向,统率并约束其他价值观的性质和方向。社会主义核心价值观,是人类社会全新的核心价值理念,反映人类文明、文化的进步方向和发展走向,具有恒久的作用和影响,代表着人类文明的发展方向和发展未来。在我国,它集中体现着社会主义的性质、本质和发展趋向,是全社会的共同价值观念,反映了现阶段全国人民的"最大公约数",是全国人民共同体认并追求的核心价值观。显然,社会主义核心价值观也是大学生核心价值观。它是大学生价值观念的内核和轴心,处于大学生价值观念体系的核心地带,起着主导作用,是大学生价值观念体系中最稳固、最持久,最具统摄性、渗透性、影响力的价值观,它影响并支配一般价值观。社会主义核心价值观所倡导的"富强、民主、文明、和谐,自由、平等、公正、法治,爱国、敬业、诚信、友善",就是大学生核心价值观关于价值目标、价值观取向和价值准则的根本内涵,就是当代大学生所应培育和践行的核心价值观内容。两者是对等的。

(2) 外沿:一般价值观——大学生的几种主要价值观

习近平总书记指出:"每个时代都有每个时代的精神,每个时代都有每个时代的价值观念。"② 大学生的一般价值观就是大学生关于

---

① 杨业华、湛利华:《大学生核心价值观的内涵及研究意义探析》,《思想教育研究》2013年第4期。
② 《习近平关于青少年和共青团工作论述摘编》,中央文献出版社2017年版,第24页。

第三章 大学生思想素质结构的基本要素

利他与利己、奉献与享乐、荣耀与耻辱等方面的认识。当代大学生的主要价值观是指大学生在追求物质、精神、文化等主要需求的过程中形成的对这些主要需求的价值认识，涉及政治、经济、审美、爱情、职业、生态等方面，主要包括学习价值观、生活价值观、社会价值观、爱情价值观、职业价值观等主要价值观。这些主要价值观相互影响、相互协同，交互作用形成他们的主导价值观——大学生的人生价值观。大学时期是人生的多需求时期，比如身心需求、物质需求、精神需求、发展需求等，这些需求不断推动大学生去满足需求，并在追求满足的过程中首先对其价值进行认识和评价，从而形成了当代大学生一般价值观的多样性和丰富性。

当代大学生的一般价值观主要有学习价值观、生活价值观、社会价值观、爱情价值观、职业价值观和人生价值观等几种主要的价值观。学习价值观是大学生对学习需要的满足和有用性的评价，表现出对学习重要不重要、需要不需要、有没有用等方面的价值认识和价值观点，一般以学习重要论、次要论、有用论、无用论等形式体现出来。生活价值观是大学生对生活中的对象、物质、事物等方面需要的看法和评价，表现出对生活的基本态度和观点，如生活有没有意义、怎样生活有意义、怎样的生活是自己需要的等方面的价值认识，一般由生活观、消费观、物质观、人际观、交友观等形式体现出来。社会价值观是大学生对社会现象、事物、实践等方面评价的看法和观点，表现为社会观、义利观、集体观、公益观等。大学生爱情价值观是大学生对爱情的需要的看法和评价，表现为对爱情需要不需要、有没有用等方面的价值认识和价值选择，一般以恋爱观、婚姻观、生育观等形式体现出来。大学生职业价值观是大学生对职业需要和满足的评价，一般以职业观、就业观、求职观等形式体现出来，大学生的职业价值观决定大学生的职业憧憬和职业选择。大学生人生价值观是大学生对人生价值的看法和根本观点,表现为对人生目的、人生意义、人生理想、人生信念等方面的价值评价和价值认识,一般以人生观体现出来。大学生人生价值观是大学生一般价值观的集成,它主导大学生的其他一般价值观。

对当代大学生影响较大的几种价值观有:一是功利主义价值观,表现为拜金、名利思想重,以名利为中心,追名逐利,甚至唯利是图、唯名是瞻。二是实用主义价值观,表现为极端现实,凡事眼见为实,信奉真理就是有用、有用就是真理,把真理归结为有用,以个人的主观意识为价值标准。三是享乐主义价值观,追求享受、寻求快乐,喜欢奢华,爱好攀比,厌恶奋斗。四是利己主义价值观,一心为个人,自私自利,以自我为中心。五是权力意志主义价值观,喜好权力、官本位,崇尚权力、利己排他,以权力为一切评价标准,认为权力至上,个人和利己的意志不应受社会约束。六是存在主义价值观,突出自我,张扬个性,崇尚绝对自由,寻求人性复归,认为自由是一种重要力量,是人生的重要选择。七是悲观主义价值观,消极、颓废、烦恼、苦闷、孤寂甚至绝望,精神萎靡,认为人生是无尽的悲剧,人无法掌握选择自己的前途命运,世界昏暗荒诞、不合理,甚至对一切麻木不仁,感觉麻醉才能克服内心的一切。

三 价值观念是思想素质结构的定向盘

大学生价值观念是大学生思想素质结构系统的结构轴,在大学生思想素质结构系统中居于核心地位。价值观念是大学生思想素质结构的定向盘,是由价值观念本身具有的特性和作用决定的。价值观念是大学生精神系统中最深层次的、最稳定的并起主导作用的内核,是人生观的核心,是世界观的组成部分,也是驱使大学生行为的内在驱动力。"价值观念作为价值意识的自觉化、理性化的发达形态,是人类内心深处最富有激情和动力的精神形式。"① 价值观念形成的价值导向力支配和调节大学生的一切行为，是大学生最重要的导向器、定向盘和动力轴。

（1）这是由大学生价值观念的特性决定的。大学生价值观念具有主体性、超知识性和多元性特征。第一，它的主体性决定了大学生的目标方向。大学生作为其价值观念的主体任何时候离不开他本身，大学生是产生价值观念的基础，决定价值观念的思想内容和目标倾向。大学生价值观念的目标方向由大学生主体需要决定，来源于大学生内心的动机和需要，与大学生的利益、需要、能力、条件和历史使命紧密相关，它往往随着时间、环境、心情和生活方式、地位、需要、利益、经历等因素的变化而变化。大学生的价值目标指向决定大学生的人生理想和奋斗方向，起着引领作用。第二，它的超知识性决定价值选择的定位定向。超知识性规定着大学生价值观念的超经验性，规定着构成大学生价值观念的价值信仰、价值理想等是超越知识与经验的，是倾向于精神和情感层面的元素，构成大学生价值选择、定位和定向的内因，具有无限张力和牵引性，并决定大学生价值选择的多样化、条件性和科学性，也决定大学生思想心理的多样化、思想认识的多维性、思想行为的多样性。第三，它的多元性支配大学生行为的多样性。多元性规定着大学生的价值标准和价值取向呈现出多元化状态。正是这种多元化，大学生个体心理的差异性、利益需求的多样化、思想认识的复杂性才得以反映。同时它又支配影响着它们的多样性，离开价值观念的多元化，大学生思想心理的复杂性、思想认识的多元性、思想行为的多样性便失去了动力基础。

---

① 李德顺：《价值论——一种主体性的研究》，中国人民大学出版社2013年版，第149页。

（2）这是由大学生价值观念要素的作用决定的。"价值观念的功能，在于它成为人们内心深处的评价标准。"① "价值观念之所以重要，正在于它对人的思想、情感、言论和行动起着普遍的整合和驱动作用。"② 价值观念是人们内心深处认同和评价事物意义、美丑、优劣的标尺，是人们权衡得失轻重、决定褒贬取舍的标准。大学生价值观念亦然，是大学生衡量事物、做出选择的标尺，在大学生思想素质结构系统中发挥着为思想系统定向、为思想心理定位、为思想认识导航、为思想行为导引的重要作用。其一，它的评判作用为大学生思想认识定立标准。建构"评判标准"是大学生价值观念的重要作用。马克思指出："在不同的财产形式上，在社会生存条件上，耸立着由各种不同的，表现独特的情感、幻想、思想方式和人生观构成的整个上层建筑。整个阶级在其物质条件和相应的社会关系的基础上创造和构成这一切。"③ 就是指价值观念的评判作用。大学生价值观念起着评价标准的作用，是大学生衡量事物轻重、权衡得失的标尺，也是支配其思想认识、思想行为选择的标尺。其二，它的导向作用为大学生思想行为导向。大学生价值观念一经形成往往体现并从整体上指导和统摄个人的发展方向，对大学生的追求、目标发生牵引导向，成为大学生具有支配性的思想基础。其三，它的动力作用为大学生提供思想动力。大学生价值观念的变化往往对个人选择和发展具有动力作用，即先进的与时俱进的价值观念对个人发展起促进作用，而落后的低俗的价值观念就会阻碍大学生的身心发展。其四，它的整合作用为大学生

---

① 李德顺：《价值论——一种主体性的研究》，中国人民大学出版社2013年版，第137页。
② 李德顺：《价值论——一种主体性的研究》，中国人民大学出版社2013年版，第153页。
③ 《马克思恩格斯选集》第1卷，人民出版社2012年版，第695页。

思想素质整合力量。大学生价值观念在大学生的思想观念体系中起着主导作用、居于统帅地位，它时时处处整合着大学生的思想、情感、言论和行为，使大学生理性地进行价值选择、做出价值追求。大学生价值观念的整合作用保证了大学生思想的和谐、稳定发展。

第二节 思想心理

思想心理是大学生思想素质结构要素的心理形态，思想心理品质是大学生思想素质结构要素的品质形态之一，它与其他要素共同构成大学生思想素质结构。思想心理是大学生思想素质结构的基础要素，是大学生思想素质结构的动力元和调节阀。大学生思想心理作为形成思想素质的重要基础，它的变化常常影响思想素质的表现，作用思想素质结构状态。

一 思想心理的内涵

人的心理是大脑对客观现实的主观反应。人的心理活动是指人在实践中通过各种感官认识外部客观世界，用大脑感知、判断和选择并伴随喜怒哀乐等情感体验的过程。人的心理过程一般分为认知过程、情感过程、意志过程和信念过程。人的心理复杂多变，按照不同的标准可划分为多种类型，如按照心理机能优势可分为理智型、情绪型、意志型、理智—意志型、混合型，按照心理活动的倾向可分为内倾型、外倾型，按照个体独立性程度可分为场依存型（顺从型）、场独立型，按照人的社会生活方式可分为经济型、理论型、审美型、宗教型、权力型、社会型，等等。人的心理是形成认识的基础，它影响人的认识，支配人的行为，并受认识水平、生活经验、性格特征和外部环境的影响和制约。

思想心理是指人们在外界刺激下对事物和实践所形成的一些直观的、自发的、未定型的、非系统的关于思想认识方面的心理反映，包括思想动机、思想认知、思想情感、意志信念等心理要素。思想心理的形成以思想动机为前提，以思想认知为基础，是人们在实践中形成的对社会现象的认识、理解、判断和评价。思想心理是形成人的思想认识的基础，是建构人的思想素质的心理活动。思想心理作为人的心理活动的一种，类属于人的文化心理，它既具有一般心理活动的特征，又与其他心理活动存在着联系和区别。其联系体现在它们都是人的心理活动，都经历一般心理过程；其区别体现在它是形成人的思想认识的心理活动，关注点是人的思想活动，因而有别于政治心理、经济心理、社会心理、生态心理，乃至交往心理、消费心理、恋爱心理等心理活动，它们之间的关注点、侧重点不同。

大学生思想心理是指大学生在日常学习生活实践中通过大脑对外界事物的感知、判断和选择的理性认识活动。大学生思想心理以思想动机为前提，以思想认知为基础，这种认知包括理论认知、专业认知、人文认知等，以思想情感为纽结，以意志信念为续力。思想认同、思想观念、理想信念、思想品德是大学生思想心理的稳定形式，是大学生所表现出的坚信不疑并为之身体力行的心理态度和精神状态。思想动机、思想认知、思想情感、意志信念是影响大学生思想心理的因素，也是测验大学生心理健康与否的重要指标。大学生有无思想动机、思想动机纯洁与否，大学生思想认知正确与否、深刻不深刻，大学生情感单一还是丰富、稳定不稳定，大学生意志信念持久不持久直接影响大学生思想心理状态。同时大学生思想心理状态也影响和作用思想动机、思想认知、思想情感、意志信念这些内部元素。

第三章 大学生思想素质结构的基本要素

二 大学生思想心理系统的结构

大学生思想心理系统表现形式多样、结构复杂、内容丰富。从心理结构看,大学生的思想心理由知、情、意、信等元素构成,知、情、意、信协同构成大学生思想心理的结构。思想认知、思想情感、意志信念由简单到复杂、由低级到高级,相互联系、相互影响,共同构成了大学生思想素质的心理结构系统。思想认同是建立在大学生思想动机、思想认知、思想情感基础上较为稳定的心理倾向,思想品德是大学生在社会生活中形成的持久性的相对成型而又系统的心理特征的总和,是高级的心理形式。思想认同、思想品德作为大学生思想认知、思想情感、意志信念发展作用的结果,成为大学生思想心理的表现形式。

思想认知是指大学生以实践为中介对外部精神性信息的获取与加工,并转化为自身知识结构的思想自组织活动。它是认知客体满足大学生主体需要的过程,其目的是形成以价值观为核心的思想观念,其结果是形成初级的感性的思想认识,而感性认识一旦上升到理性状态即为思想认识。思想认知是思想心理的基础,它对大学生思想心理的发展起着至关重要的作用。大学生思想认知是大学生对客观事物的认识与把握,对理论和知识的认知情况是大学生思想素质的重要基础,没有正确的思想认知,显然难以形成良好的思想素质。大学生思想认知主要有:理论认知、信仰认知、道德认知、社会认知、法制认知和专业认知、文化认知等。其中理论认知形成理论判断、理论立场和理论倾向,信仰认知形成信仰意识、信仰选择,道德认知形成道德意识、道德判断、道德选择,社会认知形成价值观念和其他各种观念,法制认知形成法制意识、法制观念,专业认知形成专业意识、专业思想,文化认知形成文化意识、文化观念。这些丰富多彩的认知构成大学生思想认知体系，成为建构大学生思想认识的基础。思想认知决定思想心理，一般而言，思想认知一旦出现问题，思想心理的健康程度就会受到影响。

思想情感是指大学生用一定的思想观念、价值取向去理解评判事物和主客观世界时产生的喜好、厌恶、漠视、推崇等方面的关于态度和情绪的心理倾向。大学生思想情感作为思想心理的重要方面，是伴随着思想认知产生的，是大学生对外界事物所形成的内心情绪的集合。其实质是人的内心对价值关系的一种感知，情感控制对它起着调控作用。大学生思想情感按性质分，有肯定性情感和否定性情感，肯定性情感是因需要得到满足而产生的积极态度体验和心理倾向，表现为愉快、欢喜、兴奋等，否定性情感则反之；按动力方向分，有增力性情感和减力性情感，增力性情感增强大学生思想活动积极性和行为动力，如荣誉感、自豪感等，减力性情感如倦怠、厌恶、鄙视等；按表现的部位分，有内在情感和外在情感，内在情感把态度体验、好恶倾向掩藏不露，如窃喜、思念、牵肠挂肚等，外在情感则相反，如面红耳赤、手足无措等。大学生的思想情感是复杂的，它一般以复合型的形式表现出来。大学生思想情感还存在四种基本形态：激情、应激、心境、热情。激情是大学生内心迅速强烈地暴发并时间短暂的情感状态，激情具有强大的激励效应；应激是大学生在紧急情况发生时内心所引起的强烈的情绪反应；心境是大学生的一种微弱而持久的情绪状态，比如心情舒畅、郁郁寡欢、淡定、烦躁；热情是大学生内心的一种强烈、稳定而深刻的情感状态，如爱国、仇敌，热情具有稳定性和持久性。

意志信念是大学生在思想实践中对事物、目标深信不疑、坚持不懈的一种心理状态。大学生心理意志是大学生在思想活动中自觉地确定目的并支配其行动以实现预定目的的心理过程，常常以语言或行动表现出来。其本质是大学生对于自身行为关系的主观反映，作为选择、实施、评价和修正自身的行为活动，它能使大学生以最少的代价取得最大的收益。大学生心理意志是大学生围绕目标所表现出的坚持抑或放弃的意志品质，是思想认知和思想情感向思想行为转化的关键。大学生的心理意志包括感性意志与理性意志两个方面，一般呈现出强、弱两种状态，常常用意商、意志矢量等形式来衡量。大学生主要的心理意志有政治意志、思想意志、道德意志、专业意志、职业意志等，这些意志都反映大学生的思想心理。

大学生心理信念是指大学生对特定的思想观念、理想信念等所表现出的坚信不疑并为之身体力行的心理态度和精神状态，是在实践中体验了自然地形成的内在确信的心理模式。大学生心理信念是大学生所赞同、认可的观念体系，表示大学生对某种对象、某种现实或观念抱有深刻信任的精神状态。布卢姆认为："对于'信念'这个术语，我们把它界说为'默认某命题或学说依据充足，从而在情感上予以接受'。……各种信念有不同的确信程度。"[1] 心理信念是认知、情感和意志的统一。大学生心理信念具有认识上的稳定性、情感上的炽热性、实践上的执着性等特征，心理信念是大学生心理意志、思想行为的基础，是实现大学生动机目标与长远目标的定力。作为大学生重要的心理动能，离开它大学生心理意志、心理行为等都没法实现。大学生心理信念一般有政治信念、思想信念、文化信念、社会信念、生态信念，以及学习信念、生活信念、交友信念、消费信念等。它不同于政治意义上的信念，这一信念是对内心政治观念、观点和看法的坚信不疑。大学生的这一信念一般是指社会主义信念。大学生心理意志是

---

[1] [美] B. S. 布卢姆等：《教育评价》，邱渊译，华东师范大学出版社1987年版，第536页。

对大学生思想认知的深化,是大学生心理信念的基础,经过这一环节大学生思想认知便成为信念。大学生心理信念是大学生心理意志的支撑,离开信念,意志没法形成。它们之间通过价值关系为基础和纽带形成相互联系、互为作用的关系。大学生意志信念成为大学生思想心理的重要调节力量。

三 思想心理是思想素质结构的动力元调节阀

大学生思想心理要素是大学生价值观念要素之外的基础要素,居于价值观念外围。思想心理是大学生思想素质结构的动力元和调节阀,是由思想心理内生元素的特性和具有的作用决定的。思想动机、思想认知、思想情感、意志信念所形成的动机力、认知力、情感力、意志力、信念力在大学生思想心理系统内部产生着强大的作用力,推动和调节着大学生思想素质结构系统,成为其动力元和调节阀。

(1) 动机力认知力是推动大学生思想心理运行,产生思想认识、指导思想行为并形成大学生思想素质的基础动力。任何思想心理的运行都以动机为前提,思想主体必须在动机刺激后才能完成思想心理。大学生思想心理亦然,以思想动机为前提,然后以思想认知为基础,即大学生对所遇到的事物形成认知、理解、判断和评价,再经过思想情感环节,以意志信念为升华,最终形成正确的思想观念和行为选择,完成心理过程。在这一过程的第一环节——思想动机是原动力。动机是大学生的内在需求,由思想目标诱发。马克思说:"在现实世界中,个人有许多需要。"[1] 他还说人的"每一种本质活动和特性,他的每一种生命欲望都会成为一种需要"[2]。人是社会实践的产物,

---

[1]《马克思恩格斯全集》第 3 卷,人民出版社 1960 年版,第 326 页。
[2]《马克思恩格斯文集》第 1 卷,人民出版社 2009 年版,第 321—322 页。

第三章　大学生思想素质结构的基本要素

而社会实践的推进必须以需要为基础。马克思认为，需要具有变化发展性，人的需要是不断变化发展的，其变化发展性取决于人的本质的变化发展性。马克思深刻论述了人的需要的必然性、客观性和变化发展性。也正是因为这种客观性决定了大学生思想动机的客观性、丰富性，并形成强大的动机力，从而推动大学生精神满足的实现。

在大学生思想素质结构系统中，思想认识、思想行为始终离不开思想动机，只有产生了良好的动机，认识和行为才得以起步进行。思想动机是大学生采取行动的直接动因，它引起行为并把该行为导向某一目标，并对行为发挥着始发功能、指向或选择以及强化功能。总之，动机力在大学生的思想过程中具有举足轻重的作用。认知力（Cognitive ability）是大学生主观对非主观的事物的反映能力，大学生认知力越高，他的反映就越接近事物的本质。大学生的思想认知是大学生认识事物的初步感知，是摄取感性材料形成基本印象并对事物主要概念、基本特征的简单认识。显然，在认知阶段大学生对事物的认识还不稳定、不深入。认知有低层次和高层次之分，层次越高越接近思想认识。认知力就是从低级认知向高级认知的推动力。因此，离开认知，思想认识就难以形成，认知是推动思想认识、形成思想观念最基础、最重要的步骤。很大程度上讲，人的思想素质高低取决于认识深浅，取决于认知程度，而要实现认知程度和思想认识的深化，只有借助认知力来推动。这种动力其他力量取代不了。

（2）情感力意志力信念力是调控大学生思想心理运行，调节思想认识、调整思想行为并影响大学生思想素质结构的作用力。情感力作为思想心理的重要动力之一，是大学生在社会实践中形成的丰富情感对改造客观世界和主观世界活动产生的精神力量。它具有正向和反向两大作用，正向即形成强大动力，反向即形成逆向作用力。这两种力统称为调节力。马克思指出:"激情、热情是人强烈追求自己的对象的本质力量。"① 还认为,在人的全部情感中,对人的活动的推动作用最为强烈的是激情和热情。当客观实践符合大学生需要并引发他们浓厚的兴趣和喜好时,这种喜好和兴趣即肯定性情感或增利性情感就会促进大学生的思想活动,直至行为实践;反之,对之憎恨、漠然、鄙视就成为否定性情感或减力性情感则阻碍大学生思想活动的发展,直至大学生的思想行为。情感力就是凭借这种正反两方面的作用力调节大学生的思想活动和行为实践。

意志力是大学生在认识活动中形成的坚强意志对改造客观实践所产生的推动力。恩格斯说:"就单个人来说,他的行动的一切动力,都一定要通过他的头脑,一定要转变为他的意志的动机,才能使他行动起来。"② 马克思充分阐述了意志力对行动的影响,也高度肯定了意志力在人的认识活动中的重要作用。马克思认为,"作为注意力表现出来的有目的的意志,是劳动生产顺利进行的必要因素和重要动力"③。强调意志力的能动性和有目的性。大学生价值观念的稳定与否、思想认识的持续与否、行为选择的持久与否,都与他的意志力紧密相关,大学生意志力强弱变化直接调节大学生价值观念、思想心理、思想认识和思想行为。当意志力坚定持久时,则会表现出坚定的价值观、不达目标誓不罢休的坚定心理和坚持不懈、不畏艰难永不放弃的行动;当意志力衰减甚至退化时,则表现出价值观念动摇,对目标追求上的颓废抵触心理和行动上的消极,甚至放弃。正所谓"志不强者智不达"④。大学生正是通过意志力强弱

---

① 《马克思恩格斯文集》第1卷,人民出版社2009年版,第211页。
② 《马克思恩格斯全集》第28卷,人民出版社2018年版,第360页。
③ 《马克思恩格斯全集》第23卷,人民出版社1972年版,第202页。
④ 孙诒让:《墨子闲诂》,中华书局1986年版,第9页。

调节着大学生思想素质结构系统，成为思想素质结构系统重要的调节阀。

大学生的信念力，是大学生在认识活动中对事物或实践确信不疑的较为持久稳定的心理定力。美国成功学的奠基人和最伟大的成功励志导师、成功学之父奥里森·马登提出人的信念力有正面、负面之分，正确坚定的信念力，可逆转人生，使人生奇迹般地摆脱物质和精神的双重贫困，实现内心安宁、力量强大、物质充足和身心健康[①]。信念之于人犹如鱼之于水。持久恒定的信念即为信仰。恩格斯曾说："中世纪的强烈信仰无疑地曾以这种办法赋予这整个时代以巨大的能量。"[②] 人一旦有了明确的理想、信念就会形成强大的导向力，使他们不断超越原有的价值观念、思想认识、理想信念和当下行动，不断推进人的心理的完善、境界的提升、行动的积极，比如心理上对目标深信不疑、行动上追求目标就坚定不移；反之，理想模糊、信念松动就会破坏价值观念、影响思想认识，并致使价值观扭曲、心理混乱、认识异化、行为偏差失范甚至变化无常。大学生也正是通过这种强大的信念力调节着思想素质结构系统，使之呈正向和反向两个向度发展。

第三节　思想认识

思想认识是大学生思想素质的观念形态之一，思想认识水平构成大学生思想素质结构的品质状态。思想认识是大学生思想素质结构的关键要素，是检验大学生思想素质高低的重要指标。思想认识水平直接决定大学生思想素质状况，影响大学生思想素质结构品质。思想认

---

① [美]奥里森·马登：《信念力》，马林梅、秦邕译，重庆出版社2011年版，第26—32页。

② 《马克思恩格斯全集》第3卷，人民出版社2002年版，第517页。

识是大学生思想素质结构的链接剂,发挥链接大学生价值观念、思想心理、思想行为等结构要素的重要作用。

一 思想认识的内涵

《汉语大词典》对"认识"的解释是"指人的头脑对客观世界的反映"[①]。《辞海》对之解释为"人脑在实践基础上对外部现实的能动反映,包括感性认识和理性认识"[②]。本书论述的思想认识,是指人们经过思维活动形成的对客观世界的较为稳定的思想观念、基本看法和主要观点。它是理性的思想意识,属于意识、精神层面的范畴。实践是思想认识的物质基础,是检验思想认识正确与否的唯一标准,也是其目的。思想认识一般经历生动的感观到抽象的思维,再从抽象的思维到实践的辩证发展过程。思想认识分为初级阶段的感性思想认识和成熟阶段的理性思想认识。思想认识有正确、错误之分,有肤浅、一般、深刻和狭隘、宽泛、广博之别,思想认识的最高层次是对规律和真理的把握。一个人的思想认识往往由其思想觉悟、理论水平和重要观念等元素组成。思想觉悟体现人的认识立场、态度和倾向,是衡量人的思想认识性质和程度的重要前提。理论水平是人的思想认识的反映,一个人理论水平的高低往往决定和影响其思想认识的深浅。思想观念是思想认识的形态,体现一个人的思想认识的程度。

大学生思想认识指大学生在大学学习生活工作中经过思维活动形成的对事物的较为稳定的理性的思想观念、基本看法和主要观点。思想觉悟、理论水平和重要观念等元素构成大学生的思想认识系统。大

[①] 《汉语大词典》,中国汉语大词典出版社 1986 年版,第 16514 页。
[②] 《辞海》,中华书局 1999 年版,第 1763 页。

学生稳定的深刻的思想认识以信仰、信念和理想、理念等形式表现出来。大学生的思想觉悟是思想认识的基础和前提，体现大学生的认识立场、态度和倾向，衡量大学生思想认识的性质和方向。大学生的理论水平反映大学生的思想认识能力，决定和影响大学生思想认识的深浅。大学生的重要观念是大学生思想认识的形态体现，是大学生稳定的思想认识，它体现大学生思想认识程度。

二 大学生思想认识系统的结构组成

大学生作为知识分子这一特殊群体，其思想认识有别于其他社会群体，一般而言，大学生的思想认识其性质一般要优于其他同龄社会群体，其程度往往高于其他青少年群体，其要素更加多元。大学生的思想认识一般由大学生的思想觉悟、理论水平和重要观念等主要元素构成，大学生稳定深刻的思想认识表现为科学的信仰、坚定的信念、崇高的理想。这些元素共同影响、互为作用，在大学生思想素质结构系统中发挥着关键作用。

（1）思想觉悟

《辞海》中对"觉悟"有两种解释：一是在佛教中领悟教义的真谛；二是由迷惑而明白，由模糊而认清。《现代汉语词典》将"觉悟"译为"consciousness"（知觉、清醒状态、明了、意识），"awareness"（觉察、明白），"understanding"（理解、洞察）。我国古代也对"觉悟"有所阐述，《荀子·成相》中说："不觉悟，不知苦，迷惑失指易上下。"德国古典哲学家认为"觉悟"是"verstend""rernunft"，即为"知性和理性"，指认识的两种能力和阶段。康德提出人的认识能力有感性、知性和理性三个环节，也是人的觉悟的三个阶段。后来"觉悟"经人们的进一步拓展，意指人的精神世界由迷惑而明白、由模糊而认清的状态，觉悟了即人的思想进入到一种清醒的或有知觉的新的状态，变得没错觉、幻觉、误觉。人们往往用先知先觉、大彻大悟、醍醐灌顶、茅塞顿开、憬然有悟、执迷不悟、遂迷不寤等形容人对事物的感悟程度。觉悟是认识的前提，只有经过对事物反复的不间断的觉悟后，才能上升为高级的深层的认识。觉悟是对一种政治理论或社会理想的认识程度和为实现它而奋斗的精神。觉悟一般有政治觉悟、思想觉悟、道德觉悟、文化觉悟、生态觉悟、社会觉悟等之分，思想觉悟和精神修养即修为，修为反映人的思想境界。思想觉悟是指人们对事物及其产生和发展的规律的认识和理解程度。一个人思想觉悟的高低决定了其认识客观世界并能动地参与社会活动的方式和方法，从而最终决定其认识程度和社会活动的效率和成果。因此在一定程度上也可以说思想觉悟就是思想态度、世界观和方法论。人的思想觉悟具有强大的思想力量。列宁说："在我们看来，一个国家的力量在于群众的觉悟。只有当群众知道一切，能判断一切，并自觉地从事一切的时候，国家才有力量。"[①]

大学生思想觉悟是指大学生在思想方面对事物正误、美丑、好坏的认识、感悟程度。大学生的思想觉悟一般经历感悟、领悟、觉悟这一过程。大学生思想觉悟是认识的开端，是阀门。信任是大学生思想觉悟的表现，是形成大学生思想觉悟的必然前提。大学生的思想觉悟是由无数个信任作用的结果，是相对稳定的牢固不变的信任的集合体。信任往往随着时间、条件、环境的改变而改变，亦随着大学生认知、情感、意志的变化而变化。信任一般到了信念阶段才形成牢固持久的思想觉悟。大学生思想觉悟程度一般用高低、优劣来表示。大学生思想觉悟一般由思想立场、思想态度、思想倾向等组成并通过它们表现出来。它的评价标准，根本的就是看其思想

[①] 《列宁全集》第33卷，人民出版社2017年版，第16页。

是否符合社会主义社会的发展要求，是不是代表最广大人民的根本利益，如果其思想觉悟坚持马克思主义立场、观点、方法，并符合时代和国家发展需要，则其思想觉悟高。否则其思想觉悟就一般或低。大学生思想觉悟的形成是一个不断反复的认识过程，是实践作用的结果。大学生思想觉悟的产生和提高亦是一个螺旋上升的过程。学习是大学生思想觉悟提高的前提，实践是大学生思想觉悟形成的根本。大学生思想觉悟的形成是大学生的心理不断斗争和修炼的过程。大学生思想觉悟的提高是一个复杂的过程，一般经历四个阶段：对认知信息的选择—对认知信息的理解—行为外化—形成觉悟。行为外化的过程就是实践的过程，它是形成觉悟的重要条件，也是检验认知信息正确与否的唯一标准。

（2）理论水平

理论是人们关于科学理论的理解和论述，是指概括性强、抽象度高的真理体系。它不是分散的、零星的、个别性的、具体性的知识，而是系统的、有普通意义的认识成果和认识规律。理论是行动的指南，掌管着思想和方向。水平是指在某一专业方面所达到的高度。理论水平是人们对客观规律、真理的理解和论述所达到的高度，是指一个人对于理论的学习、把握和运用情况，它一般包括理论学习水平、理论认识水平和理论运用水平。理论水平是人的思想认识的重要组成部分，对于一个人来说极其重要，它决定着一个人洞察事物、分析事理、明辨是非、决策决断的水平。理论成熟是政治成熟的表现。不掌握党的基本理论，就不可能保持清醒的头脑和正确的方向。一个人的理论水平一般与理论学习、理论认识、理论运用有关，理论学习直接影响理论认识，理论认识直接影响理论运用，理论水平一般在理论运用中体现出来。提高理论水平的重要基础是理论学习。党的十八大报告强调,"要抓好思想理论建设这个根本"①。可见,思想理论建设关乎根本。

　　大学生理论水平是指大学生对马克思主义理论、党的路线方针、政策法规的认识程度、掌握和运用情况,是大学生对党和国家指导思想和党的创新理论成果的认识、掌握和修养情况,是大学生学习、掌握、运用马克思主义的立场、观点、方法认识问题和处理问题的高低优劣程度。大学生理论水平包括大学生的理论认同、理论掌握、理论运用及政策把握等元素。大学生对马克思主义理论理解掌握包括:马列主义理论,社会主义发展史、中国共产党党史、中华人民共和国史、改革开放史,中国共产党历届领导人关于党的建设及国家治理方面的理论阐述等。其重点是毛泽东思想、邓小平理论、"三个代表"重要思想、科学发展观和习近平新时代中国特色社会主义思想。习近平新时代中国特色社会主义思想是马克思主义中国化的最新理论成果,是当代中国的马克思主义,是21世纪的马克思主义。一个人的理论水平和政策水平是紧密相连的,理论水平是政策水平的基础。大学生的理论水平不仅体现在理论认识和理论运用上,大学生的政策水平也是理论水平的表现。大学生的政策水平是指大学生对党的路线、方针、政策理解的程度和贯彻执行的情况。提高理论水平,最重要的是引导大学生学习掌握马克思列宁主义、毛泽东思想和中国特色社会主义理论体系,特别是习近平新时代中国特色社会主义思想,坚持理论自信,自觉将理论运用到日常生活学习工作中指导实践、推进思想上的成熟。对大学生个人而言,就是要自觉掌握、坚持并运用好党治国理政的基本理论、基本路线、基本方略,自觉自信地用党的路线、

---

① 中共中央文献研究室:《十八大以来重要文献选编》(上),中央文献出版社2014年版,第39页。

方针、政策改造主客观世界。

(3) 重要观念

马克思说:"观念的东西不外是移入人的头脑并在人的头脑中改造过的物质的东西而已。"① 广义的观念表示一切形式的思想、认识、看法，泛指客观现实在人脑中的主观反映。狭义的观念，是指人们对于客观事物的总的看法和理解。它是通过人的思维对有关具体知识的概括和总结，是在一定社会关系中形成的某类事物的总观点。大学生的重要观念包括世界观、人生观、政治观、道德观、时代观、法制观等。大学生的重要观念也包括价值观，鉴于价值观的重要地位已在此前阐述，这里不再赘述。世界观人生观价值观三者的关系见图 3-2。这些观念相互影响相互作用，构成大学生的重要观念，代表大学生思想认识的观念形态，影响大学生价值观念、思想心理和思想行为。

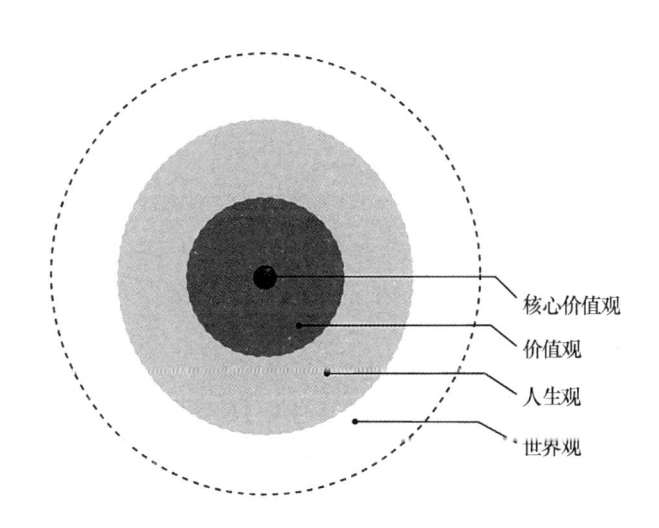

图 3-2 世界观人生观价值观关系图

---

① 《马克思恩格斯选集》第 2 卷，人民出版社 2012 年版，第 93 页。

第一,世界观。世界观是人们对整个世界的总的看法和根本观点。习近平总书记形象地喻为"总开关"。每一个人都有自己的世界观。马克思主义世界观包含三个要素:一是唯物认识论。即正确认识物质和精神、理论与实践的辩证关系,自觉坚持唯物论,抵制唯心观和宗教迷信思想。二是辩证法思想。即坚持唯物辩证法的基本规律和范畴,自觉运用唯物辩证法的观点和方法分析和处理问题,掌握科学的思想方法和工作方法。三是唯物史观。即运用历史唯物主义的观点审视事物,分析历史现象和历史人物,懂得社会发展的根本原因,了解社会发展的客观规律。大学生的世界观分为唯物主义世界观和唯心主义世界观。按阶段来看,根据大学生对客观世界的认识程度,大学生的世界观可分为尚未确立、初步确立、已经确立三种类型。世界观与人生观紧密相联。世界观在看待人生上的应用和推广就成为人生观。大学生的人生观说到底是世界观的问题。大学生世界观包含并支配着人生观,大学生有什么样的世界观便有什么样的人生观。大学生人生观是其世界观最重要的组成部分,它直接影响世界观,大学生人生观的根本变化会导致其世界观的根本变化。

第二,人生观。人生观是人们对人生的根本看法,包括对人的本质、人生目的、人生意义、人生理想、人生价值和人生态度等的根本看法。它是人们对自身的理性思考,是对人自身存在的价值、意义和发展趋势、规律的理性认识。人生观是人所特有的精神现象,是社会意识的一种形式,具有社会性、时代性、稳定性和整体性等特征。人生观按其性质可分为无产阶级人生观和剥削阶级人生观两类。人生观是促进或阻碍社会发展的巨大精神力量,它对人生发展的方向、道路起着导航作用,是实现人生理想、达到成才的精神动力,正确的人生观也是抵御腐朽思想侵蚀的强大思想武器。大学生人生观是大学生对其本质及其人生意义、人生价值、人生目的、人生理想、人生态度、人生选择等诸多方面的根本看法，主要通过审美观、利益观、荣辱观、公私观、理想观、职业观、家庭观、恋爱观、幸福观等显现出来。公私观体现人生目的认识，理想观彰显对人生目标的追求，利益观显现对人生价值的认识。

第三，政治观。大学生政治观是指大学生对政治现象、政治实践的根本看法和观点，包括其看待、评价某种政治系统及其政治活动的标准，以及由此形成的大学生的政治价值观念和政治行为模式的选择范式。政治觉悟以及理想、信念、信仰直接影响大学生政治观。值得提出的是，理想既是人生意义上的概念，更是政治意义上的范畴。大学生政治观主要包括大学生的政治觉悟、政治认知、政治选择、政治信仰等元素，一般通过理想信念、信仰、爱国心、家国情怀等指标反映出来。理想、信念、信仰是大学生世界观、人生观、价值观的集中表现。爱国主义是大学生思想内核的组成部分，也是大学生政治观的灵魂。理想是主体追求真善美的价值选择，是人对客观现实可能性的一种合目的性的反映。马克思说："外部世界对人的影响表现在人的头脑中，反映在人的头脑中，成为感觉、思想、动机、意志，总之，成为'理想的意图'，并且以这种形态变成'理想的力量'。"[1] 理想是推动大学生奋进的强大牵引力。大学生的理想是多样的，有科学理想和非科学理想、崇高理想与庸俗理想，有政治理想、职业理想、生活理想、道德理想，近期理想、长远理想与最终理想等不同类别。理想既是人生观问题，也是政治观问题。个人理想倾向人生观的内容，个人的最高理想和共同理想则属于政治观的范畴。人的个人理想与最高理想、共同理想是统一的。这里指的是政治理想，即大学生树立最高理想、共同理想的情况，以及这些理想与人生理想的结合情况。信

---

[1] 《马克思恩格斯选集》第4卷，人民出版社2012年版，第238页。

念与理想同属于人类特有的精神现象,它是凝聚力和精神支柱,能激励人们战胜困难、百折不挠。信念一旦形成,就会使人义无反顾地追求理想目标,成为人们追求理想的巨大动力。信念也有多种类别,比如科学的信念与非科学的信念,社会信念、个人信念,宗教信念、政治信念、道德信念、审美信念、生活信念等。这里指大学生的政治信念,即对社会主义的坚定信念。信仰是人们对某种思想、理论、学说、主义的信服和尊崇,并以此作为自己的精神寄托和行动指南,它是一个人做什么和不做什么的根本准则和态度。信仰是最为强烈稳定的价值意识和意志品质,是人的精神脊梁。大学生信仰是大学生所持的认识世界改造实践的恒久的根本信念。我国大学生的信仰就是马克思主义信仰,不是其他任何信仰。马克思主义是大学生理所当然的精神脊梁。

第四,法制观。法制观是大学生对法制的观点和态度,其核心是法制意识、公正思想。大学生法制观的实质是坚持法律至上、依法生活。法制意识、法治思想、法制理想等元素构成了大学生的法制观。法制意识是指大学生在思想意识上对法制的看法和基本认识,包括遵法守法意识、司法护法意识、法律追究意识等。法治思想是大学生形成的对法治的理解、认同、信任和对法律实施、司法公正等法律实践的看法和观念的总和。它包括大学生对法治国家、法治政府、法治社会的看法和观点,以及对科学立法、严格执法、公正司法、全民守法的内心遵从和根本看法。法制理想是大学生内心认定的对国家法制所达到的应然状态的憧憬向往和追求。它是大学生法制意识、法治思想的目标性牵引,是法制观的指向,也是衡量大学生法制观水平的重要指标。这些年我国有的大学生行窃、故意伤害,甚至参与电信诈骗等非法活动,反映出当代大学生虽知法懂法,但少数大学生法制观念仍然较为淡薄。大学生法制观是居于其他观念首位的重要观念。离开法制观念，其他观念极可能违背法理发生变异。比如，在错误法制观念的影响下其道德观念也难以正确。

第五，道德观。道德观是人们在处理道德关系中对道德价值的认识和看法，是人们对社会意识形态规则的认识和立场。正确的道德观滋润人生，修身养性，是人重要的德商。人的道德观的评价标准是真善美、假丑恶。礼让、谦恭、友善反映出一个人良好的道德素质，而暴露、淫逸、拜金、见倒不扶、爱慕虚荣、缺乏耻感、不知羞愧则反映一个人的道德素质低下。新时代大学生的道德观以习近平总书记关于道德的重要论述为内容，"做人做事第一位的是崇德修身"[1]，"核心价值观，其实就是一种德，既是个人的德，也是一种大德，就是国家的德、社会的德"[2]。"因为德是首要、是方向"[3]，要明大德、守公德、严私德，"要立志报效祖国、服务人民，这是大德，养大德者方可成大业"[4]。"踏踏实实修好公德、私德，学会劳动、学会勤俭、学会感恩、学会助人、学会谦让、学会宽容、学会自省、学会自律。"[5] 这些关于德的内涵和要求的重要论述构成大学生新时代的道德观。此外，以"八荣八耻"为主要内容的社会主义荣辱观，它与社会主义公民道德规范一脉相承。社会主义公民道德规范的"爱国守法、明礼诚信、团结友善、勤俭自强、敬业奉献"鲜明地反映着大学生应当遵守的基本道德规范。可见，大学生的道德观主要由责任感、公德心、义利观、诚信意识、奉献精神、敬业精神等指标反映出来。

第六，时代观。时代观是人学生对时代的看法和根本观点。时代

---

[1] 《习近平关于青少年和共青团工作论述摘编》，中央文献出版社2017年版，第27页。
[2] 《习近平关于社会主义文化建设论述摘编》，中央文献出版社2017年版，第112页。
[3] 《习近平关于青少年和共青团工作论述摘编》，中央文献出版社2017年版，第27页。
[4] 《习近平关于青少年和共青团工作论述摘编》，中央文献出版社2017年版，第27页。
[5] 《习近平关于青少年和共青团工作论述摘编》，中央文献出版社2017年版，第27页。

观关乎使命感，是人们积极投身时代、勇立潮头、与时俱进、不断超越的体现。时代在发展，紧跟时代始终站在时代前沿，不断吸收时代进步思想，吸取时代文明成果，吸纳时代文化精华，思想意识上始终做到与时俱进而不掉队落伍，是一个人思想成熟进步的重要体现。反之，则固执、落后，甚至思想僵化。我国学者高岸起的《时代观》对这一问题有较好的论述。大学生的时代观主要由使命感、创新思想、创业意识、合作意识、团队精神、开放思想等组成。尤其是团队精神在当今时代变得越来越重要。习近平总书记多次强调团结协作、协同奋战，提出坚持"合作精神""加强团结"，铸牢中华民族共同体，携手构建人类命运共同体等重要思想足见团队精神、协同思想在当今时代的重要性。

三 思想认识是思想素质结构的链接剂

大学生思想认识要素是大学生思想心理要素之外的关键要素，居于思想心理外围。思想认识是大学生思想素质结构的链接剂，是由思想认识的特性和具有的作用决定的。思想觉悟、理论水平、重要观念所形成的觉悟力、理智力、观念力在大学生思想认识系统中产生着强大的胶着力，链接着大学生思想素质结构系统，成为其链接剂。

（1）思想认识链接思想素质结构系统。大学生思想认识是价值认识、思想心理作用的结果，主要由思想观念体现出来，它形成的初步阶段以价值观念为导向，而后以思想心理为基础，经过思想心理的知、情、意、信发展为思想观念，即认识的高级阶段。显然，大学生思想认识是价值观念、思想心理共同运动的结果，它链接着其他思想素质结构要素。大学生思想认识具有无穷性，总能在实践中将各种各样的信息收集吸附起来，进行加工整理使之成为各种意识、观念和思想，进而指导他的新实践。大学生的思想认识还具有无穷的开创性、推动性和链接性，这种开创性体现在思想认识的创造性，它能无限地加工创造；这种推动性表现为思想认识的能动性，它能推动认识的深化，影响价值观念、思想心理，指导思想行为；这种链接性体现在它能有效地处理不同的价值关系，即通过价值认识将价值观念、价值心理和价值行为串联起来，这是其他要素所发挥不了的作用。它还能吸附不同的信息并将之进行关联形成共同点和差异性，共同点使之包含和链接起来，差异性使之保持着原有的不同的要素性质。大学生思想认识在思想素质结构系统中发挥着强大的创造和链接作用，这种链接影响思想素质结构品质。比如，思想认识不深刻，势必产生价值认识的肤浅，可能导致价值观念的模糊，致使价值心理不健康，如此，思想行为很可能简单混乱、出现偏差。大学生思想素质结构离开思想认识这一链接剂如同人的手指失去胫骨的链接。假如人的手指是单个的，没有胫骨的有序链接可以想象不可能成为真正意义上功能齐全力量强大的手，而只能是松散无序、功能失散的一堆手指的组合。

（2）觉悟力理智力观念力是大学生价值观念、思想心理、思想认识和思想行为的基础链接力。卡莱尔曾说，思想一旦觉悟，就不会再瞌睡。托·杰弗逊表示"人民的觉悟是最强大的军队"。狄盖特提出的"让思想冲破牢笼"。伟大的思想家康德说，我坦率地承认，就是休谟的提示，在多年以前首先打破了我教条主义的迷梦，并且在我对思辨哲学的研究上给我指出来一个完全不同的方向。康德高度认可休谟思想对其学说的觉悟和影响。这些都鲜明地阐述了人的思想觉悟力的强大力量。大学生思想觉悟包括价值觉悟、心理觉悟、认识觉悟、行为觉悟，认识觉悟关联价值觉悟、心理觉悟、行为觉悟，认识觉悟离不开心理觉悟的基础作用，离不开价值觉悟的导引作用，离不开行为觉悟的外显和校验作用，它们间通过认识觉悟串联起来。理智力是大学生在实践中形成的理论认识和理性精神对大学生改造主观世界和客观实践活动中产生的精神力,这种以理论为基础的理性认识形成大学生以理论规律和真理为认识基础的理性力。它是检验大学生价值观念正确与否、思想心理积极与否、思想行为规范与否的重要力量,并通过标准关联大学生价值观念、思想心理和思想行为。马克思说:"批判的武器当然不能代替武器的批判,物质力量只能用物质力量来摧毁,但是理论一经掌握群众,也会变成物质力量。理论只要说服人 [ad hominem],就能掌握群众;而理论只要彻底,就能说服人 [adhominem]。所谓彻底,就是抓住事物的根本。但是,人的根本就是人本身。"① 理智力是一种自觉动力,形成于大学生对理论的把握和运用,大学生一旦形成了这种反映事物的规律性认识,就会预测客观事物、社会实践和思想发展趋势。这种预测能力是链接价值观念、思想心理,并引导思想行为的重要精神力,也是其他要素所取代不了的。理智力还表现出一种理性精神,这种精神就是崇尚科学理性、反对盲目迷信、自觉尊崇真理、自觉按理论规律认识世界、改造世界的精神,这就为大学生价值目标的提升、思想心理的升华、情感意志的调控、思想行为的规范提供了强大的精神支撑和链接剂。叔本华在其著作《观念力·叔本华论文集》中提出观念力是一种强大稳定的思想力量。大学生观念力主导认识水平,反映价值观念水平、思想心理状况,体现思想行为水平,它链接价值观念、思想心理、思想认识,引导思想行为。无论是价值观念还是思想心理、思想行为,都要通过观念的形成来指导和发生作用。觉悟力、理智力、观念力三者构成大学生思想素质结构系统的基础链接力。

---

① 《马克思恩格斯全集》第3卷,人民出版社2002年版,第207页。

第四节 思想行为

思想行为是大学生思想素质结构系统的外部形态要素，是大学生思想素质的直接显现。价值观念主导思想行为，思想心理调控思想行为，思想认识支配思想行为。思想行为显现大学生的价值观念、思想心理和思想认识，直接体现大学生思想素质的高低。思想行为构成大学生思想素质结构的外现形态，是校验大学生思想素质结构的校验器。

一 思想行为的内涵

《汉语大辞典》对"行为"的解释是"受思想支配而表现出来的活动"。在我国古代，孔子十分重视"行"，提出了"行己有耻""能行五者于天下为仁矣""弗学何以行？弗思何以得""言忠信，行笃敬，虽蛮貊之邦，行矣""言必信，行必果，硁硁然小人哉"。他指的"行"是行动、实施等意蕴。荀子主张学以致用，他与墨子都认为，人的行为是具有一定的意志和欲望支配并通过习做而实现的活动，《荀子·亚名》提出，"虑积焉，能习焉而后成谓之为"。我国教育家、哲学家黄建中主张："行为者，有鹄之运动，有觉之动作，有意之行动也。"[①] 明确提出行动是人类具有一种有目的、有知觉、有意识的活动。西方古希腊哲学家亚里士多德提出，人的行为是有目的有意义的"具有主动意义的生活"。马克思主义经典作家认为，行为是人类特有的活动方式，由一定的需要所引起，是人们在改造周围环境和人类自身社会实践中发生的，通过一定社会关系表现出来的有自主

---

① 黄建中：《比较伦理学》，国立四川大学出版社1944年版，第64页。

性、目的性和连续性的能动的活动。人的行为可以分为无意识行为和有意识行为两大类。它总是受到一定的社会历史性影响和制约，因而具有阶级性、社会性和历史性。

思想行为是指在人的思想意识支配下具有一定目的性和指向性的有意识行为。人的思想行为的有意识性，是区别于人其他行为的重要方面。人类的行为纷繁复杂，多种多样，有满足人类生存需要的行为；有满足人类智力、体力全面发展需要的行为；有满足社会发展需要的行为；等等。从不同角度看，按职业分，可以分为政治行为、经济行为、法律行为、教育行为、生产行为等；按意识与行为的关系分，可以分为有意识行为、无意识行为、下意识行为；按行为领域分，有个人生活行为、公共生活行为，如婚姻恋爱行为、职业行为等；按社会规范分，可以分为道德行为和非道德行为。大学生思想行为与其他行为既有联系，又存在区别，其联系体现在都是人的行为，都受意识的支配和观念的指导；其区别表现在：政治行为、经济行为、社会行为、文化行为等其他行为都包含和体现着大学生的一些专门性的思想，比如政治思想、经济思想、社会思想、文化思想等，但大学生思想行为是专门显露其思想立场、思想观念、思想倾向的行为，而不是专门的侧重于政治、经济、社会、文化等特定领域的行为。它们之间存在着交互性，但领域和指向的不同是其主要区别。

二 大学生思想行为系统的主要构成

大学生思想行为是指在大学生的思想意识指导下凸显大学生思想倾向、价值观念的言语和实践行为。人的行为具有相对稳定性，大学生的思想行为表现也具有相对的稳定性。从这种稳定性看，大学生思想素质就是大学生在一定观念的支配下，适应各种社会关系的要求，在长期的行为中表现出的稳定的、一贯的特点和倾向。大学生的思想行为就是这种稳定的、一贯的特点和倾向的表现。

大学生思想行为丰富多彩，类别多样。人的意识大致可分为潜意识、浅意识、中意识和深意识四种。据此，大学生思想行为按照认识程度来看，可分为经验行为、知识行为和理智行为。此外，从表现方式来看，可分为言语行为、肢体行为、实践行为。言语行为、肢体行为如说话、打闹、微笑。鬼谷子认为，"口者，心之门户也，心者，神之主也，志意、喜欲、思虑、智谋，此皆由门户出入"①。人的言语能较好地体现人的思想。实践行为，包括大学生的学习行为、生活行为、社会行为，其中学习行为涵盖上课、作业、考试、阅读、科研、实习实训、竞赛等行为；生活行为包括衣食住行、消费、文化文娱活动等；社会行为包含社会交往、社会活动等。大学生的思想行为如果按照范畴来分，分为一般行为和个性行为。按行为的秩序来分，分为组织行为和无组织行为。按行为的性质来分，分为丑恶行为、一般行为和高尚行为，或者叫道德行为和非道德行为。按群体来分，可分为个人行为、组织行为、群体行为。个人行为是指大学生学习、生活、社交、社会实践行为，包括公益行为；组织行为和群体行为是大学生中某一个组织或群体进行的自发或有组织的集体性行为。按程度来分，可分为幼稚行为、一般行为、成熟（老练）行为，如行为儒雅、知礼，荣辱不惊，从容冷静。辩证唯物主义认识论认为，思想支配行为，行为体现思想。一个人的思想行为，要始终合乎社会发展规律的要求。否则，行为就会混乱、失范。大学生的思想行为作为大学生思想素质结构的外在表现，其评价标准为是否充分显现了其思想素质状况，是否符合社会发展要求，是否有益于社会和他人。但人的行为与思想素质并不呈一致的关系，且允许其矛盾性的存在。有的行为真实

---

① 《鬼谷子》，北京燕山出版社2009年版，第12页。

反映思想素质，有的行为却是思想素质的假象。比如，有的人思想素质高，但行为低调、处世谦逊不张扬；有的人思想素质低，但行为夸张、虚假，喜欢吹捧和表现自己，造成行为与真实思想素质不一致。比如有的大学生为了骗取资助，装出贫穷的行为表现；有的大学生真正贫困，但人穷志坚，并不外显其实际。无论是否真实反映，都外现了思想素质的状况。

三 思想行为是思想素质结构的校验器

思想行为是大学生在思想认识支配下实施的有目的有意识的行为，是大学生思想素质的外在表现，也是社会衡量大学生思想素质高低的重要标志。大学生的思想行为一旦符合社会发展要求、满足个体和他人利益需要，就外现出良好的思想素质，并被社会认可和赞赏，从而推进行为发展；反之，就受到别人谴责、社会诟病，一旦这种谴责和诟病为个体所感知，就会触动其思想意识，引起思想心理活动，进而反思其行为正确与否，一旦这种反思上升到深层次的思想认识，就会改变他的观念，从而修正他的行为。在这一系统运行中，大学生思想行为始终充当着价值观念到新的思想行为的校验器，发挥着不断校正其价值观念、思想心理和思想认识的作用。

（1）从思想行为的过程看，它校验着思想素质结构系统。大学生的思想素质始终要通过其思想行为外现出来，内化于心的目的在于外化于行。大学生思想行为总是受思想意识的支配，思想行为是其思维的外在形式。"思其所为，行其所思。"大学生思想行为的产生一般经历由心理到行为、由内向外转化的过程。恩格斯说，人的"行动的一切动力，都一定要通过他的头脑，一定要转变为他的意志的动机，才能使他行动起来"①。大学生思想行为的产生是从信息刺激感觉开始的，产生思想情感，进而形成思想动机。思想动机指向一定的目的，产生需要和欲望。从感觉到欲望是行为的萌芽，确立思想动机是行为的开始，从思想动机到结果是思想行为的实现过程。在大学生思想行为过程中，思想动机决定思想行为目标方向，是引发大学生思想行为的推动力。意志是促使大学生思想行为过程能否得以完成的重要因素。在大学生思想行为过程中，思想动机、心理意志与思想行为互为影响。思想行为校验其思想动机和心理意志，如果大学生思想行为不轨，势必思想动机不纯，如此心理意志也难以长久，思想行为就给思想动机、思想情感、心理意志发出校正信号，要求调整。这时思想情感、意志信念就作出相应调整，出现适应行为要求的新状态。大学生思想行为过程还是新旧行为交替更叠的过程，即旧的思想行为消失，新的思想行为产生。这是大学生逐步实现素质的完善和个体的全面自由发展的必然过程。在这一过程中，思想行为发挥着重要的校验作用。这种校验作用对大学生价值观念重新评判，即校验其价值观是否符合时代要求、社会及个体发展需要；还对大学生思想心理进行重构，即在思想认知、思想情感、意志信念上进行新的评析和选择；还对大学生思想认识作出重建，即评审旧观念、建构新观念，并确立新的观念指导今后的思想行为。

（2）从思想行为的特性看，它具有校验思想素质结构系统的作用。"虽道迩，不行不至；事虽小，不为不成。"体现了行为的重要性。思想支配行为，行为体现思想。人的思想行为是具有鲜明的自主性、能动性和目的性。马克思曾指出，"蜜蜂的精巧建筑使人类建筑师叹为观止，自愧不如。但最灵巧的蜜蜂都比不上最蹩脚的建筑师。

---

① 《马克思恩格斯全集》第28卷，人民出版社2018年版，第360页。

因为人类在建筑之前，头脑中已经有了一个建筑物的模型，人类劳动过程结束时得到的结果，在这个过程开始时就已经在劳动者的表像中存在着，即已经观念地存在着"①。从大学生思想行为特性的作用上看，第一，大学生的思想行为的自知性具有校验作用。自知性显示大学生在行为前就已明确知道自己行为的性质、意义和价值，就有对人我、己群关系的自觉认识，知道自己行为于他人、社会的影响及其后果。这种自知性就决定了它具有检验评价思想行为的作用，如果行为发生偏差就会予以校对。第二，大学生思想行为的自主性具有校验作用。大学生思想行为的自主性决定大学生依据自知性而自觉自愿的行为，是发自内心而非出于强制的思想行为，是意志自由的行为，而绝非强制和迫使。这种自主性不仅表现在大学生本人为自所为，非其所非，社会倡导的他坚决去做，社会反对的他坚决不做；而且表现在有时是别人反对的，大学生在自己的思想和价值观念支配下仍然去做。正如孔子所说的"知其不可而为之"，有时别人认可的，他反而不做。这种思想行为便具有强烈的意识标准、观念标准。第三，大学生思想行为的自择性具有校验作用。在自择性影响下，大学生经过辨别比较、思考反省而自觉选定和择取其行为。自择性是自主性的重要表现。在同一思想环境下，大学生思想行为的发生不只是一种可能，而是有多种可能，一般有做或不做两种选择，但究竟弃谁选谁由大学生自己决定。这些特性构成了大学生思想行为对大学生思想素质结构系统的校验作用。

综上所述，大学生思想素质结构系统图景较为清晰地呈现了出来。马克思主义认为，人类的一切活动在于认识世界和改造世界，最终实现人的自由全面发展。人们自觉改造主观世界是人的发展的需

---

① 《马克思恩格斯选集》第23卷，人民出版社1995年版，第202页。

第三章 大学生思想素质结构的基本要素

要。人的思想素质是认识世界的基础,是实现人的自由全面发展的重要条件。人们改造主观世界有四个必不可少的任务:价值观念的塑造,即培育正确的价值观念,建立科学的评判标准,建构好人的思想素质的核心;思想方法的改造,即优化认识问题的思维方式,提高人们认识问题的能力,建构好人的思想素质的思维基础;思想意识的改造,即提高人的思想觉悟,改变人的思想观念,建构好人的思想素质的认识基础;思想行为的改造,即优化人的思想作风,调节人的行为实践,保证思想行为符合社会规范。价值观念、思想心理、思想认识、思想行为四大要素系统共同构成人的思想素质结构系统。

如前所述,正因为大学生思想素质结构内在关系与内外作用力的存在,大学生思想素质结构常呈现出多层球体结构,如图3-3所示。从静态上看,紧靠球心的首层是价值观念系统,价值观念以球心为中心形成中轴;第二层是思想心理系统;第三层为思想认识系统;第四层为思想行为系统。大学生思想素质结构系统极其复杂,内生元素十分丰富,图3-4呈现了其中的重要部分。在大学生思想素质结构球体中,价值观念、思想心理、思想认识和思想行为四个子系统依次由

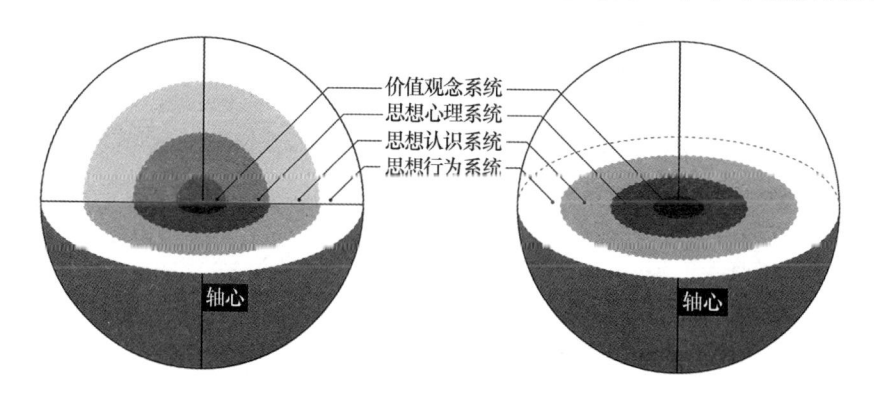

图3-3 大学生思想素质结构要素立体图

内而外围绕核心价值观这一结构轴心而运转，并时时发生着与外部环境的互动。这种转动的动力由内而外和由外而内，方向呈逆时、顺时、亦顺亦逆等几种主要形式，其速度的快慢和方向的变化往往取决于内部要素动力和外部环境动力，并受各种因素的牵制和影响，使之呈现出相对稳定的状态、螺旋上升的趋势。

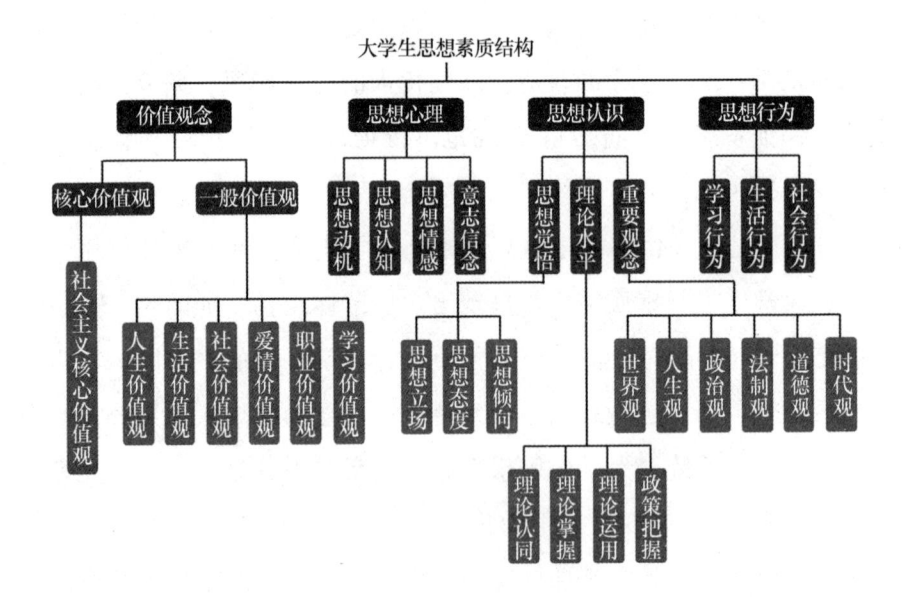

图 3-4 大学生思想素质结构要素树状图

第四章　大学生思想素质结构要素的逻辑关系

结构关系决定并支撑结构。研究结构在厘清结构要素后就得探明要素关系。马克思指出:"不同要素之间存在着相互作用。每一个有机整体都是这样。"[①] 马克思主义经典作家在阐述事物的"相互联系"时,一般同时都会谈到事物之间的"相互作用"。大学生思想素质内部诸要素既相互联系、相互作用,又自成系统、相对独立。正是这种作用构成了结构运动,也构成了思想素质结构优化的过程。系统论认为,在系统中每一要素的地位不是等同的,其中有对要素整体的存在和发展起决定作用的部分,也有虽为要素整体不可或缺但对整体的存在和发展不起决定作用的部分,前者称为核心部分,后者为非核心部分。系统内核心和非核心部分是辩证统一的,核心部分决定并制约着非核心部分,非核心部分体现并反作用于核心部分。在大学生思想素质结构系统内,大学生思想素质结构以价值观念为核心,思想认识为关键,思想心理、思想行为为非核心。大学生思想素质的形成,以价值观念为主导,进而通过思想心理的基础作用形成思想认识,再通过思想行为表现出来。反之,大学生的思想行为又检验思想认识,刺激

---

① 《马克思恩格斯选集》第2卷,人民出版社2012年版,第699页。

思想心理，影响价值观念。人的任何思想活动都贯穿着心理活动。大学生思想素质结构运动就是如此循环交替构成了复杂而逻辑严密的大学生思想素质结构系统。

第一节　价值观念是核心

价值观念居于思想素质结构系统核心位置。这表明的是价值观念在大学生思想素质结构系统中的地位，也正是这种地位决定了价值观念是大学生思想素质结构系统的核心。地位即要素在系统中承担的角色。大学生价值观念是大学生思想素质结构系统的结构核，居于大学生思想素质结构系统的球心部位，如前所述，它是大学生思想素质结构的定向盘，主导着思想素质结构系统的走向，它的位置变化直接影响并决定思想素质结构方式，即结构模型。尤其是大学生价值观念的内核——社会主义核心价值观，它是大学生思想素质系统的结构轴心。它作为社会主义的内核和灵魂，蕴含着社会主义基本的价值规则和价值标准，体现着社会主义的性质和本质，占据支配和统摄的核心地位，是引领、支配社会各种不同价值原则、价值尺度、价值取向、价值追求的方向和标准。离开社会主义核心价值观对人的主导，全社会的价值体系就会失去标准而混乱，人们就会失去基本的价值尺度，找不到价值选择的依据。社会主义核心价值观、价值观于大学生亦然，它居于大学生思想的内核，是支配、引领大学生思想心理、思想认识、思想行为的杠杆。大学生选择并坚持正确的价值杠杆，心理就健康、认识就深刻、行为就规范，其思想素质就高。反之，若选择错误的价值杠杆，如唯利是图、自私自利、贪图享乐，思想素质自然就难以符合社会要求。

价值观念在思想素质结构系统中发挥核心作用。价值观念在大学生思想素质结构系统中发挥的作用也决定了它是结构核心。价值观念在大学生思想素质结构系统中起主导和关口作用，作为思想素质的"总开关"，决定并影响思想心理、思想认识和思想行为。如前所述，大学生价值观念出现问题，其思想心理难以健康，思想认识难以正确，思想行为难以规范。同样，大学生思想心理、思想认识和思想行为亦影响价值观念，它们发生变化价值观念亦随之改变，价值观念变化，大学生的思想素质亦发生变化。显然，归根结底还是价值观念的主导作用决定着思想素质的高低。大学生价值观念还对其他思想素质结构要素起着统摄作用。一般而言，大学生有了正确的价值观念，才会指导其运用正确的思维方法，形成良好的思想心理。大学生价值观念正确与否，直接统摄着他的思维和思想心理，统率着他的思想认识和行为实践。大学生如果受错误价值观念的指导，其思维方法就会步入误区，亦不可能形成良好的思想认识，显然在不良思想认识指导下的行为实践自然难免出现偏差，难以符合社会和时代发展的要求。显然，大学生价值观念是大学生思想心理、思想认识、思想行为的导向和统帅。这是由它在结构系统中所起的作用决定的。

一 价值心理调控思想心理

价值心理是思想心理的内核。大学生价值心理是大学生处理价值关系中进行的价值意识活动。价值心理是价值观念的关键要素，是形成价值观念的基础。离开价值心理，价值观念的形成便失去物质基础。大学生价值心理从属于思想心理，它是思想心理的内核。一般而言，思想心理同人的切身实际感受更直接、更密切，而价值心理的理性思维更自觉、更理性，它深层次地反映了人们的价值存在关系。比如大学生在考试失败失去就业机会时表现出对学习重要的思想意识，要比"知识就是力量"这种价值意识直接、具体得多，而"知识就是力量"才是大学生价值心理形成的相对恒久的价值意识尺度，这一尺度才是衡量、指导大学生思想认识活动的标准，而不是"为考好才学习"这一思想意识标准。大学生价值心理存在于思想心理中，大学生思想心理活动一般先要经历价值心理活动，形成价值意识对事物评判后再指导其思想意识的形成。大学生价值意识是其思想意识的一种，但价值意识调控、导向其思想意识，大学生价值意识形成符合和不符合其内心标准的价值判断，影响并导向他的思想意识。同时，大学生价值心理形成的价值意识比思想心理形成的思想意识更符合大学生的主体需要，也更深刻、普遍和持久，他们往往以此作为一定时期的尺度认识事物、指导实践。

精神价值尺度调控思想心理。价值心理作为大学生精神需要本身，反映精神价值尺度，不断满足着大学生思想心理需要，如求知欲望、就业欲望、社交欲望、道德欲望、审美欲望等人生和社会欲望，并构成大学生的精神价值。从这一意义上说，大学生价值心理不仅是反映其价值关系的一种形式，它本身就是价值关系的一种，也是价值关系中形成的价值链式和精神模式。大学生价值欲望、价值动机、价值情感等构成大学生价值心理的精神形式，体现大学生的精神价值尺度，调控大学生的思想心理。大学生价值欲望是其价值心理的精神动能，它不同于心理欲望，价值欲望是价值尺度下大学生的需要的表现形式。这种需要以价值尺度为基础，调控个体的心理欲望使之受着价值欲望的支撑，而不致恶性膨胀，甚至脱离现实。大学生价值动机是价值心理的精神动力，它也不同于心理动机。大学生价值动机是价值尺度下即价值关系里大学生内心需要的表现形式，这种需要以价值尺度为标准。大学生价值情感作为价值心理的精神形式，是建立在价值关系上的情感，同样以价值尺度调控心理情感，使之更为理性、积极。它常形成强大的价值情感动力推动大学生的思想活动向良性发展。当然其前提是大学生价值意识的正确、理性,而错误和非理性的价值意识下的价值情感则起着相反的作用,它停滞并阻碍大学生思想活动的良性发展。总的来说,大学生价值心理形成的精神价值尺度通过其价值欲望、价值动机、价值情感调控着他的思想心理。

二 价值认识支配思想认识

价值认识是思想认识的标尺。价值认识是价值意识的总和。价值意识是人们关于自然界、社会和思维的全部意识中有关价值内容的心理、思维、精神活动的总抽象、总概括[①]。它是人的社会意识结构的纵剖面,是社会意识形态之一。价值认识的静态形式构成价值观念。大学生价值认识由价值心理作用形成,在价值动机、认知、情感、意志、信念等作用下形成价值客体对他们的需要和满足的意识、看法和观念。大学生价值认识与思想认识一样,它的形成始终离不开主体和客体,是大学生在处理价值客体与自身等价值关系中形成的客体对自身的有用性的评价。大学生价值认识的形成始终离不开大学生对价值客体的评价,离开评价就中断了价值关系,价值认识便不复存在。其评价的标尺是价值意识,以此衡量大学生的价值认识活动,并指导大学生的价值实践。当原有的价值尺度出现偏差,指导大学生价值认识和思想行为出现偏轨时,思想行为就反作用于大学生的思想认识刺激影响其价值心理,进而根据社会和时代发展的新要求重构新的价值尺度。大学生价值认识总是在价值尺度下运行,它始终离不开价值客体满足自身需要的有用性的评判这一尺度。大学生价值认识是大学生思想认识的一种,是思想认识的前提。思想认识活动亦然,它的运行也

---

① 李德顺:《价值论——一种主体性的研究》,中国人民大学出版社2013年版,第121页。

始终以价值尺度为前提，离开价值尺度的作用，思想认识就失去正误、是非、善恶、深浅的评判标准。大学生价值认识存在于思想认识中，居于思想认识深处，为思想认识的形成发挥着标尺作用。

价值认识主导思想认识。大学生价值认识是思想认识的内核，它通过价值标准主导思想认识。大学生价值标准以是否符合个体需要、是否符合社会发展需要、是否符合时代要求等为指标。符合个体需要成为个别标准，符合社会发展需要和时代要求是共同标准。共同标准指导并规范大学生价值认识活动，使个别标准不断倾向共同标准。这种矛盾运动构成其价值认识动力，推动大学生价值认识活动由低级向高级发展，并深化价值认识，并促使其思想认识越发接近社会和时代要求。大学生思想认识正是通过价值标准的主导，影响其认识程度。大学生的价值标准越高，即常常考虑国家社会的价值需要，则离共同标准越近，他的价值认识就越深刻，其思想认识也就越到位。所以我们常说，大学生思想的改造首先是价值观的塑造。同时，大学生价值认识还通过价值意志、价值信念主导思想认识。价值意志是大学生自觉地确定目的并支配其行动以实现预定目的的心理过程，是大学生价值心理的高级形式，起着收集需要、愿望、动机、兴趣、情感等，并将这些内容综合成目的，使之向着行为转化的作用。不仅如此，它还在价值心理活动中起着调控、发动或抑制其他价值意识、行为的作用，并支配行为使之符合目的要求。大学生价值意志是以目的为核心的价值认识活动，直接作用思想认识，并以目的为尺度主导思想认识。大学生思想认识这时往往不由自主地随着价值意志设定的目的运转，并为达到这一目的不断进行思想斗争。"价值观念是人们关于基本价值信念、信仰、理想的系统。"同样，信念、信仰、理想也是稳定静态的思想认识。罗素认为，信念是"有机体的一种状态"①。大学生价值信念是价值观念的形态之一，它与信仰、理想构成价值观念的特有形式，是大学生思想认识的核心。大学生价值信念促使大学生把握思想和行为上的有效原则或目标，并解决价值判断问题。同时，它还激励和劝诫大学生向着需要不断前进，不断充实和丰富自身的思想认识，使之符合个体、社会发展需要。这充分彰显出它对大学生思想认识的主导作用。

三 价值选择掣肘思想行为

价值选择是思想行为的前提。价值选择是价值观念的外现形态，是价值心理、思想心理作用的结果。大学生思想行为是思想心理的结果，直接受思想认识的作用。大学生价值选择也叫价值取向，是大学生对价值追求、评价、选择的一种倾向性态度，即以什么样的态度对待社会价值和自我价值，并作出选择和追求。大学生思想行为的形成一般经历"社会实践→需要→思想动机→价值选择→行为"这样一个循环往复的过程。在这一过程中，它的原动力是大学生需要，动力来源于思想动机。诱发思想动机的因素便是大学生需要乃至产生需要的社会实践活动。大学生在社会实践中由动机认识事物，进而进行价值判断和价值选择，如果客体是或者能满足自身的需要，这时大学生就做出符合自身需要的价值选择，进而实施新的行为。比如，大学生在投身青年志愿者扶贫助困活动实践前，耳闻目睹的志愿者实践活动刺激其思想心理产生需要，即满足自身"投身公益、奉献社会"的精神需要，这种需要形成他投身公益的心理动机，在这一过程中大学生价值心理在发挥作用并进行价值判断，即客体是否满足自身需要的有用

---

① [英]罗素：《人类的知识》，张全音译，商务印书馆1983年版，第179页。

性评价，如果是自身需要，即"有用"，大学生就做出价值选择——投身扶贫助困活动，进而主体就积极进行扶贫助困活动；如果价值选择显示"无用"，即大学生对客体满足其需要做出无用性判断，大学生就做出相反的价值选择，从而他就很可能消极应对扶贫助困活动，可能不投身该项活动，可能投身该项活动但不积极，应付式，动机不纯洁。这些都反映出价值选择影响思想认识，支配思想行为，有什么样的价值选择，就形成什么样的思想行为。大学生价值选择始终是其思想行为的前提。

价值选择规范和导向思想行为。大学生价值选择是其价值观念的外现形态。价值观念对人的行为起着导向和规范作用，价值选择也一样。价值观念相异的人，思想行为的取向也会相异，甚至可能截然不同。即使从同一个科学的认识出发，也可能出现不相同的甚至相反的行为取向。这就是说思想认识是思想行为的指导，而价值观念才是思想行为的主导，它主导并作用思想行为的走向。比如，几名化学专业的大学生中，毫无疑问，他们基本具有同样的化学专业知识，即思想认识较为相近，但他们的行为选择可能截然不同，有的人可能为人类造福，有的人可能制造毒品危害人民。这就说明，思想认识的相同，而价值选择的不同，可能导致两种不同的行为结果。可见，仅仅拥有思想知识并不能保证行为的价值取向的正确，而价值选择的正确才真正对行为起着规范和导向作用。某国际经济与贸易专业的班级中全班45名同学，其中10人的价值选择是"投身经济一线、为人民服务"，15人的价值选择是"创业造福社会"，10人的价值选择是"奉献家乡"，10人的价值选择是"当老板发大财"。显然提出"为人民服务""造福社会""奉献家乡"的价值选择的35人，做出的行为肯定起到了良好的规范和导向作用。而其他做出"为自己谋利"的价值选择的10名学生，其行为的社会认同度和美誉度难以与本班35位有着较高价值选择的人相比。这 10 位大学生中，不应说他们的价值选择出了问题，而是其离社会和时代的要求尚存在差距，因而其行为很可能会出现偏差。可见，大学生价值选择对思想行为起着规范和导向作用。

第二节 思想心理是基础

思想心理是形成大学生思想素质的客观基础。思维是人脑对客观事物和事物与事物之间的本质和内在规律性的概括与能动的反映。思维是人脑的功能，人脑是思维的物质基础。恩格斯说："思维既把相互联系的要素联合为一个统一体，同样也把意识的对象分解为它们的要素。"① 人脑是思想心理的物质载体，也是形成思想素质的物质基础，离开人脑、离开思想心理，任何思想活动都无法完成，任何思想素质都不复存在。思想心理是大学生思想素质结构系统的基础是由思想心理的地位决定的。地位即要素担当的角色。在大学生思想素质结构系统中，思想心理担负着基础角色，这个基础就是思想心理的发动机——人脑所担当的物质基础这一角色。显然，离开这一基础谈思想素质是不可能存在的。大学生的思想是思想心理通过思维作用的结果，大学生的思想素质是价值观念、思想心理、思想认识和思想行为的统一体，大学生的思想素质同样是思维活动作用的结果。

思想心理是大学生思想素质结构系统的动力基础。大学生思想心理贯穿于整个思想素质系统始终，价值观念、思想认识、思想行为都离不开心理的作用。如前所述，思想心理是大学生思想素质结构系统的动力元、调节阀，以思想动机为主导的动机力和以思想认知为主导

---

① 《马克思恩格斯选集》第 3 卷，人民出版社 2012 年版，第 417 页。

的认知力,两者共同构成大学生思想素质结构系统的动力元,为结构系统提供基础动力。在思想心理系统中,动机力在目标或对象的引导下,激发和维持大学生个体活动的内部运动,推动大学生完成思想心理,形成思想素质。动机力维持个体行为、推进思想认识的强化。动机力的产生受外在条件(需要、欲望、愿望)和外在条件(刺激、诱因)的制约。大学生行为动机在需要中产生,在实践中发展。它指向一定的目的,决定行为的方式,影响认识的程度,是构成大学生行为的积极性和自觉性的重要心理因素。认知力作为大学生思想素质结构系统的基础动力,对价值观念、思想认识、思想行为产生着强大的推动作用,是推动思想认识形成思想观念最基础最重要的动力。认知是形成价值观念的基础,是思想认识活动的基础,离开认知思想心理活动没法进行。认知还是影响思想行为的基础,离开认知,思想行为便失去认知指导,行为无法进行。总的来说,离开认知一切思想活动便停滞不前或无法推进。

一　思想心理是形成价值观念的基础

思想心理是形成价值心理的条件。思想心理、价值心理从本质上看是一体的,价值心理是人从事价值活动的心理活动,具有专一性、指向性,思想心理涵盖价值心理。显然,离开思想心理,价值心理无法开展。大学生价值心理作为思想心理的内核,在大学生价值认识活动中发挥专项作用,形成价值动机、价值认知、价值情感、价值意志,这些都离不开思想心理的基础作用,并作为条件存在着。否则,价值心理失去物质支撑。如前所述,大学生价值心理与思想心理一样,其物质基础是人脑。人脑是大学生价值心理、思想心理的物质基础,通过人脑的知、情、意、信的作用,大学生思想心理活动之一的价值心理完成价值认识,形成价值观念,即成为新的主导思想心理的价值观念，新的价值观念又影响作用思想心理，促进大学生心理的成熟。大学生正是通过这种复杂的心理活动，完成认知、认识、行为的过程，实现思想的飞跃，促进思想素质的优化。显然，离开思想心理谈价值心理为无本之木。

思想心理状况影响价值心理形成。作为思想心理的一部分，大学生价值心理始终受思想心理的主导和作用。思想心理健康，实现价值心理就顺利，价值动机、价值认知、价值情感、价值意志、价值信念就运转良好，进而形成正确的价值认识，即价值观念就正确、先进。反之，思想心理出现问题，如消极、颓废、病态，就直接影响到价值心理，使其动机、认知受到影响，甚至发生变化，这样其价值情感、价值意志也可能发生改变，这就为形成正确的价值观念制造障碍，其价值观念很可能嬗变、扭曲、异化、错误。本研究调查显示：思想心理状况出现问题的大学生中85.80%的价值心理发生扭曲，崇尚"有利可图""自私自利""拜金主义""权力至上"。某高校专门就大学生心理状况做过一项匿名测验，测验的问题设置是："在什么情况下你为老人让座？"其中回答"心情高兴"的占65.30%，回答"人多拥挤"的占15.90%，回答"不论情况"的占17.50%，回答"别人要求"的占1.30%，"心情高兴"显现的是大学生的思想心理表现出健康积极的状态，"人多拥挤"显示环境对心理的影响，"不论情况"显示大学生心理的成熟度，"别人要求"显现的是大学生的一种"强迫不情愿的心理"。可见，主体在做出价值选择时，心理对其影响较大。心情高兴，心理状态积极，价值心理也积极，价值选择也就越符合社会发展要求。否则，就可能出现相反的结果。这充分说明了思想素质状况影响价值心理形成。

二　思想心理是产生思想认识的条件

认识心理源于思想心理。认识心理同样是思想心理的一种，它从属于思想心理。离开思想心理，认识心理、认识活动没法进行。思想心理对认识心理的这种包含作用体现在，思想认识是认识心理的基础，是产生思想认识的条件，离开这一条件，认识活动不可能存在，认识也不可能形成，认识的结果——觉悟、理论和观念都无法完成。大学生思想心理是认识心理的源泉，认识中的需要、动机、认知、情感、意志、信念离开思想心理的作用，便不复存在。例如，某大学生很想完成一篇学术论文，学术论文作为认识的理论成果，是思想认识的理论形态。"很想"致使"需要"发生，"很想"引发研究和写作动机，动机刺激主体就论文选题广泛查阅资料形成对这一问题的认知，随着对这一选题的逐步深入认知，大学生可能出现"难""有价值""价值不大"等方面的情绪，由主要情绪而引发对这一问题的情感，如果虽然"难"但"有价值"并表现出"喜爱"的情感，就形成意志，支配完成这一活动。大学生论文的完成就是对这一选题的思想认识的完成。在完成此论文的过程中，认识心理主导着整个过程，但始终没法离开思想心理的基础作用，它始终在思想心理的范围内作为思想心理的一部分，发挥着强大的专项心理功能，促使认识活动的完成。显然，离开思想心理谈认识心理是没有物质基础的，是不可能存在的。所以说，认识心理源于思想心理，从属于思想心理。

思想心理状况决定思想认识程度。心理是认识的基础。显然，心理状况决定认识程度。一个人心理状态好与心理状态差相比，其思想认识程度一般要更为深刻。反之，一个人心理消极、颓废，甚至病态，则难以形成深刻、完善、与时俱进的思想认识。据本研究调查显示：研究者分别抽取了不同心理健康状况的大学生50名，就"大学生思想政治理论课教学意义"进行专项调查，回答"是培养合格建设者和可靠接班人的需要"的学生28人，回答"高校教学的需要"的占15人，回答"考研的需要"的占5人，2人回答"思想修养需要"。研究者同时对这些人进行心理健康状态测评，以"保持性格完美、智力正常、认知正确、情感适当、意志合理、态度积极、行为恰当、适应良好"界定为心理健康的理想状态，其他为亚健康和病态心理，共三种类型。测评显示：28名回答"是培养合格建设者和可靠接班人的需要"的学生中25人心理健康水平理想，占总数的50.00%，3人亚健康，占总数的6.00%；回答"高校教学的需要"的15人中心理健康水平理想的8人，占总数的16.00%，6人亚健康，占总数的12.00%，1人病态，占总数的2.00%；回答"考研的需要"5人中心理健康水平理想的仅1人，占总数的2.00%，4人病态，占总数的8.00%；回答"思想修养需要"的2人中，1人心理健康水平理想、1人亚健康，分别占总数的4.00%。可见心理健康越理想，思想认识就越深刻，即认识到"是培养合格建设者和可靠接班人的需要"，而心理健康状态亚健康或者病态，只能得出"教学需要""考研需要"等浅层次的思想认识。

三 思想心理是导引思想行为的前提

人的一切行为离不开心理的作用。人脑是行为的物质基础，是思想心理的物质基础，离开思想心理的作用，思想行为无法实现。在人的心理系统中，知、情、意、信、行构成人的心理系统的完整过程。"行"是人的思想心理的重要组成部分，"行"同样是在思想心理的作用下的"行"，离开思想心理，"行"失去基础。"行"，就是实践，人的一切实践不能脱离心理的作用，这是由思想心理的过程决定的，"行"是思想心理的有机组成部分之一。"行"只有在思想心理的导引下才能实施和顺利进行。任何离开思想心理的思想行为都不存在。同样，离开思想行为的思想心理则容易僵化不前。这是由马克思主义理论"一切认识活动都来源于实践"决定的。显然，离开实践，思想认识活动的基础——思想心理便失去源头活水。

思想心理健康水平决定行为水平。人的心理健康水平有理想、亚健康和病态三种类型，作为人的行为的导引，思想心理水平直接决定人的行为水平。人的思想心理健康水平理想，人的心情愉悦，意志信念坚定，表现出积极、阳光的心理状态，这时人的行为一般会显现出积极、踊跃，并有着向目标坚定前行、勇往直前的毅力。相反，人的心理健康水平较低，则显现出消极、失范。显然，人的行为受情感、意志、信念影响较大，情感不稳定，意志不坚定，信念动摇时，人的行为随之发生变化。某大学生刚进校时学习成绩、各方表现都很优秀，后来出现逃课、沉迷网游、骗贷、厌学、报复性恋爱。为什么会出现这些消极的失范的行为，调查发现：该生家庭发生变故，父母离异，爸爸无情地抛弃了妈妈，这些事实对她的心理造成巨大的冲击，产生强大的落差，致使她以前的价值观、信念发生变化，情感、意志受到影响，即价值观变异，原有的坚持的"读书有用论""世间有美好的爱情"等信念动摇变化，情感不稳定、不受控，原有的意志力瓦解，因而出现了行为上的失范。现实生活中，此类案例并不鲜见。

第三节 思想认识是关键

思想认识是形成思想素质的关键环节。人的思想素质的形成一般经历"社会实践→人的需要→思想动机→价值选择→思想情感→意志信念→思想认识→思想行为"这样一个反复交替的发展过程。在这一过程中，思想心理是基础，并贯穿思想素质系统全程，价值观念是主导，思想认识是关键环节，在这一环节，人的感觉、需要、动机形成的意识才转化为理性认识，形成稳定的观念。观念是思想的形态要素，是思想认识的静态表现，是人的思想素质的关键和重要的评价指标。人们说一个人思想素质高不高，关键要看其思想观念，即思想观念是先进的还是落后的，是保守的还是开放的。跨越这一环节，人的思想基本形成。

思想认识在思想素质结构系统中发挥关键作用。思想认识是衡量人的思想素质高低的重要指标。稳定的思想认识就是理想信念，它是人的灵魂。思想观念作为思想认识的静态形式，在思想素质结构系统中发挥着关键作用，是通过人的重要观念的作用显现出来的。世界观作为人的思想"总开关"，对人的思想素质起着统摄作用，有什么样的世界观，就有什么样的人生观、价值观、是非观、时代观，它统摄着人的思想认识、理想信念、人生追求和行为实践。反之，当人的人生观、价值观发生变化时，也会影响世界观的变化。大学生思想素质就是这样由世界观、人生观、价值观、时代观、法制观等重要观念发挥关键作用，就是由观念系统的理想、信念、信仰、理念等关键因素发挥关键作用，引领支撑他的思想素质发展，并反映社会生活指导大学生行为的有机系统。

一 思想认识影响价值观念

世界观影响价值观。世界观是最重要的思想认识，包含人对世界的总的看法和根本观点，以及人对自身在世界整体中的地位和作用的看法。意识和物质、思维和存在的关系问题是世界观的基本问题，并据此二者关系的不同回答，形成唯心主义世界观和唯物主义世界观。世界观是人的"总开关"，正确的、科学的世界观是人们认识世界和改造世界的根本钥匙，决定人们认识世界和改造世界的态度和方法。

世界观是人性倾向性的最高层次，也是人的价值观念、思想心理、思想行为的最高调节器，制约着人的思想心理，并直接影响其价值观念和个性品质。作为认识世界和处理问题的思想出发点，大学生的世界观具有统揽全局的作用，它决定价值目标的性质、价值评判的立场、价值取向的优劣。

理想信仰作用价值观。理想信仰是思想认识的重要表现形式。理想信仰作为人的强大稳定的内心信念，理想是目标动力、信仰是思想定力。人一旦确立了崇高的理想并为之奋斗就会形成强大的思想动力，人一旦确立正确的信仰后就会在内心形成恒久的信念，这种信念支撑人的一生，成为认识世界、确立理想的强大思想武器。大学生亦然，在理想动力和信仰定力的作用下，无论从事什么社会实践，一般而言，他们都首先要拿理想和信仰与之比较，作为衡量其价值取向的标准，符合理想、信仰的，就为之奋斗，不符合的就放弃或置之不理。大学生理想的实质就是其价值目标，即大学生在一生中所选择的客体对自身主体的需要是什么。价值目标与价值评判、价值取向构成人的价值观的三大要素，价值目标是指向性要素，也是动力要素和受体要素。价值评判、价值取向都依据价值目标做出决断。显然，价值目标在价值观体系中具有重要的作用。大学生理想、信仰作为价值目标的特殊形式之一，它直接作用影响大学生的价值观。

二 思想认识作用思想心理

思想觉悟作用思想心理。作为人的思想认识的形态之一——思想觉悟由思想立场、思想态度和思想倾向组成，思想立场是思想觉悟认识层面的内容，思想态度、思想倾向是思想觉悟心理层面的内容。思想觉悟就是靠思想态度、思想倾向作用思想心理，这种作用体现在思想态度作用并影响思想心理。如大学生对某个事物表现出强烈的友好态度，显然其情感是喜欢的，其情绪是积极的；同样当大学生表现出对某一事物的思想倾向时，其情感情绪、意志信念同样会表现出对该事物的相同心理倾向。大学生思想觉悟就是通过思想态度、思想倾向来作用思想心理的。这种作用实质是大学生思想认识对思想心理的能动作用。本书就大学生思想觉悟与思想心理开展了一项专项调查，结果显示：思想觉悟高的大学生，其思想心理水平明显高于思想觉悟低的大学生，其心理成熟度普遍要高。这就为高校心理健康教育提供了依据，即提高人的心理健康水平，要切实从思想觉悟抓起，要引导培养学生转变思想态度，端正思想立场，优化心理倾向。

思想认识水平作用思想心理状态。一般而言，人的思想认识越深刻，思想心理越完善。也就是说，认识决定心理，一个人有什么样的认识便呈现什么样的心理。人的认识能促进心理的成熟和完善。相反，人的认识水平低，其心理状况难以成熟完善。人的认识不够，往往容易形成依赖心理、从众心理，比如喜欢围观，以及盲目心理、侥幸心理等。一名中学生与大学生相比较，中学生的认知相对要弱于大学生，同样其认识水平一般要低于大学生，显然中学生的心理水平相对要单纯，而大学生的心理水平相对要成熟一些。有人提出，也有认识水平较高但心理仍然不成熟的，比如有的研究生患上抑郁症，甚至选择自杀。同样，也有认识水平相对较低的中学生，其心理较为成熟，表现出办事老练等思想行为来。但毕竟这些大多是个案，不是普遍。从普遍意义上来说，人的认识水平决定心理水平，作用心理状态。本书就大学四个年级阶段的大学生进行调查，设置了测量认识水平和心理水平的指标，结果显示：大四学生的心理水平较大三、大三学生的心理水平较大二、大二学生的心理水平较大一，普遍要高。这就证明了随着知识的增长，即人的认识水平的提高，其心理逐渐趋向更高水平方向发展。

三　思想认识指导思想行为

思想觉悟主导行为立场。作为思想认识的前提，思想觉悟的高低直接主导人的行为的优劣程度。一个思想觉悟高的人，其价值观念必然符合人和社会的发展需要，其思想心理显得健康，思想认识较为深刻，因而其行为规范端正，甚至崇高。反之，思想觉悟低，就难以有正确的价值观念指导内心，因而思想认识也肤浅简单，如此其行为难以正确，甚至立场上出现问题。一名普通大学生和党员大学生比较，一般而言，党员大学生的思想觉悟高于普通大学生，表现在日常行为中，党员大学生一般会时常注意自己的言行，对一些过激的言语、谣言、谬论他们一般不会说不会传，行为上也较为注意发挥模范带头作用，积极学习，努力上进，热心公益；而普通大学生从整体水平上看思想觉悟相对要低于党员大学生群体，传谣和发布不合事实的言论，甚至反动网帖，走上错误立场的可能性要大，这就与思想觉悟高的党员大学生在行为立场上存在区别。前些年，我国大学生中极少数人因为思想觉悟低下加入反动组织——邪教法轮功，站到与人民背立的立场上，最终被处分和法办。这些年也曾有极少数大学生思想觉悟低、信谣传谣、立场不坚定而被处分的报道。这些说明思想觉悟主导着思想立场。

理论是行动的指南。理论是思想认识的重要组成部分，是对某种经验现象或事实的科学解说和系统解释。它是人们对事物及其发展规律的系统认识，是真理。毫无疑问，理论对实践具有巨大的指导作用。这种作用体现在它是人们实践的行动指南。马克思说，理论一经掌握群众，也会变成物质力量。我们说的当代中国的理论就是指马克思主义理论，就是马克思主义中国化的理论成果——毛泽东思想和中国特色社会主义理论体系，尤其是当代中国的马克思主义、21世纪的马克思主义——习近平新时代中国特色社会主义思想，它是我们党和国家的指导思想，是社会主义长期以来革命、建设、改革中形成和积累起来的最宝贵的精神财富，是社会主义前进的行动指南。马克思主义理论指引中国取得了举世瞩目的伟大成就，引领中国人民过上了和谐美满的幸福生活，这些成就以铁的事实证明了社会主义优越于资本主义，彰显了"两个必然"的巨大生命力。坚守理论自信、坚持理论指导，成为人们的自觉选择。反之，则会陷入泥淖，走向迷茫，甚至反动。科学的系统的理论始终是我们行动的指南，它彰显着的深刻的思想认识始终对行为具有指导作用。

观念是行为的向导。思想认识的另一形态和重要形式——思想观念，它是人们思想行为的导向。如前所述，人的思想观念丰富多样，各种观念交织更迭、错综复杂，左右着人们的内心世界。有正确的、先进的、开放的、创造的、新潮的思想观念，有错误的、落后的、保守的、僵化的、过时的思想观念，无论是哪一种思想观念，都时刻影响并导向着人的思想行为。正确的积极的思想观念是大学生行动的导向仪和推进器，错误的消极的思想观念成为大学生行动的绊脚石，它阻碍滞后大学生的行为，导致行为混乱、无序，出现偏差，甚至行为失范。无论正确与否，大学生思想观念都是社会实践的产物和对社会存在的反映，都影响和导向着大学生的思想行为。也正是存在正确观念和错误观念、旧的观念和新的观念、落后观念和先进观念等之间的矛盾运动，才推动着大学生观念的新旧更迭、优劣更替，即大学生新的观念总会最终战胜旧的观念、好的观念总会代替坏的观念，进而促使大学生的思想不断进步和发展，并指导大学生的行为和实践不断完善。显然，大学生离开观念的指导，思想行为便无法良好进行。

第四节　思想行为是外现

　　思想行为直接体现思想素质。人的一切思想都通过行为表现出来，离开行为审视思想显然是苍白无力的。作为思想素质的形态要素，思想行为是思想素质的直接表现。无论是言语行为、肢体行为，还是实践行为无不体现人的价值观念、思想心理和思想认识，并反映它们的性质、状况和程度。一个人思想行为端正，从事高尚的社会实践活动，比如义务辅导孩子，直接反映出他的价值观念系统要素，即价值目的是什么、价值评判怎么样、价值取向是什么；直接反映出其思想心理系统要素，即思想动机是什么、思想认知如何、思想情感怎么样、意志信念如何；直接反映着他的思想认识，即思想觉悟如何、理论水平几何、内心的重要观念如何。

　　思想行为反映思想素质要素状况。这是从思想行为在思想素质结构系统中的作用出发考虑的。大学生思想行为具有检验和规范作用，是大学生思想素质的外在表现，价值观念、思想认识正确与否，思想心理健康与否直接通过思想行为得以显现。如义务辅导孩子的行为反映出大学生有着利他的价值观念、乐于助人积极奉献的健康心理，同时该大学生的思想认识也是深刻的，即认识到奉献社会是高尚的，也是社会需要和认可的。相反，人的思想行为如果失范、不端，就会引起环境对其反映，即受到暗示、谴责或者惩处，这些信息随之反映到大脑中，便会使其价值观念、思想认识在思想心理作用下进行适度调整从而在今后表现出更好的行为，即越来越接近或达到社会对人的思想素质的要求。大学生就是在其思想行为对其思想素质的不断检验和规范下逐步使其思想素质不断发展完善，进而达到和符合社会发展的要求，赢得社会认可，最终成就和发展自己的。

第四章 大学生思想素质结构要素的逻辑关系

一 思想行为反映价值观念

任何思想行为都彰显着价值取向。价值取向作为价值观念体系的三个部分之一，是价值观念的结果性显示。价值目标是目的性显示，价值判断是过程性显示。人的任何行为都反映出他的价值取向，比如某人热心公益经常进行资贫助学活动，反映出其奉献社会的人生价值取向；某人喜欢占小便宜经常把公物拿回家，反映出自私自利的价值取向；我国到西部支教的优秀大学生代表徐本禹深入贵州乡村小学义务支教，数度放弃回城工作的机会坚守在乡村讲台，成为"感动中国"人物、"中国第18届十大杰出青年"，其事迹家喻户晓。我国像徐本禹一样的千千万万的大学生支教团队，反映出他们心系责任、胸怀使命担当的价值取向。可见，大学生的行为无不反映出其价值取向，折射出他的价值观念。

思想行为状况反映价值观念优劣。人的思想行为有规范的、失范的，有正确的、错误的，有高尚的、低俗的，有有序的、无序的，有严谨的、自由的，有可控的、放任的等区分，规范的、高尚的、有序的、严谨的、可控的是正确的行为，反之是错误的失范的行为。人的价值观念有正确的、错误的，先进的、落后的，开放的、保守的，创造的、僵化的，新潮的、过时的等性质之分。先进的、开放的、创造的、新潮的一般为优的观念。人的行为反映出人的价值观念，人的行为状态好坏显然与价值观念的优劣紧密相关。比如，一名崇尚物质、不愿让座、见倒不扶的人，其价值观念难免是自私自利、明哲保身的，甚至价值观扭曲的。相反，一名热心公益志愿活动、尊老爱幼的大学生其价值观念显然很正确。

二 思想行为体现思想心理

思想行为形成于思想心理，体现心理状况。人的一切行为受人脑的指挥，形成于心理，离开心理任何行为都不可能发生。正因为人的行为与心理的紧密联系，人的行为无不体现出丰富的心理活动。某大学生喜欢学习，常常在图书馆学到很晚才回寝室，这反映出他在对学习的认知上是比较到位的，情感上是喜欢的，意志信念上是坚定的。当然人的行为动机有很多种，比如喜欢学习的大学生，有的为了考研，有的为了考公务员，有的为了出国深造，有的为了就业找个好工作，有的为了练好本领更好地为社会服务，有的为了入党等多种多样，虽然动机各异，但其情感是一致的。在这个过程中，有可能随着动机对目标的影响，有的学生因为畏难或认识提高，改变他的意志和信念，从而从"出国"动机转为"入党"动机，从"考研"动机转为"支教"动机，无论怎样变化，目标牵引着动机，并擎动着丰富的思想心理活动，进行着"努力学""坚持不懈在图书馆""认真复习"等系列复杂的行为活动。总之，人的任何行为无不体现出人复杂的思想心理活动，即动机、认知、情感、意志、信念等的心理反映。

思想行为水平反映思想心理水平。如前所述，人的行为水平有高尚的、庸俗的，规范的、失范的，有序的、无序的，可控的、自由的，等等，并表现出高低、优劣、好坏等水平的差异，这些差异也直接反映出人的心理水平的差异。试想，一名经常喜欢吵闹并在公众场合大声喧哗无视其他人感受的大学生，显然其心理水平高不到哪里去，甚至可能是病态。一名行为端正、落落大方、知书达礼的大学生其心理水平肯定要高、要成熟、要理想。本研究调查显示：经常投身义务支教、无偿献血、照顾孤寡、生态环保等公益活动的大学生，其心理健康水平明显高于漠视集体活动、不愿参加社会实践的大学生。

本研究调查还显示，热心公益的大学生自杀率明显要低，这从一个侧面反映出他们性格开朗，健康活泼，阳光而不抑郁。

三 思想行为表现思想认识

认识源于实践，实践表现认识。辩证唯物主义认识论认为，人的认识来源于实践，实践是认识的源泉。认识反作用于实践，表现实践。马克思指出："他周围的感性世界决不是某种开天辟地以来就直接存在的、始终如一的东西，而是工业和社会状况的产物，是历史的产物，是世世代代活动的结果。"① 人的认识离不开实践，认识是在实践中形成的，离开实践认识便失去形成的条件。反之，离开认识，实践是盲目的，实践难以达到预期的目的，甚至成为无效实践。在中国古代，荀子提出："人积耨耕而为农夫，积斲削而为工匠，积反货而为商贾，积礼义而为君子"，《荀子·儒教》认为，"志忍私，然后能公；行忍情性，然后能修"。人们的各种认识是在长期的专门实践中形成的。这就是说，实践是认识的集中体现，人的一切行为都是认识的集中表现。

人的行为表现认识是通过行为目的、行为方式、行为结果表现认识的。行为目的是认识深浅的表现，行为目的高远其思想认识就深刻。比如某大学生努力学习的目的是"为了练好本领将来更好地为社会主义现代化建设服务"，显然其认识是深刻的；另一大学生努力学习目的是"为了继承家族企业发大财"，显然其认识可能不深刻；而第三位大学生努力学习是"为了当官发财"，显然其认识是庸俗的、浅层次的，其思想也是比较落后的。行为方式也表现认识，比如某大学生进入电梯（此电梯不按住"打开"键数秒钟后会自动关门升梯）

---

① 《马克思恩格斯选集》第 1 卷，人民出版社 2012 年版，第 155 页。

首先按下的是"打开"键,其意是等候外面其他人进入电梯以防电梯上升而使他人搭乘不到电梯,而另一大学生进电梯总是喜欢随手摁下要去的楼层数字键。这两名大学生行为方式的不同,显示了他们思想认识的不同,第一名是积极为他人考虑,心里先有他人再有自己,思想认识要深刻;第二名则首先考虑自己而没太考虑他人,至于其他人能不能进电梯随便了,其思想认识可能要肤浅。同样,二人的行为结果,也体现了他们思想认识水平的高低。人的行为目的、行为方式、行为结果体现出行为水平。人的行为水平,同样体现认识水平。如前所述的两名大学生,其摁电梯键的行为方式不同,反映出他们的行为水平也存在差异,有意摁"打开"健等候他人的大学生和随手摁"数字"键的学生其思想认识比较是有差异的,前者为他人着想,后者可能更多为自己着想,即使其并非有意,也体现出了其思想觉悟要低一些的倾向。

大学生思想素质内部要素之间就这样相互渗透、相互转化、相互促进,从而使大学生思想素质形成动态的、协调发展、整体推进的有机整体。在这一整体中,各要素的划分是相对的,它们之间还存在着渗透的关系,并相互包含。将某一种表征归于某一要素维度之下,并不排除其他要素中也存在着其表征的要求和表现。如思想心理涵盖着整个思想系统过程,价值观念系统里有心理的因素,思想认识系统中也离不开心理的作用,思想行为更离不开心理的导向。价值认知、心理认知、思想认知既存在联系,又存在区别。大学生思想素质结构要素间互为包含,互相渗透,其次序也不是一成不变的,而是发展变化的,并不断调整完善的。在大学生思想素质这一系统中,一个要素的发展往往会影响其他要素的变化,它们同根、同质,相通相融,共同体现在大学生认识世界、改造世界的实践中表现出来的是非善恶判断标准和行为能力中,决定着大学生在日常生活中的行动目标和方向。

第五章　大学生思想素质结构的基本模型

哲学家、心理学家皮亚杰说:"一切已知的结构……都是一些转换体系。"① 这些转换构成了用部分来说明整体的过程,即组织的共时态结构是深藏于内部的各个要素的组合形式,这些要素及其关系构成丰富的结构系统,形成不同的模型,在结构力作用下不断适应环境的变化。转换就是变化。系统作为一个整体随着条件的变化而处于经常性的变化中,而且在空间的排列和时间的持续上呈现出不同的组合。这些不同的组合建构成不同的结构模型。大学生思想素质结构各个要素既相互联系相互作用,又相对独立。这种联系性和独立性构成了大学生思想素质结构系统内部复杂的作用方式,并形成了不同的结构形式,构成了大学生思想素质结构的不同模型。不同的模型形成不同的结构力与外部发生着反映,适应内外变化,表现出不同的思想素质类型。

---

① ［瑞士］皮亚杰:《结构主义》,倪连生、王琳译,商务印书馆1984年版,第3页。

第一节　思想素质结构的形成机理

厘清大学生思想素质结构的形成机理是探析其基本模型的基础。"从生动的直观到抽象的思维，并从抽象的思维到实践，这就是认识真理、认识客观实在的辩证途径。"[①] 列宁高度概括了人的思想素质的形成过程。一般而言，人的思想素质的形成经历内化、外化两个阶段，经过知、情、意、信、行的统一。大学生思想素质结构的形成机理也是自内而外的过程，一般经历内化和外化两个阶段，其演进的趋势是螺旋上升的，即不断建构完善。内化，是指大学生通过认知接受社会发展所需的思想、观念和信息，并将之纳入自己的态度体系，使其成为自己意识体系的有机组成部分，成为支配、控制自己思想、情感与行为的内在力量的过程。这一过程形成大学生思想素质结构的结构轴——价值观念，结构基——思想心理，结构链——思想认识。外化，即大学生把内化形成的思想意识外化为相应的表现和行为习惯的过程。在这一环节形成大学生思想素质结构的结构面——思想行为。无论是内化还是外化，大学生思想素质结构的结构基——思想心理都贯彻始终，起着建构结构轴、结构链，作用结构面的作用。结构轴、结构基、结构链、结构面共同构成大学生思想素质结构体。如图 5-1 和图 5-2 所示。大学生思想素质的形成过程一般经历四个环节：筑轴、构基、建架、成型。

一　筑轴：思想素质结构核心环节

轴是事物的核心和原点，也应当是事物建构生成的起点。人的生

[①] 《列宁全集》第 55 卷，人民出版社 2017 年版，第 142 页。

第五章 大学生思想素质结构的基本模型

结构轴：价值观念系统
结构基：思想心理系统
结构链：思想认识系统
结构面：思想行为系统

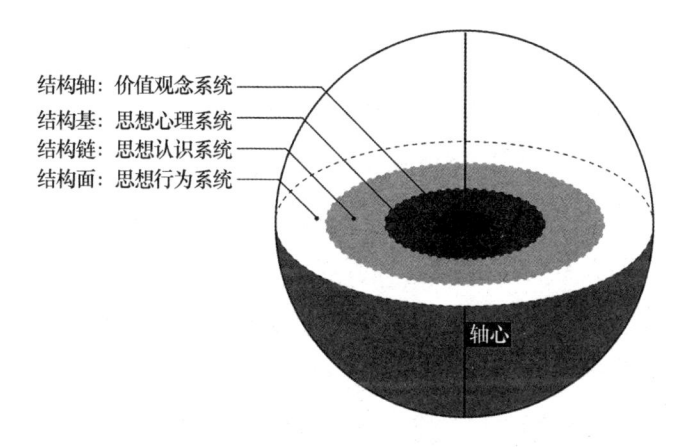

轴心

图5-1 大学生思想素质结构形成机理立体图

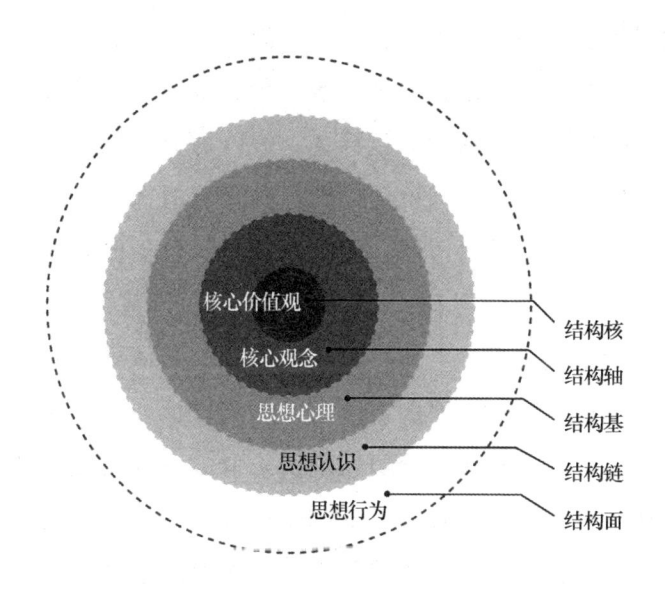

核心价值观 —— 结构核
核心观念 —— 结构轴
思想心理 —— 结构基
思想认识 —— 结构链
思想行为 —— 结构面

图5-2 大学生思想素质结构形成机理平面图

成从胚胎开始，胚胎的发育从大脑开始，因为大脑是人这一结构系统的指挥中心，是核心。轴在结构中的地位和作用更为明显。大学生思想素质结构系统也一样，其形成也是由结构轴——价值观念开始的。

· 153 ·

它是结构形成的初始环节。筑轴就是大学生思想素质结构系统的核心——价值观念的建构，尤其是核心价值观的形成。这是由价值观念是大学生思想素质结构核心的地位决定的，它是大学生思想素质结构系统的定向盘。社会主义核心价值观的核心地位也决定了它是大学生思想素质结构的轴心。如果把大学生思想素质结构系统这个球体比喻为地球仪，那么社会主义核心价值观就是地球仪的轴心。显然，任何球体离开轴心都无法运转，也不成为球体。同样，如果筑轴没有完成，大学生思想素质结构这个球体就没有运转的轴心，就难以运转。筑轴是大学生思想素质结构系统形成的第一环节，完成好这一环节才能进入下一环节。

筑轴就是确立并形成大学生的价值观念，尤其是核心价值观。大学生价值观念主要由价值目的、价值评价、价值选择等部分组成。确立价值目的是建构价值活动的目标，一般以价值动机和价值认知为起点。形成价值判断，即选择价值标准；确立价值选择其实质是确立什么样的价值观念，这是价值活动的结果。大学生价值观念的形成其实是价值心理发生作用的过程，也是价值认同和价值信仰的确立过程。价值认同是大学生在观念上对某一或某类价值的认可和共享，一般以某种共同的理想、信念、尺度、原则为追求目标，形成内心认可的价值观念。它是大学生对社会价值规范所采取的自觉接受、自愿遵循的态度和服从，是确立价值观念的基础。正确的价值认同，对大学生起着强大的精神建构作用。价值信仰作为大学生内心恒久稳定的价值认同，是大学生价值观念的灵魂，形成了价值认同和价值信仰，大学生价值观念的基础和灵魂才得以完成。大学生价值观念由核心价值观——社会主义核心价值观和人生价值观、学习价值观、生活价值观、社会价值观、爱情价值观、职业价值观等主要价值观组成。筑轴大学生思想素质结构核心，就是在其结构核心形成对社会主义核心价值观的认同并建立起社会主义核心价值观信仰，同时形成正确的人生价值观、学习价值观、生活价值观、社会价值观、爱情价值观、职业价值观等主要价值观的价值认同和价值信仰。即筑好核心价值观内核和主要价值观外围。这一环节是形成大学生思想素质结构最核心也是最重要的环节。

二 构基：思想素质结构基础环节

构基，即建构结构基——大学生思想心理。任何结构都离不开结构基，失去基础，结构便不复存在。工匠造一栋房子，雕饰一件作品，离开砖瓦、毛坯等结构基，房子和作品就无法完成。大学生思想心理的结构基作用体现在，它是形成价值观念、思想认识，作用思想行为，直至完成思想活动的基础，离开这一基础，思想活动便不可能发生，思想也就形成不了，思想素质就不存在。显然，事物都不存在了，何谈什么事物的内部结构呢。因此，它的基础地位决定了任何思想活动，包括思想素质的形成始终不能离开这一基础。构基成为大学生思想素质结构系统形成的第二环节，这一环节亦十分重要。它是整个结构系统的基础，贯穿于系统全部和始终。构筑大学生健康理想的思想心理是构基的重要任务，也是基础环节。

构筑大学生思想心理的良好的认知、情感、意志、信念是构基的内容。在这一环节，大学生思想动机、思想认知、思想情感、意志信念辩证运动，协同发展，共同构成大学生思想素质结构系统基础。恩格斯说，"行动的一切动力，都一定要通过他的头脑，一定要转变为他的意志的动机，才能使他行动起来"[1]。大学生在社会实践中受到外界信息的刺激，从而产生主体需求形成动机。构基的第一步：确立

---

[1]《马克思恩格斯全集》第28卷，人民出版社2018年版，第360页。

良好动机。动机是思想素质结构的动力元。确立良好动机根本目的就是引导合理需要。人的需要多种多样，丰富多彩，不符合现实的需要会导致一个人走入误区，幻想、空想，甚至步入违法犯罪的道路。第二步：引导正确认知。思想认知在大学生思想素质结构系统中具有不可替代的作用，是思想素质结构系统的动力元，也是推动思想素质结构要素运行的基础动力。思想认知是大学生思想素质形成的前提和基础环节。如果没有正确的思想认知，就不可能对各种社会现象、行为实践产生正确的认识和理解，大学生只有更好地对各种事物、现象有了较好的了解认知，才能较好地认识世界是什么，产生对"我是谁、我从哪里来、要到哪里去"的思考和探求，方可较好地知晓如何投身社会实践，以至形成改造客观世界的认识能力和应对能力。大学生的思想认知越深，越有利于他们的社会实践，越能增强他们应对错误思潮、观点、理论的能力，越能提升他们对伟大祖国的认同、对中华民族的认同、对中华民族文化的认同、对中国特色社会主义道路的认同，也越能强化他们的"四个自信"。引导正确认知的方法是确立正确的价值观念，帮助大学生建立评判是非曲直的标准。认知的形成显然对大学生思想素质结构的建构还很不够，人的意识还会受到情感意志信念的支配。比如，一名大学生对学习重要性有明确的认知，可他对学习就是没有兴趣，即失去情感，如此他的意志信念也不会集中到努力学习上来。这就要求要进行构基的第三步。第三步：培养思想情感。思想情感是大学生对社会现象、诸多事物的内心体验和感受，包括爱憎、亲疏、好恶等心理反映。大学生只有与外界事物、社会实践建立了良好的情感，产生了热爱、亲近，并热衷于对各类思想文化道德活动的参与，才能产生兴趣、爱好、憎恶和选择。如果对之有着强烈的情感，比如热心公益事业，投身支教活动，就会形成强大的情感力；反之，这种情感力就调整其取向。意志信念亦然，它们与情感组成调节思想心理的调节阀,始终伴随人的思想活动,促进、推动目标性取向的思想行为的发生,控制、调节非目标取向的思想行为的发生。这种调控促使构基环节进入下一步。第四步:锤炼意志信念。即锤炼大学生对目标性取向的坚定毅力和坚强信念。总之,构基是大学生思想素质结构形成机理的第一环节,离开思想心理的基础作用,思想素质结构系统无法形成。它作为基础性环节发挥着承上启下、承前启后的重要作用。

三 建架:思想素质结构关键环节

建架就是筑造结构架构。任何结构离不开架构,失去架构,结构不成为结构。工匠建房子,有了砖石泥瓦等结构基,如何建架呢?一方面要依据房子未来所要承担的功能来确定,一方面要依据结构的稳定性即结构规律来确定。这两个因素均应综合考虑。大学生思想素质结构的建架环节就是实施这一工程。毫无疑问,建架是整体房屋工程的关键。如果建架不合理,但结构是稳定的,则可能导致功能的缺失,即建好的房屋不好用,甚至失去它原定的使用功能;如果建架不科学,不符合结构规律,则可能导致房屋的倒塌,即结构的散失。可见,建架在系统中具有极其重要的作用。这一环节也成为思想素质结构的关键环节。

大学生思想素质结构系统的建架主要是思想认识的培育和形成。思想认识是大学生思想素质结构系统的关键,在思想素质结构系统中发挥着关键作用,是大学生思想素质结构系统的链接剂,它影响价值观念、作用思想心理、指导思想行为。思想认识还是形成思想素质的关键环节,它直接体现大学生思想素质的高低,经过这一环节大学生思想素质基本形成,也基本定型。如果失去大学生思想认识这一链接剂对大学生价值观念、思想心理、思想行为的链接,失去思想认识这一结构链，大学生思想素质结构的形成和稳固就没法完成。大学生思想认识包括思想觉悟、理论水平、重要观念，思想立场、思想态度、思想倾向体现思想觉悟，理论认同、理论掌握、理论运用、政策把握反映理论水平，世界观、人生观、政治观、法制观、道德观、时代观等观念构成大学生思想的重要观念。思想认识的培育和形成，就是对大学生思想觉悟、理论水平和重要观念的建设，锻造思想觉悟是前提，提高理论水平是基础，建构正确观念是关键。同时，大学生思想素质结构的建架与工匠建造房子一样，它的建架同样要考虑两大因素：一是结构所要承担的功能；二是结构的稳定性，即结构品质。否则，大学生思想素质结构的预设功能就难以实现，或者结构的稳定性就难以保证，容易受到外界的冲击，甚至瓦解结构系统。显然，如果结构功能没有实现，或者结构瓦解则建架就没有实现，或者说失败。这一环节的关键是切实发挥思想认识结构链的作用，依据不同的功能需要和结构规律建构起大学生思想素质结构系统的结构架。

四 成型：思想素质结构铸模环节

成型，就是建筑结构模型。这是大学生思想素质结构系统形成的最后环节。大学生思想素质结构经历建构轴心、基础、关键，即形成结构轴、结构基、结构链后，在思想素质结构系统内外作用力下，这些要素依据不同的功能要求和结构规律实现结构方式的多样化，这种多样化形成了大学生思想素质结构的多样性，也形成了大学生思想素质的多样性，正是这种多样性，大学生在丰富多彩的世界里适应着各种复杂环境的变化，表现出思想素质结构的相对稳定性。成型是结果，也是关键。没有成型环节，结构要素经过涨落尚未归位。思想行为，即实践是大学生思想素质结构系统成型的最后环节。它是大学生思想素质结构系统的校验器，一方面，经过思想活动到达思想行为环节后，它检验大学生价值观念的正确与否，大学生思想心理的健康状况，大学生思想认识的高低与否；另一方面，它通过实践校正大学生价值观念、思想心理和思想认识。如果其行为在大学生群体或社会中不受欢迎，就引发感觉，刺激心理，从而调整价值观念、提升思想认识，进而修正新的行为。因此，经历过这一环节后大学生思想素质结构系统基本定型。要素已然涨落到自己的位置，也就以不同的结构模型呈现出来。

大学生思想素质结构的成型环节主要是在思想行为的校验下对大学生思想素质结构要素进行最终组合。这一环节的主要任务是，培养良好的行为习惯。习惯一般是指人养成的适应社会、从事实践的恒定方式。习惯是一种生活方式，包括思维方式、行为方式、处事方式等。行为习惯就是大学生观察世界从事实践的恒定的方法、模式。行为习惯是行为的最理想状态，良好的行为习惯是行为的最高境界。比如，一名思想修养高的人，看见老人就有不由自主让座的习惯，听见错误言论就形成勇敢批驳的行为。这是他经久积累形成的良好的行为习惯，也是个体价值观念、思想心理、思想认识、思想行为要素优化并形成的最佳组合和最高境界。显然，这种组合所形成的思想素质结构是较为稳定的，也是能很好地适应社会要求的。人的思想行为包括言语行为、肢体行为和实践行为。大学生的思想行为主要有学习行为、生活行为、社会行为等不同类型。可见，大学生思想素质结构的铸模就是在思想行为的校验下，由素质结构内外作用力对大学生思想素质结构要素进行最终组合。经过这一组合，无论大学生形成什么样的结构模型，其结构运动归于平静，思想素质也就通过思想行为外现出来。高低、优劣均以人的行为实践予以显现出来，为人们所感知和评价。

第二节　大学生思想素质结构的主要模型探讨

托马斯·库恩（Thomas Kuhn）在其名著《科学革命的结构》中提出范式这一概念，库恩以范式及其发展变化为基线阐述了科学发展的基本模式。库恩在谈到范式对于科学发展的意义时指出："取得了一个范式，取得了范式所容许的那类更深奥的研究，是任何一个科学领域在发展中达到成熟的标志。"[1] 范式的特征之一就在于"它们的成就空前地吸引一批坚定的拥护者，使他们脱离科学活动的其他竞争模式"[2]。"任何系统都不是凝固不变、孤立存在的，总是在同外部的环境的相互作用中调整着自己的要素和结构，系统总是从无序到有序、从低序向高序和从有序向无序的反复过程中，以整体的运动方式得以形成、演化和发展的。"[3] 大学生思想素质作为一个有机的整体，其要素互相联系、相互作用，有着内在的结构方式。大学生思想素质结构系统一方面其内部要素相互作用，不断运行发展着；另一方面时刻与外部环境相互作用，不断运行发展。这种运行和变化就形成了不同的结构模型。《现代汉语大辞典》对"模"的解释是"模式、规范、标准"。大学生思想素质结构模型，就是大学生思想素质结构模式，即要素组合方式。大学生思想素质结构模型受大学生思想素质结构要素组合的影响，这种组合的影响力来源于大学生思想素质结构要素内生的定向力、推动力、调节

---

[1] 托马斯·库恩：《科学革命的结构》，金吾伦、胡新和译，北京大学出版社2003年版，第10页。
[2] 托马斯·库恩：《科学革命的结构》，金吾伦、胡新和译，北京大学出版社2003年版，第9页。
[3] 詹万生：《整体建构德育体系总论》，教育科学出版社2001年版，第172页。

第五章　大学生思想素质结构的基本模型

力、链接力和校验力，即来源于大学生思想素质结构定向盘、动力元、调节阀、链接剂和校验器的影响。它们之间相互作用，同时要素间及其结构与环境也发生着互动，这种作用和互动促使要素组合成不同的模式，形成大学生思想素质结构的不同模型。大学生思想素质结构是个极其复杂的系统，也是不断运动变化发展的，这种复杂性和运动性体现在人的思想心理是复杂多变的。因此，要探讨其模式，只能从某一静态入手。从某一静态方式上探讨，因结构方式的不同大学生思想素质结构呈现出的不同的结构模型主要有：由递进式构成的一轴三体型，由主从式构成的要素主导型，由并列式构成的要素平行型，由交叉式构成的要素交互型（混合型）。

一　一轴三体型

一轴三体型，也称递进式模型。这一模型内要素呈递进式发展，因而称之为递进式模型。"一轴"指以价值观念为结构轴，结构轴是结构模型的重心；"三体"指以思想心理、思想认识、思想行为为体翼，"三体"构成结构轴的外围。这一模型以轴心为核，"三体"由内向外绕轴心组合并逐层展开。其结构平面图见图5-3。这种模型是大学生思想素质结构球体的基本模型，以价值观念为轴心，通过价值观念的定向力，将要素牢牢吸附在价值观念这一中心轴上，思想心理、思想认识、思想行为绕轴组合、逐层展开。结构要素间发生作用，进行互动，建构起牢固稳定的结构形态。一轴三体型模型，其结构组合是由内而外的结构方式，其结构定向力来源于价值观念作为结构定向盘发生的作用力，它定向着结构核心，使其他要素始终围绕结构核心展开，这就难以发生偏移和走向，其定心是最为稳定的。这里的定心即结构重心。结构理论认为，结构的稳定性由三大因素决定，即结构重心、结构组合和受力面。结构重心具有决定作用，对稳定性

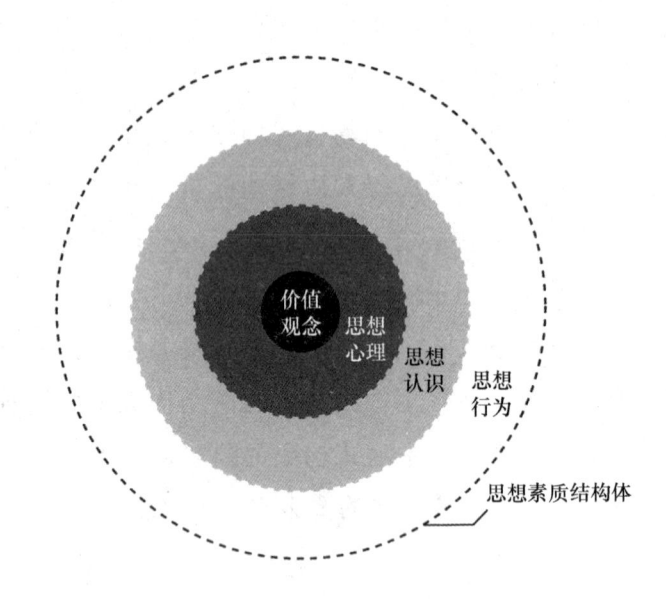

图 5-3　大学生思想素质结构模型之一轴三体型平面图

有着最重要的影响，组合影响重心，受力面同样影响重心。某一结构是否稳定在很大程度上取决于结构重心，重心稳定，结构就稳固。一轴三体型模型中，价值观念发挥着稳固的定向盘作用，牢牢地掌控着结构重心，无论外部力发生怎样的变化都难以冲击到结构轴，直至结构核。因为外力的影响要经过"三体"并能破坏它们的内生作用力方可进入内核。此外，在重心之外，其他"三体"也有着较强的附着力发生作用，比如思想动机和思想认知有着强大的推动力，思想情感和意志信念有着良好的调节力，思想认识对价值观念、思想心理和思想行为起着强大的链接作用，思想行为发挥着积极的校验作用。它们围绕轴心力呈正向运转。即价值观念越正确，思想动机就越强烈，思想认知就越全面，思想情感就越正向，围绕目标的意志信念就越坚定，思想认识就愈加深刻，因而，思想行为也越良好。总的来说，一轴三体模型，居于"三体"的要素围绕轴心由内而外逐层组合，结构核心

第五章　大学生思想素质结构的基本模型

不仅有着强大的定向力,而且要素之间也有着较强的吸附力,彼此链接较为紧密,因而它是最稳定最牢固的结构模型。这种模型往往受外界的影响较小,也难以受到外界的冲击,可堪为良好的思想素质结构的标准模型。

一轴三体型思想素质结构模型是当前大多数大学生的思想素质结构模型。这一模型的特点是:结构稳定、同构同功,表现出价值观念牢固,思想难以受外界影响、变化性不大,较为稳定等特点。一轴三体型不仅具有良好的稳定性,而且外显功能亦十分强大。按照结构模型与结构功能的思想,这一模型是同构同功的结构模型,模型与功能是同向的,模型稳定,正向功能强大。这一模型的优势是,有着价值观这一轴心定力,结构重心稳定,因而结构稳定;同时,结构要素组合科学。系统论认为,系统的结构性质由三个方面决定:要素的特性、要素量子涨落的平均规模和放大效率、要素的联结方式即时空秩序。不同性质的要素构成不同性质的系统结构,联结方式即时空排列秩序的变化,使系统结构性质的差异性转化为现实性[1]。按照这一理论,大学生思想素质结构的性质由要素的特性、要素量子涨落及要素的联结方式决定。在一轴三体型结构模型这一系统内,如果要素的特性及联结方式优良,结构性质就呈现出优良的态势。一轴三体型结构模型作为大学生思想素质结构较为理想的结构模型,为大学生思想素质结构的优化提供了学理支撑。长期以来,我国高度重视人的价值观建设,尤其是社会主义核心价值观的培育和践行,不仅因为它是人的思想素质结构模型的内核和重心,而且是人的思想素质结构的结构核和结构轴心。如果失去它的统摄和支配地位,人的思想就缺乏主导混乱无章,甚至走向错误反动立场为西方所利用,与人民为敌。和平演

---

[1] 乌杰:《系统辩证论》,人民出版社1997年版,第89页。

变以来，西方国家企图通过价值观渗透影响我国人民的价值观，进而破坏人们的思想素质结构，降低人们的思想素质使之思想西化，其价值观渗透企图明显。重视价值观建设，并将之纳入国家治理体系和治理能力现代化的重要组成部分，充分反映了中国共产党高瞻远瞩的战略眼光和驾驭全局的战略智慧与谋略。

二 要素主导型

要素主导型，即要素主从式，就是以其中之一的要素为主导，以其他要素为从属组合形成的模型。其结构平面图见图5-4。这一模型也可称为主从式模型，它突出主导要素中的一翼，而弱其他，存在着优劣性。它又分为四种类型：一是价值观念主导型，即以价值观念为主导，以其他要素为从属组合而成。二是思想心理主导型，即以思想心理为主导，以其他要素为从属组合构成。三是思想认识主导型，即以思想认识为主导，以其他要素为从属组合产生。四是思想行为主导型，即以思想行为为主导，以其他要素为从属组合成型。

（1）价值观念主导型。这一模型以价值观念为主导，其他要素为次要。价值观念要素居于前，其他要素居于后。其结构平面图见图5-5它与一轴三体递进式模型既有联系，又存在区别。其联系是都以价值观念为主轴，都以价值观念主导其他要素，但区别在于一轴三体模型，"三体"的要素是围绕轴心由内而外逐层展开组合的，而价值观念主导型，由价值观念主导，其他要素是围绕价值观念自由组合的，而不是自内而外。因此，一轴三体型可以看作价值观主导型的一种，即其他三要素以思想心理、思想认识、思想行为顺序自内向外排列组合时就成为了一轴三体型模型，它们之间是包含与被包含的关系。价值观念主导型的思想素质结构模型，其思想由价值观念主导，表现出首先看重价值取向的思想倾向，凡事首先思量其价值，以价值为首建构思想，思想心理、

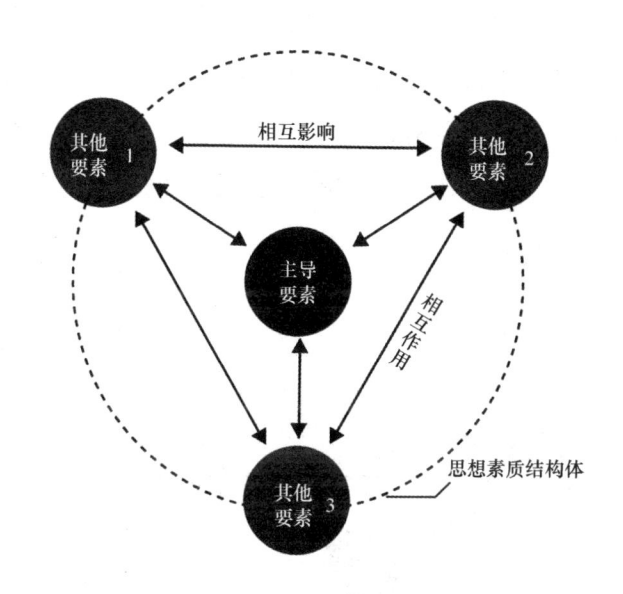

图 5-4　大学生思想素质结构模型之要素主导型平面图

思想认识的作用被弱化，思想行为体现出浓郁的价值色彩。比如价值观念主导型思想素质结构的大学生看待某门选修课程时，首先考虑这门课程的价值，即对自己有没有用、有多大用，其次才看个人对之的兴趣爱好，然后才凭对其的认识了解形成对它的思想认识，最后做出决定"选修""不选修"的行为。这种模型的优势是有着价值观念的定向，思想结构比较严谨，思想受外界影响少，环境变化难以冲击思想改变，除非价值观改变，一般情况思想较为稳定，因而思想素质较为稳定。它的缺陷是：一旦价值观念发生扭曲、异变，则可能表现出思想素质结构性质的变异，思想素质性质也可能发生变化。如前所述，如果这名大学生价值观念变异，持有的是读书无用的价值观念，显然不管这门课程多么重要，多么符合时代要求和社会对大学生能力需要的要求，而他都难以选择该课程。比如有的大学生认为礼仪课没用、道德课没必要，显然很难做出主动选择这门课程的行为，更遑论主动学习研究它了。这种选修课程无用论的价值观念，还会影响他的思想素质结构其他要素，使他产生读书无用论的思想，造成其思想性质的变异。这些年西方敌对势力展开对我国价值观的渗透，其蓄意是影响我国人民的价值观，进而逐步渗透异化人们的价值观，达到改变人们思想性质的目的。这些案例显示出了这一结构模型的缺陷性。

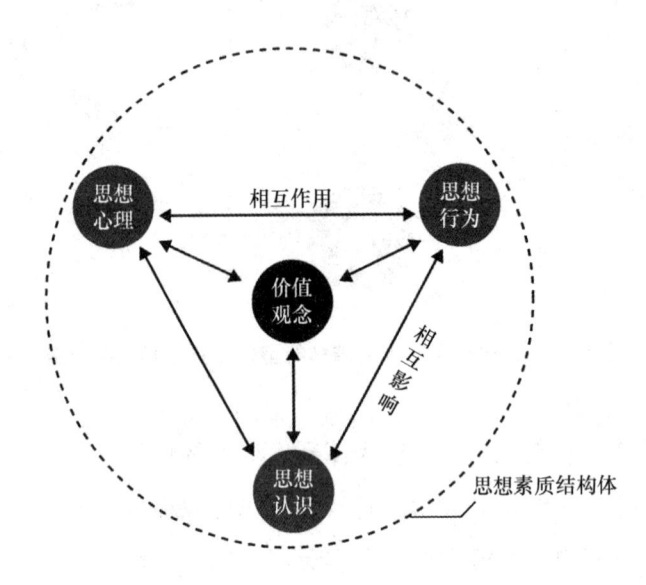

图 5-5 大学生思想素质结构模型之价值观念主导型平面图

（2）思想心理主导型。这一模型结构要素组合以思想心理为主导，其他要素为次要。思想心理要素居先，其他要素居后。围绕思想心理展开排列，其他要素组合是并行的，即价值观念、思想认识、思想行为并行，从属于思想心理。其结构平面图见图 5-6。这一模型因有着思想心理的主导，内生动力强，在动力基、调节阀、链接剂的作用下，结构要素互动频繁，思想心理活跃，但受思想情感、意志信念影响较大，表现出结构稳定性受情绪影响大，思想素质受情绪、意志、信念等心理因素主导大，受思想认识的主导其次，思想行为的校

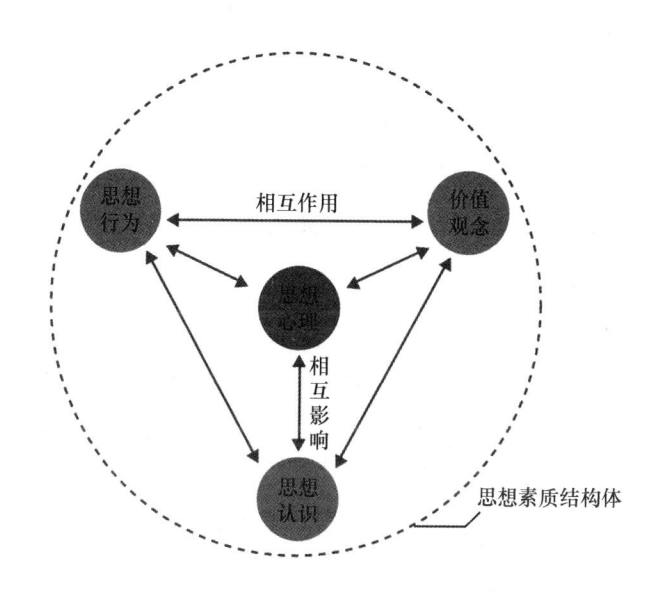

图 5-6 大学生思想素质结构模型之思想心理主导型平面图

验功能发挥弱化，致使思想素质趋向感性多、理性少，行为受情绪情感影响大，可控性差，易冲动；行为受意志信念影响大，行为持久、坚定或固执、偏执，听不进别人意见，喜欢特立独行，崇尚个人主义，而且一旦意志被撼动、内心信念松动，容易造成一蹶不振，甚至自我否定。这一类型的缺陷还表现在，结构不稳定。结构受心理因素主导易受外界环境的影响和冲击。基础心理学认为，人的心理往往受外界环境的影响较大。如果人们认识世界改造世界时内心首先没有良好的价值观做标尺，则极易感情用事，极易受情绪情感影响。比如一名心情愉悦的学生进入老师办公室前是高高兴兴的，可出来时就因为老师批评她厌学而闷闷不乐起来。其原因在于该生在内心没有建立起对学习重要性的价值标尺，对学习首先凭感情爱好等心理因素主导。这种首先凭心理主导的思想素质结构，往往受环境影响大，环境变化心理就立即做出反应，致使行为带有浓厚的感情色彩。这类思想素质结构模型的大学生思想简单，行为上凭个人喜好，喜欢跟着感觉走，感情用事。这种结构类型的大学生思想素质结构易受到外界冲击，结构元动力和调节力对之影响也较大，结构变性大，不稳定状态多。比如，某思想心理主导型思想素质结构的大学生，面对青年志愿者等社会公益活动时，常常以心情为主导，心情好就积极参与，表现出良好的思想素质；如果哪天或因为某事心情不好，或者他对某一服务对象感到厌恶，就选择躲避，或者找借口推脱，不再参与。

（3）思想认识主导型。此模型结构要素组合以思想认识为主导，其他要素为次要。思想认识要素居先，其他要素居后，围绕思想认识展开排列。其他要素组合是并行的，即价值观念、思想心理、思想行为并行，从属于思想认识。其结构平面图见图 5-7。其特点是：结构内动力不足、互动活力不够，结构受外部作用力影响大，容易冲击结构力导致结构不稳定。人的认识受心理、环境的影响较大，认识失去心理的作用，环境因素对其作用力就加大，就容易改变认识。人的认识改变，其思想行为也随之改变。比如，一名好学上进的大学生偶尔接触娱乐场所，因为耳濡目染外界的灯红酒绿，致使其由当初的"玩一玩"的思想认识转变为"拜金"。某地某高校富二代大学生沦为酒吧女，其起先是觉得"好玩"，后沉迷其中无法自拔，经过老师的多次教育后才迷途知返。这就表明认识如果失去心理的作用，失去价值观的定向，认识就容易受到外部的影响。认识主导型的思想素质结构，思想认识主导其他要素，以人的思想认识为先，思想活动受认识主导，而认识是受思想心理的影响的，如果人的认知停滞不前，认识就会停滞、僵化。如此，思想素质内部结构活力就不足，人的思想素质也就容易老化、僵化。思想认识主导思想心理，心理受认识的直接支配，心理就容易失衡、波动，如此人的思想素质结构就容易波动，人的思想素质也变化不定。让思想认识居先，而让价值观念居后，容易使认识代替价值标准，造成思想素质结构失去主轴的导向作用，思

第五章 大学生思想素质结构的基本模型

想素质往往呈低下状态。比如思想认识主导型思想素质结构的大学生去医院就医，因为以认识为先，置思想心理和价值观念于后，这名学生很可能凭借经验认识，比如"医生是救死扶伤的，是好人""医生总喜欢多开药拿提成赚钱"，如果有着后者认识，且这一认识没有价值观念的作用，该生很可能对医生没有好印象，并可能出现对医生不友好等低素质行为表现。如果撇开行为置认识于先，认识就失去实践的基础，就会盲目和经验化，如此，人的思想就容易带上盲目或者经验化色彩。思想认识主导思想行为时，如果是单纯的、肤浅的认识主导人的行为，行为就简单；如果是错误的认识，就会形成错误行为；如果是低级认识，就会形成低端行为。人的认识有深浅、正误之分，如果认识深刻则思想素质会呈现好的状态，如果肤浅或者简单，思想素质就居于低层次。总之，人的认识如果置思想心理、价值观念于后，如果失去心理的调节、价值观念的标准，行为就容易失序、偏差，甚至混乱，人的思想素质就极可能不优。

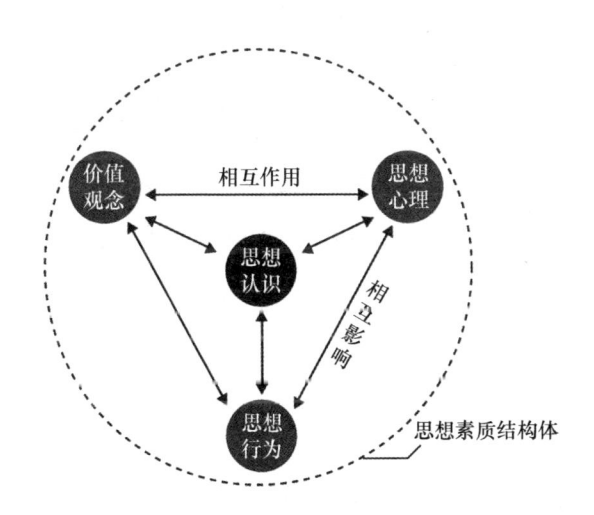

图5-7 大学生思想素质结构模型之思想认识主导型平面图

（4）思想行为主导型。这一模型结构组合以思想行为为主导，其他要素为次要。思想行为要素居先，其他要素居后，围绕思想行为展开排列。其他要素组合是并行的，即价值观念、思想心理、思想认识并行，从属于思想行为。其结构平面图见图5-8。这一模型的思想素质结构内部活力不够，结构松散无序。其思想素质表现是：容易造成凭经验办事，蛮干、不理性。人的思想素质以行为为先、为主导，置价值观念于后，则容易造成心中没标准，行为盲目、从众；置思想心理于后，则容易致使心理非理性化，随意，受情感、意志影响大；置思想认识于后，则易致使行为混乱、失控。人的思想认识有正误之分、高尚与落后之别，正确的高尚的思想认识指导人的行为是可控的规范有序的，而错误的落后的思想认识指导人的行为，则行为自由、混乱、失范。人们常常形容某某"头脑简单，四肢发达"，其实就是指他的行为缺乏思想认识的指导，或者他的行为实施前缺乏思考，喜欢不经思考直接就实施。本书就大学生学习行为与价值观念、思想认识、思想心理等因素的关系及行为效果调查显示：50名接受调查的大学生中，回答"喜欢凭经验学习的"学生有28人，占56.00%；回答"喜欢思考并借鉴别人学习方法的"学生有11人，占22.00%；回答"先考虑有没有用而选择性学习的"有6人，占12.00%；回答"为理想学习的"有5人，占10.00%。调查者再依据这些回答，查阅他们近三年来的学习成绩并进行分析，结果显示："凭经验学习"的28人中，其学习成绩普遍不高，但也不低，居于中等；而"喜欢思考并借鉴别人学习方法的"学生群体成绩普遍较好，都很优秀。"凭经验学习"其实就是行为主导型的思想素质结构，显然其结果不是最理想的；而"喜欢思考并借鉴别人学习方法的"学生则是综合型的，"喜欢思考和借鉴"彰显了他的价值观念、思想心理和思想认识等多种因素。从

第五章　大学生思想素质结构的基本模型

上面的分析可以得出：思想行为主导型思想素质结构模型，是有结构缺陷的思想素质结构模型。

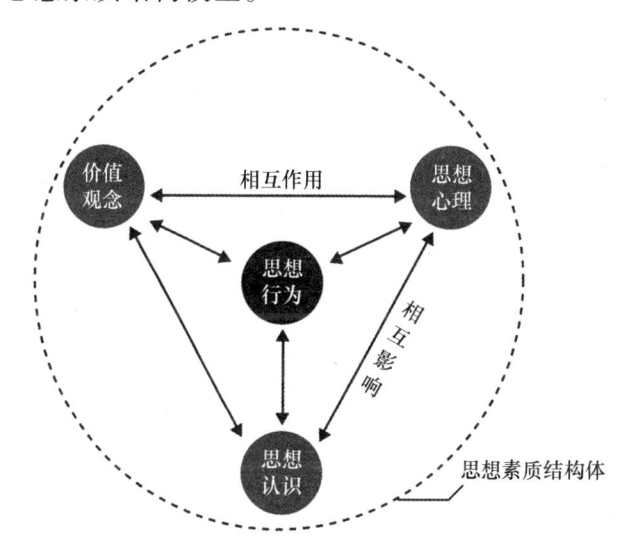

图 5-8　大学生思想素质结构模型之思想行为主导型平面图

三　要素平行型

要素平行型，也称并列式模型，即价值观念、思想心理、思想认识、思想行为四大要素平行组合、互相作用、地位平等的模型。这一模型思想素质结构要素平行排列，也可称之为并列式模型。其结构平面图见图 5-9。要素平行型模型的特点是：四大要素居于平行地位，没有高低次重之分；缺乏主导要素，主次不分，轻重不明。这容易致使人的思想素质结构缺乏主动力，思想多元发散，混乱无序，没有主导思想。一般而言，要素平行型思想素质结构的学生，价值观模糊多元、心理复杂、认识混乱、行为多样。显然这与时代对大学生思想素质的要求相距甚远。作为社会主义未来的建设者和接班人，就是要牢牢树立社会主义核心价值观，坚持马克思主义指导思想，并以此武装

171

头脑主导和统领其他所有思想，而绝不能有指导思想的多元化。本研究调查显示，在当代大学生中尚有少数大学生思想素质结构模型就是这一模型。他们或无所事事，或人云亦云，厌学逃课、谈情说爱、沉迷网络、抄袭舞弊；或者你追星我也追星，你看韩剧我也看，你做网络主播我也做，你打电游我也不落后，甚至浑浑噩噩、当一天和尚撞一天钟，混日子，既无理想目标，又无人生追求，价值观念庸俗，思想心理亚健康，思想认识浅层化，行为实践一般化，与一般青年没有两样。显然，这与国家需要的"合格建设者和可靠接班人"身份不符，与肩负的实现中华民族伟大复兴的使命相差很大。据此，迫切需要对之进行教育引导，尤其需要从思想素质结构规律出发，对其思想素质结构进行结构性调整，使之优化。

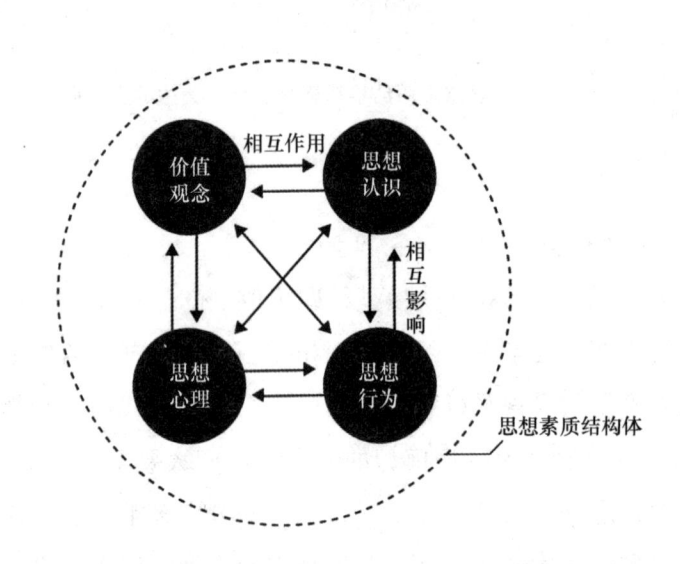

图 5-9 大学生思想素质结构模型之要素平行型平面图

四 要素交互型

要素交互型，也称嵌入式模型、纽结式模型，或者混合型结构模型。这一模型各个要素自由混成，交叉组合，交互纽结，构成形式多

第五章 大学生思想素质结构的基本模型

样复杂多变的各种模型。其结构平面图见图 5-10。唯物系统论认为，纽结式是事物结构的重要形式，纽结式不是要素间的简单联结，而往往以某类结构呈现出来。事物的区分不是依据要素的多少和数量，而是依据要素的性质和纽结方式。纽结形式决定事物的性质。事物的构成性特征必须依据要素间的内在纽结方式来判断。更精准地说，纽结的存在使要素之间相互作用和联系产生了可能性，使之成为整体，纽结改变，事物要素组合随之改变，事物性质亦可能改变，事物功能也可能调整。纽结式模型其特点是结构丰富多样，交互融合，协同交叉，结构较能适应多样环境的变化，但结构复杂多变，结构方式不严谨，因而状态也不稳定。在要素交互型思想素质结构内，定向力、推动力、调节力、链接力、校验力随意作用，从而建构起复杂的结构组合，形成多样的结构形式。这种模型显然存在较大缺陷，缺乏主导力，致使没有主导思想；组合混乱，内部作用力随意，因而链接力不牢固不持久，造成大学生的思想容易受外界干扰和心理影响，其思想复杂多变不稳定，时而受情绪影响，时而意志信念不坚定，时而价值观定向无力，时而思想认识模糊，其外在表现是：大学生的思想素质结构状态不稳定，素质不优良。

从上面的分析可以看出，结构要素组合是结构模型的主要方式，组合不同模型亦不同。同时，结构模型的影响还与内生的定向力、推动力、调节力、链接力、校验力等作用紧密相关，每一结构要素都在系统中发挥着各自的作用，使大学生思想素质结构呈现出各种各样的组合方式，即结构模型。唯物系统论认为，事物的结构是复杂多变的。还提出，结构形式所展示的是整体与部分之间的时空关系及其规律性，主要有三种，即构成结构要素相互联系的纽结式、相互依赖的关联式、相互作用的互动式。纽结式强调的是要素的纽结与作用，关联式强调要素相互依赖、相互关联的因果关系，互动式是事物内部要

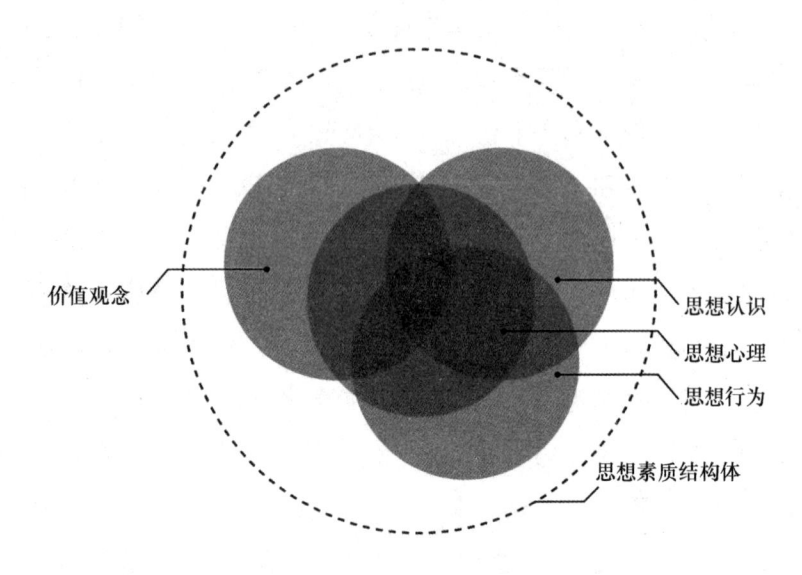

图 5-10　大学生思想素质结构模型之要素交互型平面图

素间的协同互动。因此，大学生思想素质结构模型也是复杂多变、多种多样的。其结构模型之一轴三体型、要素主导型、要素平行型、要素交互型，就是它们三种形式的一种或多种的复合型，但大学生思想素质结构模型肯定不止这些形式，本书仅探讨了主要形式。在现实生活中，一个人的思想素质结构模型往往是多种模型的集合体，即常常集几种模型于一身。无论是哪种方式、哪种模型，大学生思想素质结构的理想模型应当形成"核心价值观+主导要素+其他要素"的形式，如果核心价值观就是主导要素即为一轴三体型模型。否则，结构就不完善，思想素质就不优良，也难以符合时代对大学生思想素质的要求。

第六章　当前大学生思想素质结构现状调查
——以湖南省高校为例

调查是科学研究的基础，也是把握问题分析问题的重要依据。毛泽东说："没有调查，就没有发言权。"[①] 习近平总书记指出："调查研究是谋事之基、成事之道。没有调查，就没有发言权，更没有决策权。研究、思考、确定全面深化改革的思路和重大举措，刻舟求剑不行，闭门造车不行，异想天开更不行，必须进行全面深入的调查研究。"[②] 在厘清大学生思想素质结构要素、关系及其关系的总成——模型后，对当前大学生思想素质结构现实状况的调查分析成为摆在研究者面前的问题。当前我国大学生思想素质结构的总体状况如何？存在哪些问题？造成问题的原因是什么？哪些因素致使问题的存在？这些都需要系统地进行把握。从系统结构论来看，对这些问题的把握，就是对系统结构要素及其结构关系的调查与分析。

---

① 《毛泽东文集》第8卷，人民出版社1999年版，第260页。
② 《习近平关于全面建成小康社会论述摘编》，中央文献出版社2016年版，第191页。

第一节 思想素质结构抽样调查

为进一步说明当前大学生思想素质结构的现状，正确把握其结构状况、主要问题及其原因，研究者以湖南省高校为例，将在校大学生视为研究对象，采用随机抽样的方式选取样本，对大学生的思想素质结构状况进行了实地调查。鉴于年级、专业、性别等大学生的区别，本调查以最大限度保证样本能较好反映整体情况，调查样本考虑了学校、地区分布及样本的自然情况分布，选取了典型性样本进行调查分析。

一　调查设计：样本选取与量表设计

本调查以习近平新时代中国特色社会主义思想为指导，遵循思想政治教育学、心理学、教育学、伦理学等相关理论，遵循习近平总书记思想政治教育重要论述要求，围绕大学生思想素质结构的总体状况、主要问题及原因三大内容展开，从结构视角在湖南抽取四类9所高校（含"双一流"高校1所、本科院校7所、高职高专院校1所）调查，采取发放问卷、随机访谈、重点采访、心理测试等调查方法细分上述三大调查内容，旨在科学全面地把握当代大学生思想素质结构状况，为优化大学生思想素质结构，进而优化当代大学生思想素质找到事实依据和学理支撑。本调查样本选取及样本自然分布见表6-1、表6-2：

表6-1　　　　　　样本选取学校类型分布表

学校类型	类别	取样数量	统计数量	有效（%）
	部属院校	800	789	98.63

续表

学校类型				
	省属院校	1200	1135	94.58
	高职高专	600	573	95.50
	民办高校（独立学院）	500	492	98.40
	合计	3100	2989	96.41

注：1）统计数量：指取样数量减去未收回数量及填答不全数量之和。

2）有效（%）：统计数量除以取样数量。

表6－2　　　　　　　　**有效样本自然情况分布表**

取样	类别	人数	频率（%）
性别	男	1454	48.64
	女	1535	51.35
年级	大一	932	31.18
	大二	707	23.65
	大三	706	23.61
	大四	644	21.54
专业	理工类	1187	39.71
	文史类	1258	42.08
	艺体类	544	18.20
政治面貌	党员	238	7.96
	团员	2638	88.26
	群众	113	3.78
是否为学生干部	是	508	16.99
	否	2481	83.01

调查质量的基础是制订高质量的调查问卷。本书采取自编的《大学生思想素质结构调查问卷》（问卷附后）为测量工具，该问卷共83题，分四大部分，第一部分：对大学生思想素质结构四大要素的测量，主要测评大学生思想素质要素的构成情况、要素的性质情况，分

析大学生思想素质结构要素构成、要素的饱和度和要素优良度情况；第二部分：对大学生思想素质结构要素关系的测量，主要测评大学生思想素质结构组合情况，以此分析大学生思想素质结构关系，以及要素链接、互动情况；第三部分：对影响大学生思想素质结构因素的测量，主要测评个体变量和环境变量对大学生思想素质结构的影响，即个体动机力、认知力、情感力、意志力、信念力等对大学生思想素质结构的影响情况，列举了可能影响的宏观、中观、微观等环境因素，调查这些因素对当代大学生思想素质结构的影响。统计分析中以百分比、平均数评定各影响因素的作用力，为优化大学生思想素质结构提供事实支撑；第四部分：列举了日常思想政治教育工作，这些日常工作与大学生思想素质结构优化紧密相关，也是优化大学生思想素质结构的佐证。采用四等评定量表的形式调查，了解被调查者对这些工作的满意度和实际状况。这些数据既可以做原因分析的依据，又可以作为优化思想素质结构的支撑，为提高大学生思想政治教育成效，改进大学生思想政治工作提供学理参考。

调查问卷直接关系调查质量。《大学生思想素质结构调查问卷》根据研究目的制定，参阅了大量理论文献及相关调查问卷，初步制定后在湖南2所大学进行了随机调查，抽取200名学生进行预调查，依据调查结果对问卷进行质量分析，咨询相关专家，对选题进行修改，然后确立正式问卷。在确定样本量时，采用了保守估计法，即当置信区间为95%，允许误差为2%时，样本量应为3000份。实际发放问卷3100份，受调查者自填问卷，并当场回收，剔除无效答卷，共回收有效问卷2989份，有效回收率为96.41%，估计调查误差应在2%左右，不会超越这一偏差。

方法是调查质量的重要保证。毛泽东说："我们不但要提出任务，而且要解决完成任务的方法问题。我们的任务是过河，但是没有桥或没有船就不能过。不解决桥或船的问题，过河就是一句空话。不解决方法问题，任务也只是瞎说一顿。"① 本书首先采用定量分析的方法，旨在避免研究者先入为主之见的影响，避免思想问题与政治问题混为一谈，思想调查与道德调查合二为一，研究者对这三个问题的联系和区别进行了条分缕析，为下一步研究提供坚实的基础保障。为此，本调查在对数据进行结果分析和描叙的过程中，利用现代研究手段进行了相关大数据分析，叙论结合，横纵对比，力求调查分析的准确性。在调查中，研究者鉴于不同类别、专业大学生间的差别，研究保证了样本的典型性以最大限度地反映研究的总体状况。根据已有的大学生人口学特征，通过历史与现实的对比分析，研究者认为样本有效性好。此外，本调查还进行了个案访谈，通过剖析典型，进一步强化定性分析。个案访谈既深入"点"又考虑"面"，并兼顾"个别"与"一般"的统一。

二　量表分析：信度与效度测评

对问卷进行信度和效度分析是检验问卷合格与否的标准，也是确保调查准确性的重要一步。信度（reliability）即可靠性，是指使用相同测量工具或指标重复测量同一事物时，得到同一结果的一致性程度。如果某测量工具好，利用其对同一事物进行多次测量，其结果总保持不变，则信度就高。比如用同一卡尺测量仪器精密度，多次测量的结果不同，此卡尺的信度就值得怀疑。调查问卷也是，必须确保它的可靠性和稳定性。信度分析主要包括稳定系数、等值系数和内在一致性系数，其方法有重测信度法、复本信度法、折半信度法等。目前学术界最常用的是 Alpha 信度系数，认为应在 0—1 之间，如果此系数

---

① 《毛泽东选集》第 1 卷，人民出版社 1991 年版，第 139 页。

在 0.9 以上，则说明信度很好；如果此系数在 0.8—0.9 之间，则说明信度可接受；如果此系数在 0.7—0.8 之间，则说明有些指标需要修订；如果该系数在 0.7 以下，则反映有些指标需抛弃。效度（validity）即有效性，效度分析是指测量手段或工具能够准确测出所需要测量的事物的程度。效度分内容效度、准则效度和结构效度三类。效度分析有多种方法，一般有单项与总和相关效度分析、准则效度分析。一般而言，效度分析最好的方法是利用因子分析测量整个问卷或量表的结构效度。

考虑大学生思想素质结构是一个动态的过程，也是一个发展的过程，只有选取一段时期进行研究是合理的。通过技术分析，研究者认为调查大学生思想素质结构，应定位在四个维度：价值观念状况、思想心理水平、思想认识程度以及思想行为的规范性，包括核心价值观、主要价值观、思想动机、思想认知、思想情感、意志信念、思想觉悟、理论水平、重要观念、行为选择十大因子。依据上述因素研究者确立了 92 道题进行测试，并进行预测分析确定 83 道题较为合理，其信度效度均较为理想。

（1）信度分析

为了解把握问卷的可靠性和有效性，研究者对该问卷进行了信度测量。采用 Cronbach's alpha 系数进行分析，结果如表 6-3 所示。本书对问卷的 10 个因子及总问卷进行信度分析如下：

表 6-3　　《大学生思想素质结构调查问卷》信度分析

因子	项目数	内部一致性 Alpha
F1	4	0.832
F2	5	0.845

续表

因子	项目数	内部一致性 Alpha
F3	6	0.875
F4	8	0.889
F5	6	0.789
F6	6	0.881
F7	5	0.809
F8	6	0.779
F9	5	0.890
F10	6	0.867
总量表	57	0.846

从上表可以看出，该问卷的 Alpha 系数为 0.846，10 个因子的 Alpha 系数在 0.779—0.890 之间。其中，总问卷因子 F1、F2、F3、F4、F6、F7、F9、F10 均在 0.8 以上，说明该问卷的信度已经达到了较为好的水平，故该问卷具有良好的可信度，使用它测量的结果是稳定可靠的，是值得信任的。

（2）效度分析

研究者对本问卷进行结构性效度分析，结果理想。本测量将各因子之间的相关系数和各因子与问卷之间的相关系数的大小，问卷及各因子的内部一致性信度和各因子之间的相关系数、各因子与问卷之间的相关系数的大小，各因子与其所包含题量的相关性和各因子对其非所含题项的相关性大小作为确定本问卷的结构效度指标。研究者对《大学生思想素质结构调查问卷》各因子之间以及与问卷之间的相关性进行了分析。结果如表 6-4 所示：

表6-4　　　《大学生思想素质结构调查问卷》效度分析

	F1	F2	F3	F4	F5	F6	F7	F8	F9	F10	总项目
F1	1.000										
F2	0.235	1.000									
F3	0.356	0.638	1.000								
F4	0.289	0.229	0.887	1.000							
F5	0.562	0.518	0.567	0.476	1.000						
F6	0.756	0.385	0.882	0.387	0.783	1.000					
F7	0.332	0.296	0.369	0.569	0.780	0.782	1.000				
F8	0.861	0.778	0.780	0.698	0.568	0.562	0.321	1.000			
F9	0.775	0.365	0.446	0.509	0.654	0.836	0.821	0.770	1.000		
F10	0.685	0.478	0.887	0.889	0.230	0.720	0.487	0.412	0.703	1.000	
总项目	0.809	0.790	0.895	0.789	0.692	0.651	0.663	0.691	0.459	0.891	1.000

从表6-4数据可以看出，各因子之间的相关系数在0.229—0.889之间，与问卷总分的相关在0.459—0.895之间。按照有关标准可以得出：各因子之间的相关在0.10—0.50之间，各因子与问卷的相关在0.30—0.80之间，问卷具有良好的结构效度。因此，该问卷结构效度较为理想。

第二节　思想素质结构的总体状况

从调查统计看，当代大学生思想素质结构总体状况良好，呈现出如下总体特征：结构要素多元化，结构模型具有多样性，结构方式较为严谨。从功能上看，结构与功能比较耦合。从整体上看，当代大学生思想主流是好的,他们的价值观正确,心理健康,思想多元,行为规范;他们思想积极健康,心存信仰,心有理想信念,崇尚个性,向往民主,内心良善;他们思想觉悟高,心存感恩,爱国爱党爱人民,对当前社会和个人生活满意度高;他们具有较高的理论水平,"四个认识"较为深刻,行为实践符合社会发展要求。他们思想素质结构的定向力、推动力、调节力、链接力和校验力较强。这反映当代大学生思想素质结构总体状况良好。

一 结构要素多元

这是从要素角度调查综合分析的结果。调查显示:大学生普遍对社会主义核心价值观有较好的认识,表6-15显示:从对"你对社会主义核心价值观了解吗?"的调查看,95.50%的表示"非常了解"和"了解";表6-9显示:对"你在生活中把社会主义核心价值观放在什么位置"的调查中选择"第一重要""重要"的占90.85%。大学生在价值取向上,呈现出多样化态势:有赞成"勤勉奉献,服务社会"的,有赞成"自立自强自己创造幸福"的,有赞成"个人主义""自私自利"的,同时呈现出对"享乐和拜金"的赞成,对"权力"的向往。思想心理动机强烈、感情丰富、意志信念良好,认知愿望强烈,个人意志有毅力,表现出较好的心理水平。同时,大学生思想觉悟较高,理论水平较高,世界观等重要观念多样化。大学生表现出多类的思想行为,有学习行为、生活行为、社会实践行为等,反映出他们生活丰富多彩,具体表现如下。

(1)价值观念多元。调查列举了奉献社会的价值观、自立自强的价值观以及拜金享乐主义、自私自利、对权力的看法等价值取向,调查数据如表6-5所示:

表6-5　　　　　　　　　大学生价值选择情况　　　　　　　　单位:%

选项	赞成	基本赞成	不太赞成	不赞成
大学生应具备奉献社会的价值观	59.55	30.52	6.42	3.51
大学生要自立自强自己创造幸福	50.20	36.89	10.28	2.63
大学生适当的拜金和享乐是必要的	30.93	21.14	17.95	29.98
大学生就要有对名利的追求	35.73	28.83	31.47	3.97
你对自私自利的看法是什么?	11.92	18.85	28.73	40.50
权力能决定一切吗?	25.87	30.29	21.72	22.12
你崇尚自我主张个人主义吗?	39.23	18.75	25.69	16.33
你觉得应该助人为乐吗?	56.35	23.82	12.05	7.78

表6-5数据显示了大学生价值取向的多元化,对"大学生应具备奉献社会的价值观""大学生要自立自强自己创造幸福""大学生适当的拜金和享受是必要的""大学生就要有对名利的追求""你对自私自利的看法是什么?""权力能决定一切吗?""你崇尚自我主张个人主义吗?""你觉得应该助人为乐吗?"的回答持"赞成"和"基本赞成"的比例分别高达90.07%、82.09%、52.07%、64.56%、30.77%、56.16%、57.98%、80.17%。上述调查表明,大学生价值观念呈现多元化状况,有对奉献社会、自立自强的价值追求,有对功利的追求,有实用主义,有拜金享乐主义,有利己主义,有权利意志主义,也有个人主义,即对自我的崇尚和张扬。总的来说,呈现出多元化的状态。

(2)思想心理丰富。调查列举了动机需要、认知情况、情感控制、个体意志以及对目标的信念等指标体系进行测量,统计数据如表6-6所示:

表 6-6　　　　　　　　大学生思想心理状况　　　　　　　　单位:%

选项	有	基本有	不太有	没有
你有较强的学习愿望吗?	58.06	31.17	5.37	5.40
你有各种需要和想法吗?	66.35	24.62	5.87	3.16
你对特朗普后谁想竞选总统了解吗?	25.83	54.32	16.93	2.92
你对当今社会反腐败有较好的了解吗?	20.32	55.17	17.28	7.23
老师批评了你,你有情绪吗?	4.72	20.81	67.65	6.82
你觉得你空虚寂寞或有"空心病"吗?	11.92	8.89	48.44	30.75
做某件事十分困难你有奋战到底最终征服的决心吗?	53.72	21.83	13.94	10.51
你志愿考上研究生但中途遇到很大困难,你有坚持吗?	30.68	32.91	12.74	23.67
选定某一目标后你有不达目标不罢休的信念吗?	30.31	42.54	17.54	9.61

表 6-6 数据显示了大学生思想心理的丰富性,对"你有较强的学习愿望吗?""你有各种需要和想法吗?""你对特朗普后谁想竞选总统了解吗?""你对当今社会反腐有较好的了解吗?""老师批评了你,你有情绪吗?""你觉得你空虚寂寞或有'空心病'吗""做某件事十分困难你有奋战到底最终征服的决心吗?""你志愿考上研究生但中途遇到很大困难,你有坚持吗?""选定某一目标后你有不达目标不罢休的信念吗?"的回答持"有"和"基本有"的比例分别高达 89.23%、90.97%、80.15%、75.49%、25.53%、20.81%、75.55%、63.59%、72.85%。上述调查表明,大学生动机需要强烈,有较好的认知,情感丰富,心理意志信念较为坚定。总的来说,思想心理比较丰富。

(3)思想认识多样。调查列举了思想觉悟、理论水平和世界观人生观等重要观念指标体系进行调查,尤其是调查了当代大学生的理论认识水平,包括他们对理想、信念、信仰及他们的人生观、时代观、道德观、法制观等观念和意识。调查数据如表 6-7 所示:

表6-7 　　　　　　　　大学生思想认识情况　　　　　　　　单位:%

选项	清楚	基本清楚	不太清楚	不清楚
你对为什么选择马克思主义作为党和国家的指导思想清楚吗?	77.02	20.33	8.25	1.40
你对为什么要坚定"四个自信"清楚吗?	66.38	25.49	5.59	2.54
你对为什么追逐中国梦的理由清楚吗?	70.25	19.68	5.73	4.34
你对当前党和政府的决策部署有清楚的认同吗?	79.12	14.18	3.78	2.92
你清楚最高理想和共同理想之间的关系吗?	65.53	31.62	1.48	1.37
你清楚中美贸易摩擦对中国的危害吗?	70.92	19.12	5.73	4.23
你清楚当代大学生的使命即你的中国梦吗?	70.75	22.83	3.54	2.88
你对老人倒地扶不扶有清楚的认识和选择吗?	66.71	22.52	5.91	4.86
你认识到了诚信对大学生人生的重要性吗?	64.31	22.52	6.54	6.63
你对当今时代对人思想观念的要求有清楚的认识吗?	59.90	30.57	6.94	2.59
你守法且知道为什么要守法吗?	70.72	20.55	3.58	5.15

表6-7数据显示了大学生思想认识的多样性,对"你对为什么选择马克思主义作为党和国家的指导思想清楚吗?""你对为什么要坚定'四个自信'清楚吗?""你对为什么追逐中国梦的理由清楚吗?""你对当前党和政府的决策部署有清楚的认同吗?""你清楚最高理想和共同理想之间的关系吗?""你清楚中美贸易摩擦对中国的危害吗?""你清楚当代大学生的使命即你的中国梦吗?""你对老人倒地扶不扶有清楚的认识和选择吗?""你认识到了诚信对大学生人生的重要性吗?""你对当今时代对人思想观念的要求有清楚的认识吗?""你守法且知道为什么要守法吗?"的回答持"清楚"和"基本清楚"的比例分别达到97.35%、91.87%、89.93%、93.30%、97.15%、90.04%、93.58%、89.23%、86.83%、90.47%、91.27%。上述调查表明,大学生思想认识丰富,他们对社会生活中的各种现象和问题有了较深的了解,思想认识不再如中学生和一般青年那么

单纯。

（4）思想行为多类。调查列举了大学生的学习行为、生活行为、社会行为等指标体系进行调查，选取代表性的问题调查他们的学习科研、文娱文体、社会实践等各种行为。调查数据如表6-8所示：

表6-8　　　　　　大学生思想行为情况　　　　　　单位：%

选项	有	基本有	基本没有	没有
你经常参加形势政策报告会或理论沙龙吗？	33.05	40.54	15.26	11.15
你正在为考研考证做准备吗？	20.38	25.44	14.57	39.61
你经常参加学术报告论坛吗？	28.23	19.76	33.95	18.06
你周末参加公益志愿活动吗？	23.71	28.59	22.77	24.93
你经常参加文娱文体等集体活动吗？	40.77	20.68	21.42	17.13
你经常上网发帖并发表评论吗？	45.54	40.38	7.97	6.11
你谈恋爱吗？	70.91	20.52	4.84	3.73
你整形美容或染发异装吗？	18.72	28.51	34.92	17.85
你爱逛街或网购吗？	63.94	23.57	8.98	3.60

表6-8数据显示了大学生思想行为的多类化，对"你经常参加形势政策报告会或理论沙龙吗？""你正在为考研考证做准备吗？""你经常参加学术报告论坛吗？""你周末参加公益志愿活动吗？""你经常参加文娱文体等集体活动吗？""你经常上网发帖并发表评论吗？""你谈恋爱吗？""你整形美容或染发异装吗？""你爱逛街或网购吗？"的回答持"有"和"基本有"的比例分别高达73.59%、45.82%、47.99%、52.3%、61.45%、85.92%、91.43%、47.23%、87.51%。上述调查表明，大学生思想行为多类，有学习类的、有生活类的、有实践类的、有文化类的，等等。这主要是因为他们的需求多样，因而表现在学习生活和实践中的行为也多种多类。

二 结构模型多样

这是从结构组合角度调查综合分析的结果,主要考察调查大学生思想素质结构要素的排列组合情况。鉴于大学生思想素质结构是极其复杂的系统,研究者采取模糊法,调查是否有主导要素,如果没有,则可视为是平行型的;如果有,哪一要素为主导要素,即哪一要素"排在第一"、哪一要素"最为看重"、哪项"最能引起他的兴趣"。从调查的结果看,当代大学生思想素质结构呈现出多样化的组合方式,即结构模型多样。

(1)递进式、平行式模型,即一轴三体式模型和要素平行型模型,在大学生思想素质结构中占较大比例。从调查看,绝大多数大学生社会主义核心价值观和一般价值观牢固,坚持以它们主导自己的思想,思想素质结构的结构轴牢固,大多呈现出一轴三体型模型,或价值观念主导型模型。同时,大学生思想素质结构呈平行式的也较多,一些大学生的思想素质结构中缺乏主导要素,对价值观念的重要性认识不够,也不以它主导他们的思想,常常将价值观念、思想心理、思想认识、思想行为置于同等重要的位置看待,在表现上也凸显出思想要素同时发挥作用的征象。

表6-9　　　　　　　大学生对价值观念的看法　　　　　　单位:%

选项	第一重要	重要	不太重要	不重要
你认为社会主义核心价值观对你重要吗?	35.62	48.94	6.49	8.95
你觉得社会主义核心价值观对当代中国重要吗?	49.81	38.47	6.22	5.50
你在生活中把社会主义核心价值观放在什么位置?	33.07	57.78	4.49	4.66

续表

选项	第一重要	重要	不太重要	不重要
你在处理问题时常常把价值观放在什么位置？	30.54	40.88	20.73	7.85

表6-9数据显示了大学生的社会主义核心价值观和一般价值观是否在他心中具有重要位置，尤其在认识世界改造世界的实践中是否将之置于第一位。从调查看，对"你认为社会主义核心价值观对你重要吗？""你觉得社会主义核心价值观对当代中国重要吗？"的认识，即社会主义核心价值观对自身和国家的认识，"第一重要""重要"的比例比较高，分别达到了84.56%、88.28%，但是"不太重要"和"不重要"占了15.44%和11.72%，尤其是"不重要"的比例占到8.95%、5.50%。这反映出少数大学生对社会主义核心价值观还没有入心，还没有认识到它的重要性。同时，大学生对"你在生活中把社会主义核心价值观放在什么位置？""你在处理问题时常常把价值观放在什么位置？"两个问题的回答"第一重要""重要"分别占到90.85%和71.42%，但回答"不太重要"和"不重要"占到了9.15%和28.58%，很显然这个比例还不低。这反映出社会主义核心价值观和价值观念在大学生的思想素质结构中尚未完全起到主导作用，尚有一定比例显示其没有占据主导地位。

表6-10　　　　　　大学生对知行的看法　　　　　　单位：%

选项	是	基本是	偶尔是	不是
你在处理问题时常常边思考边行动吗？	22.52	36.97	20.74	19.77
你喜欢在实践中思考在思考中实践吗？	29.82	25.53	26.23	18.42

表 6-10 数据显示了大学生在"知""行"上喜欢"知""行"同行。"知""行"同行，是大学生普遍比较喜欢的处理问题的方法，体现的是价值观念、思想心理、思想认识和思想行为的统一和平行，近半数大学生不喜欢用思想、观念或心理、行为主导自己，思想素质结构上缺乏主导要素。从上述调查看，在对"你在处理问题时常常边思考边行动吗？""你喜欢在实践中思考在思考中实践吗？"两个问题的回答，回答"是"和"基本是"的分别占到 59.49% 和 55.35%，回答"偶尔是""不是"的分别占总数的 40.51% 和 44.65%，显然这个比例不高。由此可以推断得出：当代大学生思想素质结构模型呈平行型的占有较大比例。

（2）大学生思想素质结构主从式、交互式模型也较为普遍。主从式也就是要素主导型模型，交互式又称纽结式模型。调查分别就要素主导型模型里的价值观念主导型、思想心理主导型、思想认识主导型、思想行为主导型等模型一一展开，并将思想心理主导型细分为认知主导式，即经验型；情感主导式，即感情用事型；以及意志主导式、信念主导式等模型精心设置了问题，力图肢解开来进行研究。从调查看，近半数大学生偏向于要素主导型思想素质结构模型，它们常常以某一要素主导思想素质结构，并呈现出外部形态。近半数大学生思想素质结构内部较为复杂，由纽结式结构交互建构起来，他们的思想素质结构要素胶着纽结，表现出他们的思想心理与思想认识复杂、价值观念多变，思想行为多样化，呈现出交互式的模型。大学生思想素质结构要素的多元化从这一方面也反映出这个问题。

表 6-11　　　　　　　大学生"思"在先的表现　　　　　　单位:%

选项	是	基本是	偶尔是	不是
你认为认知对你的认识最重要吗？	23.59	38.52	21.67	16.22
你是个感情用事的人吗？	12.72	12.84	27.82	46.62
你会为朋友两肋插刀吗？	10.28	16.79	40.34	32.59
明明是错的你还坚持你的意见吗？	13.72	10.52	26.81	48.95
你坚定的信念无论对错你都会坚持到底吗？	10.91	13.88	34.68	40.53

"思"即心理，也就是人的思维活动。表 6-11 数据显示了一些大学生的思想心理在思想素质中具有重要位置，他们尚处于价值观和心理趋向成熟的时期，表现出心理尚未成熟，尚存着感情用事、意气用事、固执己见等现象，常常用心理主导思想。从调查看，对"你认为认知对你的认识最重要吗？""你是个感情用事的人吗？""你会为朋友两肋插刀吗？""明明是错的你还坚持你的意见吗？""你坚定的信念无论对错你都会坚持到底吗？"回答"是"的比例分别达到了 23.59%、12.72%、10.28%、13.72%、10.91%，回答"基本是""偶尔是"的分别占 60.19%、40.66%、57.13%、37.33%、48.56%，回答"不是"的分别占了 16.22%、46.62%、32.59%、48.95%、40.53%，这反映出部分大学生思想心理尚不太成熟，依靠认知、感情用事、意气用事、固执己见还占一定比例。这也映射出思想心理主导型大学生思想素质结构还不同程度地存在。另据调查显示：一些大学生喜欢感情用事，尤其在爱情上非常随便。据某机构调查显示，"男女分手主因以'没感觉'居首，约占 40%，其次是个性不合，约占 39%；而分手方式以两人私下协调最多，约占 59%，其次是手机短信或私信告知，约占 23%"。这些年大学生自杀、暴力等数据也充分显示出大学生思想上感情用事的成分。有的大学生的情绪犹如疾风怒涛，表现出

多变、不稳定的特点。他们容易兴奋、冲动、喜欢感情用事，控暴能力较弱，情绪起伏较大；有的大学生甚至实施攻击行为、暴躁易怒、控制欲强、疑心病重、有自残行为和吸毒。此外，他们中的一些"讲没理性的哥们义气"、固执己见，这些都有一定比例的存在。

表6-12　　　　　　　　大学生"识"在先的表现　　　　　　　单位:%

选项	是	基本是	偶尔是	不是
你在日常学习生活中很讲究凭经验办事吗？	14.72	21.54	43.55	20.19
做任何一件事你一定要经过深刻思考后才实施吗？	15.72	13.54	35.36	35.38
你认为提高思想认识是做好一件事最重要的前提吗？	16.15	16.27	43.78	23.80
思想认识在你心目中居于最重要的位置吗？	10.99	16.74	33.76	38.51

"识"即思想认识。认识是指导行为的关键，但错误的认识，或者陈旧的经验容易使人陷入经验主义的泥潭。表6-12数据显示了一些大学生的思想认识在思想素质中具有重要位置，他们自认为认知水平高，因而喜欢思考问题，并将之作为认识世界从事实践的最重要的前提。从调查看，对"你在日常学习生活中很讲究凭经验办事吗？""做任何一件事你一定要经过深刻思考后才实施吗？""你认为提高思想认识是做好一件事最重要的前提吗？""思想认识在你心目中居于最重要的位置吗？"回答"是"的比例分别达到了14.72%、15.72%、16.15%、10.99%，回答"基本是""偶尔是"的分别占65.09%、48.90%、60.05%、50.50%，而回答"不是"的仅分别占20.19%、35.38%、23.80%、38.51%。这反映出部分大学生坚持"思想认识"第一，而视其他为其次，也就说明思想认识主导型模型在大学生思想素质结构中尚占有一定的比例。这种思想素质结构的大学生容易犯经验主义错误，甚至使自己深陷"陷阱"。比如有的大学生误入传销组织就有着这方面的

原因。显然其对传销早有耳闻,即已有较好认知,然而依然选择进入传销组织,当然也有误入传销组织的可能,但认识上的偏差和认识主导最后的行为应是主要原因。

表6-13　　　　　　　大学生"行"在先的表现　　　　　　单位:%

选项	是	基本是	偶尔是	不是
老师安排你组织歌咏比赛你不假思索就组织选手	8.72	9.62	43.74	37.92
有企业说愿意赞助要你立即过去你立马就去了	17.32	18.75	33.58	30.35
你觉得你的行为可以不受约束放任自由吗?	3.52	18.71	41.25	36.52
你随手丢物吗?	15.89	19.77	54.16	10.18

"行"即思想行为。"行"是思想认识活动的结果。如果不假思索,很可能行为是放任的、自由的。表6-13数据显示了一些大学生的思想行为在思想素质中占有较高位置,他们中的少数人对自己的言行很自信,存在不喜欢思考问题,喜欢见着就干、随手就做,不假思索,不计后果,犯经验主义错误等情况。从调查看,对"老师安排你组织歌咏比赛你不假思索就组织选手""有企业说愿意赞助要你立即过去你立马就去了""你觉得你的行为可以不受约束放任自由吗?""你随手丢物吗?"回答"是"的比例分别达到了8.72%、17.32%、3.52%、15.89%,回答"基本是""偶尔是"的分别占53.36%、52.33%、59.96%、73.93%,而回答"不是"的分别占37.92%、30.35%、36.52%、10.18%。这反映少数大学生坚持"行为"第一,而视其他为其次。"老师安排你组织歌咏比赛你不假思索就组织选手"和"有企业说愿意赞助要你立即过去你立马就去了"都是未经思索的行为,这种喜欢行为主导的思想素质结构模型,也容易犯经验主义或者教条主义错误。研究者还发现生活中少数大学生喜欢教条,只要是

以前做过的事他们一般自信满满不加思考就实施，这一情况在大学生中还存在。一般来说，这种未经思考，没有在良好价值判断和深刻思想认识下的"行"难以把事情办得完美。

三 结构方式严谨

这是从结构作用力角度综合调查分析得出的结论。系统论认为，结构的严谨性来源于内部要素的和谐性，即要素呈现良性状态。从调查看，大学生心理整体上看是健康的，他们的认知水平较普通年轻人高，认识较为全面，结构内链接力较强；他们行为普遍较为规范，从这些要素来调查分析看，当前大学生思想素质结构方式总体是严谨的。

（1）心理健康，结构内生动力充足。大学生思想素质结构作用力来源于内部的定向力、动机力、认知力、情感力、意志力、信念力和链接力、校验力。从前述表6-6"大学生思想心理状况"看，当前大学生思想心理丰富，他们有较好的动机需要，认知全面，个体意志情感控制较好，即内生动机力、认知力、情感力、意志力、信念力良好。调查数据显示：对"你有较强的学习愿望吗？""你有各种需要和想法吗？""你对特朗普后谁想竞选总统了解吗？""你对当今社会反腐败有较好的了解吗？""老师批评了你，你有情绪吗？""你觉得你空虚寂寞或有'空心病'吗？""做某件事十分困难你有奋战到底最终征服的决心吗？""你志愿考上研究生但中途遇到很大困难，你有坚持吗？""选定某一目标后你有不达目标不罢休的信念吗？"的回答持"不太有"和"没有"的比例之和分别占10.77%、9.03%、19.85%、24.51%、74.47%、79.19%、24.45%、36.41%、27.15%。显然他们的心理健康水平整体是好的。当前大学生自杀、抑郁、暴力等情况也存在，但这些仅仅是极少数的比例。这说明大学生思想素质结构内生动力较为充足，促使了结构严谨性的形成。

（2）认识全面，结构内部链接有力。从表6-7"大学生思想认识情况"看，当前大学生思想认识多样，这种多样性映射出其思想觉悟、理论水平和以世界观、政治观、人生观、道德观、法制观、时代观等为主要内容的重要观念的全面。当代大学生在思想觉悟、理论认识上均有较高的水平，尤其其观念内核理想、信念、信仰是全面坚定的，他们信仰马克思主义，心中有理想，信念坚定。从调查的数据看，回答"清楚""基本清楚"的比例说明了大学生对国际国内及身边的问题均有较好的认识，他们的认识较为全面。对"你对为什么选择马克思主义作为党和国家的指导思想清楚吗？""你对为什么要坚定'四个自信'清楚吗？""你对为什么追逐中国梦的理由清楚吗？""你对当前党和政府的决策部署有清楚的认同吗？""你清楚最高理想和共同理想之间的关系吗？""你清楚中美贸易摩擦对中国的危害吗？""你清楚当代大学生的使命即你的中国梦吗？""你对老人倒地扶不扶有清楚的认识和选择吗？""你认识到了诚信对大学生人生的重要性吗？""你对当今时代对人思想观念的要求有清楚的认识吗？""你守法且知道为什么要守法吗？"的回答持"不太清楚"和"不清楚"的比例不高，分别是：9.65%、8.13%、10.07%、6.70%、2.85%、9.96%、6.42%、10.77%、13.17%、9.53%、8.73%。这些数据较好地反映出他们思想认识的全面。现实生活也显示，他们对新生事物很敏感，喜欢学习，表现出较高较全的认识水平。

（3）行为规范，结构自我调节优良。从表6-8"大学生思想行为情况"可以显示大学生行为的多样性，他们日常生活中表现出的学习科研、文娱文体、社会实践等各种行为，如学习行为、生活行为、社会行为等多种多样，具有丰富性。同时，调查显示：从整体上看，他们丰富的行为较为规范，因而反映出他们思想素质结构的自我校验性能良好。

表6-14　　　　　　　　大学生思想行为表现　　　　　　　　单位:%

选项	是	基本是	偶尔是	不是
你的言行受到过别人的指责吗?	6.72	8.34	18.17	66.77
你经常上课迟到早退吗?(有其中之一可视为)	6.52	3.25	36.17	54.06
你的学习表现受到老师的表扬吗?	22.13	18.78	56.39	2.70
你平时喜欢骂人或者说脏话吗?	3.25	6.57	55.24	34.94
你总喜欢欠账不还吗?	2.22	3.39	28.9	65.49
你经常参加公益活动并受到老百姓赞扬吗?(参加一项可视为)	18.91	20.34	56.13	4.62
你崇尚个性喜欢与众不同吗?	4.38	14.79	53.31	27.52
你特立独行喜欢行为自由吗?	6.25	18.57	32.81	42.37

从表6-14可以看出,大学生对"你的言行受到过别人的指责吗?""你经常上课迟到早退吗?""你的学习表现受到老师的表扬吗?""你平时喜欢骂人或者说脏话吗?""你总喜欢欠账不还吗?""你经常参加公益活动并受到老百姓赞扬吗?""你崇尚个性喜欢与众不同吗?""你特立独行喜欢行为自由吗?"的回答持"是"和"基本是"的比例,分别为15.06%、9.77%、40.91%、9.82%、5.61%、39.25%、19.17%、24.82%,这个比例反映出整体上当代大学生其思想行为是规范的,是良好的。

四　结构状态稳定

这是从调查整体分析得出的结果。大学生思想结构状态是否稳定主要与大学生心理状态的稳定性、大学生思想的理性化以及外部环境的影响有关。从调查看,这三个方面的指标良好。

（1）从大学生心理状态上看，整体状态稳定。决定大学生心理状态的是其内部要素，即思想认知、思想情感、意志信念。从表6-11"大学生'思'在先的表现"可以看出大学生虽有感情用事、意气用事、固执己见等思想心理方面的不足，但对"你认为认知对你的认识最重要吗？""你是个感情用事的人吗？""你会为朋友两肋插刀吗？""明明是错的你还坚持你的意见吗？""你坚定的信念无论对错你都会坚持到底吗？"回答"偶尔是"和"不是"的分别是37.89%、74.44%、72.93%、75.76%、75.21%，这些比例是较高的，这说明大学生心理状态整体是比较稳定的。结合前述表6-6"大学生思想心理状况"可以得出：他们中的绝大多数认知比较全面、情绪情感控制力较强、心理意志信念较为坚定，因此其心理状态整体是稳定的。

（2）从大学生的思想上看，整体思想趋向理性。大学生的思想主流是好的，习近平总书记对当代大学生作出高度评价，"每一代青年都有自己的际遇。现在高校学生大多是'九五后'，再过两年，新世纪出生的青少年也将走进高校校园。他们朝气蓬勃、好学上进、视野宽广、开放自信，是可爱、可信、可为的一代。对当代高校学生，党和人民充分信任、寄予厚望"[1]。综合本书前述对大学生价值观念、思想心理、思想认识、思想行为的调查显示：当代大学生的思想整体是趋向理性的。表6-5—表6-8的数据较为充分地说明了这一问题。此外，2016年全国大学生思想政治教育发展研究中心对全国大学生思想政治状况展开的调查数据也充分证实了这一点。同时，《中国大学生思想政治教育发展报告》显示："新近一轮调查表明，当前大学生思想政治状况呈现积极向上的良好态势，高校思想政治工作扎实推进、成效显著。""大学生价值取向总体积极，高度认同'国无德不

---

[1] 《习近平关于青少年和共青团工作论述摘编》，中央文献出版社2017年版，第8—9页。

兴，人无德不立'、赞同'培育和践行社会主义核心价值观人人有责'，社会主义核心价值观'入脑入心'成效显著。"①

（3）从环境影响上看，大学生正确的价值观念较为牢固，外部影响不足以大面积影响大学生思想状况。从表 6-15 看：大学生普遍对社会主义核心价值观有较好的认识，从"你对社会主义核心价值观了解吗？"的调查看，95.50%的大学生表示"非常了解"和"了解"，表示"不太了解"和"不了解"的仅占 4.50%。从表 6-9 看对"你在生活中把社会主义核心价值观放在什么位置？"的调查中选择"第一重要""重要"的占 90.85%，选择"不太重要""不重要"仅占 9.15%。另据《中国大学生思想政治教育发展报告》显示："当前大学生具有正确的道德认知，充分肯定雷锋精神的当代价值，积极参加志愿服务或公益活动。大学生能乐观自信地看待自己的未来发展，高度认同'有梦想、有奋斗、有奉献的人生，才是有意义的人生'，赞同'人生梦是国家梦、民族梦、个人梦的有机统一'。"② 同时，大学生在价值选择上趋向理性、多元，表 6-5"大学生价值选择情况"显示：调查的"大学生应具备奉献社会的价值观""大学生要自立自强自己创造幸福""大学生适当的拜金和享乐是必要的""大学生就要有对名利的追求""你对自私自利的看法是什么？""权力能决定一切吗？""你崇尚自我主张个人主义吗？""你觉得应该助人为乐吗？"的回答持"不太赞成"和"不赞成"的占 9.93%、12.91%、47.93%、35.44%、69.23%、43.84%、42.02%、19.83%。显然，大学生的价值观总体是健康的。

---

① 张胜、夏静：《〈中国大学生思想政治教育发展报告〉发布为高校思想政治工作科学化打造"硬支撑"》，《光明日报》2019 年 11 月 24 日第 2 版。

② 张胜、夏静：《〈中国大学生思想政治教育发展报告〉发布为高校思想政治工作科学化打造"硬支撑"》，《光明日报》2019 年 11 月 24 日第 2 版。

表 6 – 15　　　　　　大学生对核心价值观的态度　　　　　　单位:%

选项	非常了解	了解	不太了解	不了解
你对社会主义核心价值观了解吗?	80.32	15.18	2.58	1.92

第三节　思想素质结构的主要问题分析

按照系统论的观点,系统结构问题主要是要素问题与组合问题。根据调查来看,当前大学生思想素质结构尚存在着一些问题。这些问题主要是结构要素及其结构组合上的问题。要素的问题是要素缺失与要素性质不良,组合的问题主要是欠科学。因而导致一些大学生思想素质结构外现出结构状态的变化性和结构稳定性的衰减。调查从这两大方面入手,对当前大学生思想素质结构问题进行了梳理。同时,从影响因素入手,调查了致使问题存在的原因,并初步分析了危害。调查发现,当前大学生思想素质结构问题表现在:结构要素不健全、结构组合欠科学、要素互动弱化。宏观的政治经济文化社会生态环境、中观的学校家庭教育及其大众传媒、微观的人际环境等均对当代大学生思想素质结构产生着影响。

一　结构要素不健全

大学生思想素质结构要素不健全是指它的要素缺失和要素性质不良,即要素及其内生元素的残缺和要素性质上的问题。本调查主要从大学生思想素质结构价值观念、思想心理、思想认识、思想行为四大要素及其它们的内部元素性质上进行调查。调查显示,这一问题在当代大学生思想素质结构中较为普遍。调查还对当前大学生思想素质结构要素不健全的原因进行了分析。

（1）大学生思想素质结构要素不健全的主要表现。调查显示，当前大学生思想素质结构要素主要存在着价值观念、思想心理、思想认识和思想行为要素及其内部元素的缺失，以及它们性质的不优。在价值观念方面，从表6-15"大学生对核心价值观的态度"可看出：对"你对社会主义核心价值观了解吗"的回答"不太了解"和"不了解"的尚占4.50%；从表6-9可看出：对"你在生活中把社会主义核心价值观放在什么位置"的回答"不太重要"和"不重要"的尚有9.15%。这说明还有极少数大学生心中没有社会主义核心价值观念，或对之认识模糊，同时对它的重要性也没有很好的认识。从表6-5"大学生价值选择情况"可以看出，尚有3.51%的大学生不赞成"大学生应具备奉献社会的价值观"，有2.63%的学生不赞成"大学生要自立自强自己创造幸福"，有30.93%的大学生赞成"大学生适当的拜金和享乐是必要的"，有35.73%的大学生对"大学生就要有对名利的追求"持赞成态度，有11.92%的大学生赞成"自私自利"，有25.87%的大学生赞成"权力能决定一切"，39.23%的大学生赞成"崇尚自我主张个人主义"，7.78%的人不赞成"应该助人为乐"。而应当树立的一些价值观，如对"大学生应当具备奉献社会的价值观"的回答"赞成"的仅占59.55%，对"大学生要自立自强自己创造幸福"的回答"赞成"的占50.20%，说明也有较多的人并没有这种正确的价值观念，对"你觉得应该助人为乐吗"回答"赞成"的也只有56.35%，显示出仍然有一些大学生没有这种正确地为他人着想的好的价值观念。

由以上可见，当前大学生价值观还存在着一些问题，比如拜金主义、功利主义、实用主义、享乐主义、利己主义、权力意志主义、存在主义以及悲观主义等不同程度地在大学生中存在着，他们的价值取向存在着利己、自私等问题。从调查看，他们价值观多元化，重视个性发展、主体意识增强，注重实用性，理想越来越现实，存在着自我矛盾性和不稳定性。当前大学生价值观从社会本位、集体本位向个体本位倾斜,个体利益、自我意识、自我价值逐渐凸显,进取意识、竞争意识增长,但奉献精神、组织纪律性衰减;价值目标追求现实利益,由关注宏观转向关注微观,从追求理想转到追求现实,更多关注自身状态和现实利益,追求权利义务均等义利观,少数人对拜金主义、享乐主义不加掩饰地追求;价值信仰多元并存,核心价值观支配地位有所倾斜,价值多元趋势明显;少数人价值取向多样化、功利化。

在思想心理方面,从表6-6"大学生思想心理状况"可以看出,对"你有较强的学习愿望吗?""你有各种需要和想法吗?""你对特朗普后谁想竞选总统了解吗?""你对当今社会反腐有较好的了解吗?""老师批评了你,你有情绪吗?""你觉得你空虚寂寞或有'空心病'吗?""做某件事十分困难,你有奋战到底最终征服的决心吗?""你志愿考上研究生但中途遇到很大困难,你有坚持吗?""选定某一目标后你有不达目标不罢休的信念吗?"的回答持"没有"的比例分别还有5.40%、3.16%、2.92%、7.23%、6.82%、30.75%、10.51%、23.67%、9.61%。这表明,大学生动机需要、思想认知以及情感意志信念上尚有不足。同时,从表6-11"大学生'思'在先的表现"看,对"你认为认知对你的认识最重要吗?"回答"不是"的占据16.22%,对"你是个感情用事的人吗"的回答"是"的占到12.72%,对"你会为朋友两肋插刀吗?"的回答"是"的占10.28%,对"明明是错的你还坚持你的意见吗?"回答"是"的有13.72%,对"你坚定的信念无论对错你都会坚持到底吗?"回答"是"的达到10.91%,这说明当代大学生中尚有少数人认知不够、喜欢感情用事、意气用事,并比较固执己见。这些都是大学生思想心理要素内一些元素缺失,或者不优的表现。

思想认识方面,从表6-7"大学生思想认识情况"可以看出,大学生对"你对为什么选择马克思主义作为党和国家的指导思想清楚吗"回答"不清楚"的占1.40%，对"你对为什么要坚定'四个自信'清楚吗"回答"不清楚"的占2.54%，"你对为什么追逐中国梦的理由清楚吗"回答"不清楚"的占4.34%，"你对当前党和政府的决策部署有清楚的认同吗"回答"不清楚"的占2.92%，"你清楚最高理想和共同理想之间的关系吗"回答"不清楚"的占1.37%，"你清楚中美贸易摩擦对中国的危害吗"回答"不清楚"的占4.23%，"你清楚当代大学生的使命即你的中国梦吗"回答"不清楚"的占2.88%，"你对老人倒地扶不扶有清楚的认识和选择吗"回答"不清楚"的占4.86%，"你认识到了诚信对大学生人生的重要性吗"回答"不清楚"的占6.63%，"你对当今时代对人思想观念的要求有清楚的认识吗"回答"不清楚"的占2.59%，"你守法且知道为什么要守法吗"回答"不清楚"的占5.15%，这些数据显示了大学生的思想观念还有一些理论认识、重要观念上的缺失。

思想行为方面，据表6-8"大学生思想行为情况"可以看出：对"你经常参加形势政策报告会或理论沙龙吗？"回答"没有"的占11.15%，对"你正在为考研考证做准备吗？"回答"没有"的占39.61%，对"你经常参加学术报告论坛吗？"回答"没有"的占18.06%，对"你周末参加公益志愿活动吗？"回答"没有"的占24.93%，对"你经常参加文娱文体等集体活动吗？"回答"没有"的占17.13%，对"你经常上网发帖并发表评论吗？"回答"没有"的占6.11%，对"你谈恋爱吗？"回答"没有"的仅占3.73%，对"你整形美容或染发异装吗？"回答"没有"的占17.85%，对"你爱逛街或网购吗？"回答"有"的高达63.94%，这反映出一些大学生对应该进行的行为，如学习、社会实践等活动存在缺失，对一些不应该做的行为，如迷恋网络、过度恋爱等比较热衷。另据表6-14"大学生思想行为表现"大学生对"你的言行受到过别人的指责吗?"回答"是"的占6.72%,对"你经常上课迟到早退吗?"回答"是"的占6.52%,对"你的学习表现受到老师的表扬吗?"回答"不是"的占2.70%,对"你平时喜欢骂人或者说脏话吗?"回答"是"的占3.25%,对"你总喜欢欠账不还吗?"回答"是"的占2.22%,对"你经常参加公益活动并受到老百姓赞扬吗?"回答"不是"的占4.62%,对"你崇尚个性喜欢与众不同吗?"回答"是"的占4.38%,对"你特立独行喜欢行为自由吗?"回答"是"的占6.25%。由此可见,当前少数大学生思想行为上存在着一些不端、自由、放任等失范的表现。

(2)造成大学生思想素质结构要素不健全的原因,个体原因是主要原因。从个体上看,主要是一些大学生缺乏社会实践,一些大学生喜欢"宅",不喜欢社会实践和人际交往,也不喜欢读书看报,造成他们对社会了解少,而一些信息仅仅从手机、网络等非主流媒体上得知,显然与真实存在差距,造成认知不全。一些大学生对社会发展形势把握不准,甚至认为自己认知水平高、自以为是,不愿意去了解社会认识社会。同时,他们中的一些人喜欢感情用事,坚持率性而为,常常缺乏思考而感情用事、意气用事。这就弱化了他们的思想心理,造成思想心理亚健康,思想简单、一般化,甚至固执。从环境因素上看,环境不同程度地影响了大学生思想素质要素的性质,甚至冲击损害着他们的价值观。调查结果见表6-16:

表6-16　　　　　　环境对大学生思想的影响　　　　　　单位:%

选项	非常大	比较大	不太大	不大
你觉得西方社会思潮如普世价值对你影响大吗?	1.72	2.34	5.59	90.35
你认为低俗的电视剧对你的价值观影响大吗?	35.12	29.97	22.63	12.28

续表

选项	非常大	比较大	不太大	不大
你认为学校教育对你的心理影响大吗？	40.98	52.13	3.67	3.22
家庭教育对你的思想心理有影响吗？	22.52	47.16	23.98	6.34
我国社会思潮对你的思想认识影响大吗？	29.42	23.21	37.49	9.88
手机等新媒体对你的思想认识影响大吗？	52.35	23.68	17.19	6.78
下课后大家都向一人群跑去大家的行为对你影响大吗？	32.81	29.34	26.37	12.48
公共场合突然有人尖叫此事对你影响大吗？	25.14	18.47	45.40	10.99

从表6-16可以看出，在回答"你觉得西方社会思潮如普世价值对你影响大吗？""你认为低俗的电视剧对你的价值观影响大吗？""你认为学校教育对你的心理影响大吗？""家庭教育对你的思想心理有影响吗？""我国社会思潮对你的思想认识影响大吗？""手机等新媒体对你的思想认识影响大吗？""下课后大家都向一人群跑去大家的行为对你影响大吗？""公共场合突然有人尖叫此事对你影响大吗？"这些问题时，持"非常大"和"比较大"的比例分别占到4.06%、65.09%、93.11%、69.68%、52.63%、76.03%、62.15%、43.61%。这表明，社会思潮、媒介等社会和教育环境对大学生思想素质结构都存在着不同程度的影响。环境因素影响着大学生思想素质结构要素的价值观念、思想心理、思想认识和思想行为，甚至造成要素的不良和变质。

大学生思想素质结构要素不健全给人带来的危害是巨大的，比如它会导致人的思想单一、认识肤浅，致使大学生认识不到理论对人的思想，乃至未来的重要意义；认识不到价值观的尺度作用，以至忽视价值观建设，致使其价值观不能很好地符合社会发展要求；认识不到思想认识的重要作用，思想认识的核心是树立科学的世界观，牢固的信仰，坚定的理想信念，如果思想认识发生偏差，则世界观、理想、信仰、信念等根本问题都可能发生偏差。再者，如果价值观扭曲，心无信仰，或者信仰松动，理想信念动摇，对人的影响将是巨大的，这时人的思想就会陈旧落后，甚至错误、反动，人的思想素质就会低下。曾有个案例显示："两大学生打车到北京某著名大学，车上尽聊某校友前几年买房了，真是人生赢家令人羡慕。出租车大爷默默听了许久说'我家拆迁分了几套房，但我就一开出租的，你们才是国家的未来和希望，如果你们著名大学毕业，人生的目标仅仅是在北京买套房，而不是把思考国家的未来放在首位，是不是太 low 了'。"可谓发人深省。当然，这一案例没有代表性，但也从一个侧面反映出问题。

二 结构组合欠科学

大学生思想素质结构组合的问题实质是要素排列的问题，这主要是组合混乱、搭配不当，不科学合理，即大学生思想营养的菜单搭配出现了问题。这种排列的无序不仅会影响大学生思想素质结构的状态和稳定性，而且直接关系到结构功能的发挥。从调查看，当前大学生思想素质结构存在着更注重价值、只注重心理、只注重行为、无视理论、无视认识等方面的问题。造成这些问题的根源在于忽视了价值观建设，忽略了价值观在思想素质结构系统中的轴心作用。

（1）大学生思想素质结构组合欠科学的主要表现

第一，结构轴心没能较好地发挥作用。核心价值观在少数大学生心中分量不够，没能发挥核心作用。表 6-17 "大学生思想素质结构组合问题"显示，在对"你的身后有人你最先进入电梯首先做什么"回答中，13.52%的大学生回答"习惯性摁下要去的楼层数字键"，35.73%的大学生选择"长摁打开键等他人进入"，29.88%的大学生选择"继续玩手机"，20.87%的大学生回答"什么也不做"。这一调查设计研究者旨在调查大学生思想素质结构组合问题，"你的身后有人你最先进入电梯"是情境，选择"习惯性摁下要去的楼层数字键"的大学生，价值观轴心没能较好地发挥作用，他们思想上首先存在着为自己着想的倾向，将利己摆在首位，他们的思想素质结构模型倾向于心理主导型思想素质结构模型，他们更多考虑个人需要，讲个人需要、满足和愉悦多，不太顾他人和环境，即更考虑"到达要去的楼层"，没太顾及其他尚在他身后即电梯外的人。而选择"长摁打开键等他人进入"的大学生，其思想素质结构倾向于一轴三体型思想素质结构模型，他们坚持社会主义核心价值观"友善"的价值准则为首，首先选择为他人着想，等候他人进入，将"为他人服务"作为个体需要，价值观念正确、思想心理健康、思想认识较高，因而思想行为规范，显然要受人尊重。而选择"继续玩手机"的大学生，可以称之为思想行为主导型思想素质结构模型大学生，他们无视他人，只做自己的事，既不选择为自己，也不选择为他人，他们把自己的事放在第一位，但他们比"摁下要去的楼层"的大学生思想素质一般要高，因为电梯可以短时间自然停留还可以让一部分电梯外的人进入，并且他没有有意实施有损他人的行为，即"习惯性按下要去的楼层数字键"。回答"什么也不做"的大学生是要素平行型模型思想素质结构型的大学生，他们价值观念一般，思想认识一般，思想行为普通。从调查看，13.52%的大学生选择"习惯性摁下要去的楼层数字键"。窥斑见豹，显然大学生思想要素组合上无视价值观轴心作用的情况存在一定的比例。

表6-17　　　　大学生思想素质结构组合问题不清楚　　　　单位:%

选项	习惯性摁下要去的楼层数字键	长摁打开键等他人进入	继续玩手机	什么也不做
你的身后有人你最先进入电梯（此电梯不按"打开"键数秒后会自动关门升梯）首先做什么？	13.52	35.73	29.88	20.87

第二，以个人价值实现为核心，无视民族价值、国家价值。价值取向功利化，价值定位个人化，凡事用价值来评判，甚至自私自利。从表6-18"大学生思想素质结构组合问题"的数据可以看出，面对"洪水来袭军民奋起抗洪，你最先做什么？"的回答，32.85%的大学生的第一选择是"上课学习"，5.32%的大学生的第一选择是"参加文体活动"，19.57%的大学生的第一选择是"了解家人的安危"。诚然，他们的选择都没有对错之分，也可以理解。但面对危害国家集体利益时，应当首先选择民族、国家价值，一切以民族、国家大义为先，而不是首先顾及私利。如果是，显然是个人化的价值定位，自私自利的倾向性大。另表6-9"大学生对价值观念的看法"显示，对"你在处理问题时常常把价值观放在什么位置"的回答，选择"第一重要"和"重要"的高达71.42%。但在这些比例中，有的大学生是把个人价值放在第一位的。从上述数据可以得出，当前具有坚持以个人价值实现为中心、无视国家民族利益这一思想素质结构组合的大学生还有一定的比例存在。

表6-18　　　　　大学生思想素质结构组合问题　　　　　单位:%

选项	申请支援抗洪	上课学习	参加文体活动	了解家人的安危
洪水来袭军民奋起抗洪，你最先做什么？	42.26	32.85	5.32	19.57

第三，以个人心理满足为核心，无视集体、社会需要。从表6-18"大学生思想素质结构组合问题"的数据可以看出，面对"洪水来袭军民奋起抗洪，你最先做什么？"的回答，5.32%的大学生的第一选择是"参加文体活动"，虽然是少数，但这种以个人心理满足为第一，视集体、社会需要于不顾的做法显然是不科学的思想素质结构。也说

明了少数大学生思想素质组合上存在以满足个体心理为先，无视他人、集体、社会需要的思想素质结构问题。

第四，以个人认识为核心，坚持认识为首位、经验主义。他们有认识没行动，如口头上说要考研考证，目标理想定得很好，思想认识很到位，就是没行动。表6-12"大学生'识'在先的表现"显示，对"你认为提高思想认识是做好一件事最重要的前提吗？"和"思想认识在你心目中居于最重要的位置吗？"回答"是""基本是"的高达32.42%和27.73%。回答"你在日常学习生活中很讲究凭经验办事吗？""你做任何一件事一定要经过深刻思考才实施吗？"两个问题选择"是""基本是"的也占有较高的比例，分别达到了36.26%和29.26%。这反映出部分大学生思想素质结构上以个人认识为首位，存在经验主义等问题。相反，他们中的少数人反对其他认识，存在极端个人经验主义倾向，甚至只相信自己，只信奉自己的"理论"，只讲自我。他们在课堂上玩手机或干其他的事，做事凭经验，只相信个人的判断，自以为个人认知很好，常常陷入个人主义的怪圈。这样的案例在当前大学校园还存在。

第五，以个人行为为核心，行为个人化，无视集体。表6-13"大学生'行'在先的表现"显示，对"你觉得你的行为可以不受约束放任自由吗？"选择"是""基本是"的达到22.23%，另据表6-14对"你特立独行喜欢行为自由吗？"的回答选择"是""基本是"的达到24.82%。可见，少数大学生存在着以个人行为为核心的问题，他们个性化，无视集体，不参加集体活动，甚至独来独往，奇装异服，特立独行。这反映出了当前大学生思想素质结构组合上的问题。

第六，要素平行型、要素主导型思想素质结构较多存在。表6-19"大学生思想素质结构组合问题"显示，对"什么样的人生最成功"

的回答中，回答"对国家社会有贡献"的占50.66%，回答"拥有美满婚姻"的占18.69%，回答"有钱有权"的占15.37%，回答"知识渊博"的占15.28%，显然要素平行组合，没有主导也没有侧重。表6-20"大学生思想素质结构组合问题"显示，对"得知考研失败后第一时间你怎么做"的回答中，回答"偷哭郁闷"的占25.93%，回答"查找原因认真反思"的占44.37%，回答"继续泡图书馆复习"的占10.58%，回答"觉得没用而放弃"的占19.12%。"偷哭郁闷"的以感情主导为先，倾向于心理主导型，"查找原因认真反思"倾向于认识主导型，"继续泡图书馆复习"倾向于行为主导型，"觉得没用而放弃"倾向于价值观念主导型。这些问题都不同程度地存在，也反映出了当代大学生在思想素质结构组合上存在的问题。

表6-19　　　　　大学生思想素质结构组合问题　　　　　单位:%

选项	对国家社会有贡献	拥有美满婚姻	有钱有权	知识渊博
什么样的人生最成功？	50.66	18.69	15.37	15.28

表6-20　　　　　大学生思想素质结构组合问题　　　　　单位:%

选项	偷哭郁闷	查找原因认真反思	继续泡图书馆复习	觉得没用而放弃
得知考研失败后第一时间你怎么做？	25.93	44.37	10.58	19.12

（2）大学生思想素质结构组合欠科学的原因与危害

从结构上看，主要是缺乏主导要素，要素平行型较多。从个体上看，个体因素是次要的，个体方面主要是大学生思想认识不深，接触社会少，认知不够，动机需要动力不足，比如没有太多与时俱进的需要。有的大学生认为理论和观念没用，自身不愿意提高思想认识。这里环境是主要原因,表现在环境冲击着他们的价值观,造成价值观嬗变,直接损害到当前大学生思想素质结构轴。从表6-16"环境对大学生思想的影响"显示看,大学生对"你觉得西方社会思潮如普世价值对你影响大吗?""你认为低俗的电视剧对你的价值观影响大吗?""你认为学校教育对你的心理影响大吗?""家庭教育对你的思想心理有影响吗?""我国社会思潮对你的思想认识影响大吗?""手机等新媒体对你的思想认识影响大吗?""下课后大家都向一人群跑去大家的行为对你影响大吗?""公共场合突然有人尖叫此事对你影响大吗?"的回答"非常大"分别占到1.72%、35.12%、40.98%、22.52%、29.42%、52.35%、32.81%、25.14%,而回答"不大"的分别占90.35%、12.28%、3.22%、6.34%、9.88%、6.78%、12.48%、10.99%,仅仅是对"你觉得西方社会思潮如普世价值对你影响大吗?"的回答"不大"的比例较高,而其他的比例较低。这也反映出当代大学生自觉抵制西方价值观念渗透的能力较强,我国社会主义核心价值观建设取得良好成效。但仍然有9.65%的大学生对这一问题回答"非常大""比较大""不太大"。说明仍然有少部分大学生在受着西方价值观的影响。同样,其他如传媒、社会环境、家庭和学校环境都不同程度地影响着大学生的思想素质结构,致使他们价值观发生偏差,失去定向作用,出现结构问题。

　　大学生思想素质结构组合失当的危害是巨大的,其中最重要的影响是结构组合的不科学容易导致思想定力不强。在有问题的大学生思想素质结构组合中,他们的思想素质结构失去核心价值观的轴心作用,因而结构轴不能较好地发挥作用,结构的科学组合受到影响。当结构轴一旦失去定向作用,其他要素就主导大学生思想素质结构,出现以个人价值实现为先,无视民族价值、国家价值;以个人心理满足为先,无视集体、社会需要;以个人认识为先,坚持认识首位、经验主义，不信理论信鬼神；以个人行为为先，行为个人化，无视集体等方面的问题。直接影响到大学生思想素质，造成思想素质低下，不符合社会和时代的要求，阻碍大学生的个体发展和人的现代化，于个人、社会、国家都十分不利。可见，其危害很大。

三 要素互动呈弱化

这是结构链接上的问题，也是内部作用力弱化或者抵耗的问题，主要表现在要素与要素的互动问题，要素内部元素的互动问题。要素内部互动的问题，即价值观念、思想心理、思想认识、思想行为的互动问题，其作用力是价值观念的定向力，动机需要的推动力，思想情感的推进力，意志信念的强化力，思想认识的链接力，以及思想行为的校验力。从调查看，大学生思想素质要素互动呈现出弱化的问题。

（1）大学生思想素质要素互动呈弱化的主要表现

首先，从要素与要素之间看，存在着价值观念、思想心理、思想认识以及思想行为分别缺乏其他三要素作用导致互动弱化的四类情形。从调查看，第一类，价值观念缺乏其他要素作用类。一是价值观念缺乏思想心理的作用，即价值观念没经过思想心理的强化，致使互动弱化。这种互动弱化的表现是：虽有价值标准，但坚持感情用事、意气用事，遇事情绪化，固执己见，容易使人丧失价值标准，做事随意化，行为自由、放任。从表6-11"大学生'思'在先的表现"可以看出，对"你是个感情用事的人吗？""你会为朋友两肋插刀吗？""明明是错的你还坚持你的意见吗？""你坚定的信念无论对错你都会坚持到底吗？"的回答选择"是"的分别占12.72%、10.28%、13.72%、10.91%，说明尚有少数大学生喜欢感情用事，思想固执，也说明了价值观念与思想心理互动的弱化。二是价值观念缺乏思想认识的指导，没有对价值的理性认识而互动弱化。这种弱化容易使价值认识随意，没有标准，价值观出现扭曲、错误。从表6-17"大学生思想素质结构组合问题"中对"你的身后有人你最先进入电梯首先做什么"的回答，尚有13.52%的人选择"习惯性摁下要去的楼层数字键"，这类大学生的价值观念没有较好的对价值的理性认识，造成自私自利，更多想着如何方便自己，而忽视他人。同时，还存在着思想认识缺乏价值观的作用的互动弱化，这种弱化容易使认识混乱，没有目标指向，认为什么都是对的、也是错的，失去标准，容易犯经验主义错误。从表6-12"大学生'识'在先的表现"中的数据足以说明这一问题。上述两组数据较好说明了价值观念与思想认识互动的弱化。三是价值观念缺乏思想行为的校验的互动弱化，这一种弱化容易致使价值取向随意化，主体发现不对，也难以得到改进。表6-13"大学生'行'在先的表现"的数据可以说明这一问题。

第二类，思想心理忽视其他要素的影响的互动弱化，这类弱化同样容易致使感性行事，思想固执僵化。一般而言，思想心理缺乏价值观念的作用，心理失去价值观标准，容易膨胀、冲动或者固执；思想心理与思想认识的作用弱化，心理失去认识的作用就容易简单、不成熟、发展停滞，甚至顽固不化；思想心理失去思想行为的作用，即行为对心理的校验和影响作用弱化，人容易走入主观主义、个人主义的误区。表6-6"大学生思想心理状况"显示出：5.40%的大学生"没有较强的学习愿望"，3.16%的大学生没有"各种需要和想法"，2.92%的大学生"对特朗普后谁想竞选总统"不了解，7.23%的大学生"对当今社会反腐败没有较好的了解"，6.82%的大学生对"老师批评了没有情绪"，10.51%的大学生对"做某件事十分困难没有奋战到底最终征服的决心"。同时，表6-11"大学生'思'在先的表现"数据显示，16.22%的大学生认为"认知对认识不是最重要的"，

12.72%的大学生认为"是个感情用事的人",13.72%的大学生认为"明明是错的还坚持个人的意见",10.91%的大学生认为"坚定的信念无论对错都会坚持到底"。这些数据反映出大学生的认知、情感、意志、信念方面还存在着问题,同时思想心理缺乏价值观念、思想认识等方面的作用,表现出一些大学生思想心理上倾向于感情用事,心理不成熟。

第三类,思想认识失去其他要素的作用的互动弱化,这类弱化容易使认识肤浅、随意、不持续。一是思想认识缺乏价值观念的作用,失去价值观标准,认识容易进入误区,人就容易犯经验主义、教条主义错误。比如某些事他明明知道不能做,如传销,可有的大学生依然相信是"直销"的虚假宣传,选择加入传销非法组织。这是其唯利的价值观起了主导作用,思想认识因此丧失了应有的作用。二是思想认识缺乏思想心理的作用方面,思想认识缺乏思想认知的影响,容易导致认识不深刻、全面;思想认识缺乏思想情感的作用,思想认识就随个人喜好变化;思想认识缺乏意志信念的影响,思想认识就不持续、不坚定。三是思想认识缺乏思想行为的校验作用,思想认识就不能改进,没有提高,甚至从众、盲目。实践出真知,认识在实践中才能发展,这种发展依赖于实践对认识的检验。这类情形在表6-7"大学生思想认识情况"与表6-12"大学生'识'在先的表现"中的数据反映出了大学生思想认识上存在的问题,同时认识上的问题带来思想认识缺乏价值观念、思想心理和思想行为作用的影响,这些要素互动不够,致使思想素质结构呈现出问题。比如,14.72%的大学生"凭经验办事",35.38%的大学生"做事不经过思考",23.80%的大学生认为"提高思想认识不是做好一件事最重要的前提",38.51%的大学生认为"思想认识在其心目中不居于最重要的位置",这些都容易导致认识不全面、不深刻、不持久等方面的问题出现。以上数据从侧面较好地印证了这一问题。

　　第四类，思想行为无视其他要素的作用的互动弱化。一是行为无视价值观标准，行为放任自由、无序，表6-14"大学生思想行为表现"显示，大学生对"你经常上课迟到早退吗?"回答"是"和"基本是"的占9.77%，表明少数大学生心中没有正确的价值观标准，行为上想干什么就干什么，尽管有的不能做，他们也铤而走险。二是行为缺失心理的动力作用，行为就受影响，甚至犯教条主义错误。其一，行为受不到动机需要的影响，就会动力不够。表6-8"大学生思想行为情况"显示，大学生对"你经常参加形势政策报告会或理论沙龙吗?"和"你经常参加学术报告论坛吗?"回答"基本没有"和"没有"的分别占26.41%、52.01%，表明一些大学生没有参加的强烈动机，也认为没有这方面需要，这就失去参加的动力。其二，行为得不到情感的作用，行为就难以推进。表6-8"大学生思想行为情况"显示，大学生对"你经常参加文娱文体等集体活动吗?""你经常上网发帖并发表评论吗?""你爱逛街或网购吗?"回答"基本没有"和"没有"的分别占38.55%、14.08%、12.58%，表明一些大学生没有这方面的兴趣，也缺失对这些事的情感，也就难以推进这些行为。此外，行为如果得不到意志信念的影响，行为就不能持续、坚定。这在前述的调查分析中已经阐明了这一问题。

　　其次，以上是从大学生思想素质结构要素与要素之间的作用来调查分析要素间的互动的。同时还存在着要素内部的互动的情形，以思想心理调查为例，第一，有动机需要但没有或者得不到情感响应的情况，表6-21调查显示，大学生的目标是"建立良好友谊"，可仅仅13.55%的大学生懂得"努力搞好关系不断增进感情"，而35.98%的大学生"不知道怎么经营友谊"，29.81%的大学生"对他不冷不热"，20.66%的大学生选择"什么也不做"。这表明动机需要与情感元素的互动较弱。

表6-21　　　　　　　大学生思想素质结构组合问题　　　　　单位:%

选项	努力搞好关系不断增进感情	不知道怎么经营友谊	对他不冷不热	什么也不做
你很渴望与同学建立良好友谊你的选择是什么？	13.55	35.98	29.81	20.66

第二，有认知而无意志信念的强化。从表6-6"大学生思想心理状况"中对"你志愿考上研究生但中途遇到很大困难，你有坚持吗？"的回答，其中23.67%的人选择"没有"。说明他们有志愿考上研究生的认知，但中途遇到困难，意志信念不坚定，"考研"的目标认知没有"坚持到底"的意志和"愿望一定可以实现"的信念的强化。这表明尚有一定比例的大学生在认知与意志信念的互动上存在问题，呈现弱化。

（2）大学生思想素质要素互动呈弱化的原因与危害

当前大学生思想素质要素互动弱化的原因是多方面的。从个体看，主要原因是大学生思想素质结构内部定向力不足，内部动力不够，精神动力困乏，尤其是理想、信念、信仰出现问题。致使价值观念缺乏其他要素作用，出现价值观念与思想心理、思想认识、思想行为互动弱化，思想心理忽视其他要素的影响出现互动弱化，思想认识失去其他要素的作用呈现互动弱化，思想行为得不到其他要素的作用表现互动弱化。同时要素内部的元素互动弱化，思想心理内有动机需要但没有或者得不到情感响应，有认知没意志信念的强化，认知、情感、意志与信念在互动上存在问题，呈现弱化。然而，环境仍然是大学生思想素质要素互动弱化主要原因，环境影响是主要原因，个体因素是次要的。环境因素从调查看，表6-16"环境对大学生思想的影响"中对"你觉得西方社会思潮如普世价值对你影响大吗？""你认为低俗的电视剧对你的价值观影响大吗？""你认为学校教育对你的心理影响大吗？""家庭教育对你的思想心理有影响吗？""我国社会思潮对你的思想认识影响大吗？""手机等新媒体对你的思想认识影响大吗？""下课后大家都向一人群跑去大家的行为对你影响大吗？""公共场合突然有人尖叫此事对你影响大吗？"的回答持"非常大"和"比较大"的比例分别达到4.06%、65.09%、93.11%、69.68%、52.63%、76.03%、62.15%、43.61%，这一数据已能较好地说明这一问题。

大学生思想素质要素互动弱化的危害是很大的，主要体现在：要素互动的弱化导致思想素质低下，结构品质的不善容易致使思想素质不优。具体来说，价值观念与思想心理互动弱化，容易造成人感情用事和意气用事，心理膨胀、冲动，思想固执。价值观念与思想认识互动弱化，人的价值观念难免扭曲、错误，认识上就易犯经验主义错误。价值观念与思想行为互动弱化，容易致使人做事随意，行为自由、放任。思想心理与思想认识互动弱化，人的心理容易简单、不成熟、发展停滞，甚至顽固不化；认识上也难以深刻、全面，常常随个人喜好变化，不持续、不坚定。思想心理与思想行为互动弱化后，人往往容易步入主观主义、个人主义甚至教条主义的误区。此外，思想认识与思想行为如果出现互动弱化，人比较容易认识停滞，行为上也易掉入经验主义的泥淖。可见，其危害之大。可以说，它直接影响到大学生思想素质结构的品质，直接关乎大学生思想素质高低。

第七章　优化大学生思想素质结构的时代要求

"审度时宜,虑定而动,天下无不可为之事。"邓小平曾指出:"我们国家,国力的强弱,经济发展后劲的大小,越来越取决于劳动者的素质,取决于知识分子的数量和质量。一个十亿人口的大国,教育搞上去了,人才资源的巨大优势是任何国家比不了的。"[1] 习近平总书记在全国高校思想政治工作会议上强调,坚持把立德树人作为中心环节,不断提高学生思想水平、政治觉悟、道德品质和文化素养,让学生成为德才兼备、全面发展的人[2]。这为新时代人才培养提出了明确的时代要求。时代对新世纪大学生思想素质结构同样有着新的要求,准确把握这些要求,是探析优化大学生思想素质结构的重要基础。

第一节　结构的方式要求

系统论认为,结构的方式即结构内要素的组合形式。大学生思想

---

[1] 《邓小平文选》第3卷,人民出版社1993年版,第120页。
[2] 吴晶、胡浩:《习近平在全国高校思想政治工作会议上强调　把思想政治工作贯穿于教育教学全过程　开创我国高等教育发展新局面》,《人民日报》2016年12月9日第1版。

素质结构方式有递进式、主从式、平行式、交互式等。结构方式是结构模型的基础,是结构稳定性的基础,结构方式也是内部要素相互影响、共同作用的结果。结构方式的科学严谨直接决定结构的稳定性,决定结构的功能。不同的结构方式,其外显功能是不同的。大学生思想素质结构的方式,与大学生思想素质结构要素内作用力有关,与结构适应环境的要求有关,即信息熵对结构的影响。当今社会,瞬息万变,尤其是随着大数据时代的推进,人们接触信息越来越多,越来越丰富,大学生作为社会最为活跃的群体,他们认知需求大,每天广泛地接触社会信息,如何应对信息冲击,如何利用信息建构优化素质,成为科学建构大学生思想素质结构方式,建优大学生思想素质结构亟待解决的问题。大学生思想素质结构的方式要求,表现为多样性的要求、严谨性的要求和互动性的要求。

一 结构要多样

人类文明在迅猛发展,现代化在飞速前进。按照英格尔斯的观点,现代化即是社会分工的不断细化,这种细化与社会多样化的要求相关。形势在发展,新生事物层出不穷,如何应对这些新事物,对社会的分工协作提出更高要求,也对人们的思想提出更高要求。社会的发展需要多种多样的思想指导行动,因而要求人们具备丰富多样的思想素质,这就要求同样要具备多样化的思想结构以适应社会发展和时代要求。大学生思想素质结构也如此,必须要有多样性以适应时代发展的需要。这种多样性体现在要素的多样性和链接方式,即结构组合的多样。

大学生思想素质结构要多样是由当今时代的特点所决定的。当前我国正处于复杂的社会转型期,改革进入攻坚期、深水区,社会矛盾凸显,人们利益多元化,思想极其复杂。社会的消极腐败、阴暗面和各种矛盾等负能量随着信息大数据时刻冲击着当代大学生，改变着他们的看法和思想。尤其是2016年束缚大数据的技术瓶颈被完全打破，大数据应用全面落地。大数据已从空洞的理论落地为各行各业都离不开的重要工具。它已成为当今时代的主要信息资源和新兴生产资料。2013年7月，习近平总书记视察中科院时指出："大数据是新的石油，是本世纪最为珍贵的财产"，"大数据是工业社会的'自由'资源，谁掌握了数据，谁就掌握了主动权"①。随着大数据时代的推进，大数据引发的信息革命前所未有，"大数据可以说是信息革命的继续，将信息从知识的载体发展到智慧的源泉，成为社会财富的新来源"②。大数据裹挟着多种思想冲击影响着居于时代潮流浪尖和思想十分敏感的大学生的内心，大学生身处大数据时代，如何面对如此庞大和纷繁复杂的信息，显然没有多样的思想素质结构来适应，难免不被强大的社会信息流所"挟持"和"被动挨打"。2021年2月3日发布的第47次《中国互联网络发展状况统计报告》显示："截至2020年12月，我国网民规模达9.89亿，已占全球网民的五分之一；互联网普及率达70.4%，高于全球平均水平。""截至2020年12月，我国在线教育、在线医疗用户规模分别为3.42亿、2.15亿，占网民整体的34.6%、21.7%。"③另据第45次《中国互联网络发展状况统计报告》："从网民属性结构来看，20—29岁、30—39岁网民占比分别为21.5%、20.8%，互联网持续向中高龄人群渗透。学历方面，初中、高中/中专/技校学历的网民群体占比分别为41.1%、22.2%，受过大学专科及以上教育的网民群体占比为19.5%。职业方面，在我国网民

---

① 刘睿民：《中国需要加快形成大数据国家战略》，《中国经济时报》2016年7月9日。
② 缪其浩：《大数据时代：趋势和对策》，《科学》2013年第4期。
③ 李政葳：《第47次〈中国互联网络发展状况统计报告〉发布》，《光明日报》2021年2月4日第9版。

群体中，学生最多，占比为26.9%。"① 大学生是手机用户的强大群体，他们几乎手不离机，有着强大的朋友圈阵容。常常任何一点碎片化的信息立刻就会在他们的朋友圈传播开来。面对如此强大的信息冲击和日益复杂的社会现实，如果不能有多样的思想素质结构予以应对，很可能因复杂的信息熵冲击而迷失自我，也难以适应日趋复杂的社会要求。显然，事物的丰富性、社会的复杂性、实践的多变性都要求思想素质结构多样以适应复杂形势，如果结构单一则难以应对这种复杂性和多变性的要求。

大学生思想素质结构要多样是指其组合方式要多样。组合方式其实是结构模型，方式不同形成不同的结构模型。模型对外呈现出功能，功能是结构存在的价值。随着时代的发展，大学生应建构起适合时代多样性的多样化结构模型，这种模型，必须坚持价值观念的主导，即"价值观念+其他要素"的结构型式，在价值观念里要以社会主义核心价值观为结构轴心，坚持"轴心+外围自由组合"的方式，进而建构起各种各样的结构型式。但无论构筑什么模型，都必须坚持以社会主义核心价值观为结构轴，以价值观念为核心，以其他要素为外围，使结构定向力居于核心，要素自由组合相互作用、相互链接形成多样化的结构。

二 结构要严谨

结构严谨指结构内要素有次序，层次分明，内生作用力和谐。这是结构是否优化的重要指标。系统论认为，要素的联接方式即时空排序是系统性质变化的要因，系统的有序性表明：排序越科学，系统要

---

① 《第45次〈中国互联网络发展状况统计报告〉出炉》，2020年4月28日，新浪财经（http://finance.sina.com.cn/wm/2020-04-28/doc-iirczymi8876230.shtml）。

第七章 优化大学生思想素质结构的时代要求

素之间的相互作用就越协调,结构也就越合理越稳定,功能也就越优。显然,大学生思想素质结构要合理、稳定,要素必须排列科学。要素组合科学,结构作用力正向是结构严谨性的必然要求,也是结构应对时代挑战和变化即外界环境的作用力的必然要求。

首先,组合要科学。大学生思想素质结构优化的目的是建优思想素质结构,进而优化其思想素质,使之适应时代要求。大学生思想素质结构的优化主要表现在要素的完善和组合的优化。这种优化体现在四大要素系统及其内部元素组合的科学合理。大学生思想素质结构系统中,价值观念是核心,是结构的定向盘,显然离开它的定向结构就松散并失去向心力。思想心理是基础,离开思想心理思想活动便不存在。思想认识是关键,思想素质从某一角度讲就是认识水平的高低,价值观念也是一种特殊的思想认识,即人们对价值的认识形成的较为稳定的观念。思想认识还是思想素质结构系统的链接剂,离开思想认识,思想素质失去关键部位。思想行为是外现,是校验思想素质的校验器。因此,无论任何模型的大学生思想素质结构一定要坚持价值观念为核心,让社会主义核心价值观成为结构轴心,充分发挥其他要素的作用,然后依据功能需要科学建构不同的模型,如价值观念主导型、价值观念+思想心理主导型、价值观念+思想认识主导型、价值观念+思想行为主导型、价值观念+其他要素的平行型、价值观念与其他要素的交互型,等等。否则,结构系统就可能不优。同时,随着当今时代社会分工的加剧,越来越要求具有思想特质的人才。这个特质就需要强化某一项思想素质,如护士特别要求心理素质好,能忍耐、和气、有责任感,教师特别要求敬业奉献、思想解放、师德高尚,公务员特别需要严谨务实、公道正派,企业家要求特别有创新意识,等等。大学生是未来职场的生力军,这就为培养他们具备适应时代、社会要求的富有特质的思想素质提出要求。无论怎样变化,大学生思想素质结构的"菜单"无论怎么组合，坚持价值观念的主导性，突出某一特殊性始终是时代的必然要求。思想素质要素的组合，必须要有与时代对应的科学调整，以适应时代的发展变化。

其次，作用力要正向。按照系统论的思想，结构的严谨性来源于作用力的正向性，如果一些作用力正向，一些负向，则会造成正负的抵消，致使作用力下降，结构内作用力的缺失，就失去了维持结构状态的内力，结构就失去维持自身状态的结构力，或者经不住外界冲击自行瓦解。因此，需要结构内动机需要力、认知力、情感力、意志信念力和链接力的强大正向，以维持结构状态，保证结构不受冲击瓦解。尤其需要强化动机需要力，强化其内部动机需要系统，以使主体不能"安于现状"而应"不安分"，形成强大的结构元动力。马克思说，"已经得到满足的第一个需要本身、满足需要的活动和已经获得的为满足需要而用的工具又引起新的需要，而这种新的需要的产生是第一个历史活动"[①]。马克思还提出："人以其需要的无限性和广泛性区别于其他一切动物。"[②] 社会实践活动是有层次的，因而人的需要也是有层次的，精神需要居于最高层次。动机是在目标或对象的引导下，激发和维持个体活动的内在心理过程或内部动力，它推动人从事某种活动。动机是主体内在的需求，由思想目标诱发。动机力是思想素质结构的原动力，是主体行为的直接动因。思想动机能发动意识，驱使主体产生某种意识；能使主体的思想朝着特定的目标方向进行，有选择性地决定目标；并对思想的再生具有加强或减弱作用。认知是产生认识决定认识程度的重要因素，认知力正向、大小与否直接与结构力紧密相关。当前大学生在思想认知上积极理性进取，成熟睿智。

---

① 《马克思恩格斯选集》第1卷，人民出版社2012年版，第159页。
② 《马克思恩格斯全集》第38卷，人民出版社2019年版，第11页。

然而随着改革开放的深入,西方腐朽逆流思想不断侵蚀人们,一些不良的非主流社会思想呈不断蔓延之势。这些都直接或间接地影响着当代大学生的思想认知。如果认知偏差、失误,认知力负向则直接导致结构原动力负向。同时,情感力、意志力、信念力以及链接力,尤其链接剂——思想认识,是理想信念、信仰的牵引力,它们对结构具有强大的作用力,其正负向直接影响和决定着结构力。比如一名树立错误的人生理想的大学生,他的思想素质不可能高,总会在这种错误理想的指导下行事处世,一心总想着如何实现自己的错误理想,因而常常表现出与社会要求背道而驰的行为。

三 要素要互动

优化大学生思想素质结构推进要素互动是结构性要求。大学生思想素质结构要素互动,即价值观念、思想心理、思想认识、思想行为的互动。系统论提出,系统结构的诸要素在空间上保持一致性,在时间上保持连续性构成要素协同。系统的要素协同是实现系统功能的必要条件。系统的要素协同与系统功能的有效性之间成正比例关系。如果系统的诸要素保持了空间上的一致性和时间上的连续性,系统功能正向有效;如果系统的诸要素失去了空间上的一致性和时间上的连续性,系统功能反向失效。因此,系统诸要素空间上的一致性和时间上的连续性保持得越好,系统功能就越显著;反之,功能就越差。这是系统的要素协同规律。系统要素协同规律要求系统要达到要素协同,互动是保证。系统内每时每刻都在发生变化,系统与环境亦无时无刻不在发生作用。这就要求系统互动产生能量以维持系统的状态。否则,系统就会变化。大学生思想素质结构要素互动的作用力来源于价值观念的定向力,动机需要的推动力,思想情感的推进力,意志信念的强化力,思想认识的链接力,以及思想行为的校验力。从调查看,大学生思想素质结构内部互动尚存在着弱化的问题。这些问题直接危害着大学生思想素质结构要素的协同,关系着大学生思想素质结构系统功能的良好发挥。强化大学生思想素质要素互动,其一,要强化要素活力,使价值观念、思想心理、思想认识、思想行为要素及其内部元素充满活力,说到底这个活力仍然来自于人的需要,来自于人的价值动机、心理动机、认识动机、行为动机。只有较好地强化了动机力,结构要素才呈现出较强的活力。比如一个思想僵化的人,观念保守,行为也落后,如何增强他们的价值观念、思想心理、思想认识和思想行为的活力呢?就是要不断刺激并引导他的科学的需要,使他的需要越来越多,程度越来越强烈和迫切,就会在内心形成强大的动机力。当前少数大学生并不是没有需要,而是一些低级的不科学的需要,比如梦想一夜成名、希望创业暴富、谈 N 次恋爱,有的大学生甚至暴露直播,为了当"网红"、为了"吸粉"可谓不择手段,有的大学生微信朋友圈整天就是伸手要红包。他们没有良好的科学的需要,造成思想动力的异化,即思想方向发生偏差。其二,要加强要素交互,使价值观念、思想心理、思想认识和思想行为四大要素及其内部元素之间不断通过交互产生彼此影响,四大要素彼此良性作用,某一要素作用另一要素时能积极响应并促进共同发展。结构内生作用力充足,结构力正向,结构协同良性因素抵耗负面因素,最终实现协同发展。

第二节 结构的功能要求

功能,即"事物或方法所发挥的有利的作用"[1]。系统论认为,

---

[1] 《现代汉语词典》,商务印书馆2012年版,第332页。

第七章 优化大学生思想素质结构的时代要求

系统的功能是由结构决定的①,"若干要素按照一定结构有机构成的系统在与特定的环境相互作用时所发挥的作用就是该系统的功能"②。功能是"系统物质整体具有的行为、能力和功效等"③,是"系统整体与外部环境相互联系时所表现出来的特性和能力"④。功能是系统的内在属性的外部表现。系统的"外部功能是指系统物质整体与外部环境相互作用时,所具有的适应环境、改变环境的作用、能力、行为和功效等"⑤,它是系统自组织结构的外在表现。其内部功能,"是指系统整体对要素的作用、能力、行为和功效等"⑥。例如,人脑的内部功能是协调两个半球和各个分区,对摄取到的信息进行储存、加工、整理;而人脑的外部功能则是控制、调节、制约机体对外部刺激作出相应的反应。由此可见,功能是系统物质世界普遍属性的本质概括。大学生思想素质结构的功能是大学生思想素质结构具有的行为、能力和作用,其结构功能体现在:整合功能,即它能凝聚要素组合;定型功能,即它能强化要素链接;协调功能,即它能协调要素之间的关系,协调要素与环境的关系;改进功能,即优化要素组合。大学生思想素质结构的外部功能是指大学生思想素质结构与外部环境相互作用时所具有的适应和改变环境的作用和功效,包括经济功能、文化功能以及政治功能等。其内部功能是指大学生思想素质结构要素之间相互作用时所具有的相互适应、相互改变的作用和功效,包括保证功能、强化功能、发展功能等。具体来说,它要为大学生核心价值观的建立奠定思维基础,为大学生理想信念提供意志定力,为大学生个体心理

---

① 乌杰:《系统辩证论》,人民出版社1997年版,第50页。
② 乌杰:《系统辩证论》,人民出版社1997年版,第140页。
③ 乌杰:《系统辩证论》,人民出版社1997年版,第140页。
④ 乌杰:《系统辩证论》,人民出版社1997年版,第49页。
⑤ 乌杰:《系统辩证论》,人民出版社1997年版,第140页。
⑥ 乌杰:《系统辩证论》,人民出版社1997年版,第140页。

冲突建构消解机制。

一 为大学生核心价值观的建立奠定思维基础

大学生思想素质结构的基础功能应定位帮助大学生奠定思维基础。思想心理是大学生思想素质结构的基础要素。人脑是思维的物质基础，思想心理是思维的基础，是形成大学生思想素质的基础。这表明思维对人的思想心理极其重要，思想心理通过思维才能成为产生人的思想的物质基础。思维是人脑对客观事物和事物与事物之间的本质和内在联系的规律性做出概括与间接的能动的反映。思维是人脑的功能，是认识的理性阶段，在这个阶段，人在感性认识的基础上，形成概念，并据此构成判断（命题）、推理和论证。"思维方式是人们按照一定的规则、程序输入和输出信息的思维活动形式"①。其特征和形式表现在："它作为人的认识功能的逻辑结构，具有方法意义的观念和思想，蕴含理性与逻辑的因素，一旦形成，便具有相对凝固、定型的特点，成为先验的框架，影响、制约、规范人的认识活动。人的思维方式主要有：辩证性思维方式、实践性思维方式、创新性思维方式、战略性思维方式等等。"② 人的思维方式在思维活动中具有决定意义，在思想活动中具有重要意义，它形成和决定意识、观念的形成。因为思想的实质是思想路线和思维方式问题，而观念是静态的思想。人的思维方式又可概括为两大类：一是辩证唯物主义的思维方式，表现为以联系的、全面的、发展的眼光观察世界分析问题，坚持理论联系实际，一切从实际出发。其外在表现是：思想解放、思路开

---

① 王炳林：《党的思想作风建设的理论思考》，《北京师范大学学报》（社会科学版）2002年第4期。
② 王炳林：《党的思想作风建设的理论思考》，《北京师范大学学报》（社会科学版）2002年第4期。

拓、善于创新和统揽全局，反对主观主义和形而上学，遇事富有远见，乐于进取和创新，甘于艰苦奋斗、自强不息；同时，表现出谦谨沉稳、励精图治、无私奉献等特征。二是形而上学和主观主义的思维方式，表现为孤立片面静止地看问题，从局部和狭隘经验、从本本出发，思想僵化、封闭、保守。辩证的思维方式，是人摒弃主观主义和形而上学，实现思想解放、实事求是、与时俱进的基础，也是导引人们在实践中贯彻落实马克思主义思想路线，形成与正确的世界观、人生观、价值观相适应的思想基础，更是建构人的价值观念，塑造人的良好的思想素质的根本要求。这充分说明良好的思维是奠定人的核心价值观的重要基础。显然，社会主义核心价值观内化于心，首先要经过思维，即人的心理活动，经过人的思想认知，形成对它的基本概念、内涵、意义的思想意识，再经过情感环节，使主体产生喜爱好感，最后经过意志信念的强化、确信形成人的持久的社会主义核心价值思想意识，即社会主义核心价值观，进而形成价值信念、价值信仰。这一过程思维是最重要的基础，离开思维，即主体对它的基本认识，就难以形成观念。可以说，任何意识到观念都超越不了这一环节，必须经过科学的思维才能形成。

大学生核心价值观在大学生思想素质结构系统中居于核心地位，是最重要的元素。思想素质结构的外现功能必须要为建构大学生核心价值观服务。这是由大学生核心价值观在大学生思想素质结构系统中的地位决定的。大学生核心价值观是大学生价值观的统帅，是大学生思想的灵魂。它决定大学生思想的方向和性质。一个人有了良好的核心价值观，其良好的思想素质才有了内核和基础，否则失去核心价值观的主导地位，其思想难以走上正确的轨道，其思想素质难以显现优良。大学生核心价值观集中反映着他的内心的价值需求和价值标准，其他任何价值观都是它的外围和延伸。大学生核心价值观又是大学生思想的核心和统帅。大学生的核心价值观，就是大学生的社会主义核心价值观，两者是统一的。任何其他核心价值观都不能取代和主导社会主义核心价值观在大学生价值观念中的核心地位。它是统领大学生价值观的统帅，也是社会主义价值观建设的首要。它能帮助大学生解决"信什么？要什么以及怎样获得"的一系列的精神目标系统，具有强大的评价和导向功能。一方面，它集中了社会所有价值观采取一套标准、一个角度、一种方法来衡量、判断和理解所有大学生的价值观念，以国家层面的价值目标、社会层面的价值取向、个人层面的价值准则说明了大学生的根本需要和利益等问题，有利于大学生认清自身的根本利益、需要、能力、条件和历史使命，弄清"我是谁""该干什么能要什么""不该干什么要什么"，以此把握价值观建设的标准和尺度，避免单纯从主观愿望和想象出发，把"想要"当成需要，把"应该"当成应然而不切实际或好高骛远，从而正确树立与社会价值观要求相近的价值观任务和目标，推进自身价值观的先进性建设。另一方面，它能帮助大学生从"相信什么"向"想要什么"转化，引导大学生将倡导和培养科学的理性精神、科学的思维方式置于首位，有效避免各种迷信及病态心理的作用，具有超越理想信念等其他任何观念的无限张力。此外，它的一元性高度凝聚了大学生的最重要最终的价值标准，有利于以一元价值标准衡量一切价值观念应有的价值归宿。因此，任何离开和忽视大学生核心价值观核心功能的思想素质结构都是失去根本和核心的。这是大学生思想素质结构应然功能的根本，这一功能是根本的，其他功能是次要的，也是服从和服务于这一功能的，离开这一功能其他功能就会失去作用。

显然，优化大学生思想素质结构的功能要求在于它必须要为大学生社会主义核心价值观的建立奠定思维基础。那么，如何奠定呢？最关键的是，要强化社会主义核心价值观在大学生思想认识中的核心地位。因为离开这一核心，人的思维就会发生偏差，方向就会错误，如此人的思想的先进性就难以保证。关于这一问题后文将详细论述。这里不阐述。

二　为大学生坚定理想信念提供意志定力

大学生思想素质结构的重要功能是帮助大学生坚定理想信念。系统论认为，系统的功能具有客观性、可享用性和发展性，系统的功能具有工具价值，可以满足个体的某种需要或愿望，获得精神上的享受，从而形成个体一定的思想素质。可以看出，帮助个体某种需要或愿望获得精神上的享受，是系统的重要功能之一。离开这一功能系统的价值会受到损害，系统将失去部分存在的意义。也就是说系统的价值性决定它的整体功能必须为局部功能服务。大学生思想素质结构系统的属性决定了它能帮助大学生坚定理想信念。

理想信念作为人的思想素质结构要素——思想认识的元素之一，它在人的思想系统中占据重要地位，是居于人的思想核心的元素，也是居于人的思想素质关键要素内的核心元素，并以价值理想、价值信念等形式在结构轴中发挥重要作用。人的个人价值理想即人的个人理想，人的社会价值理想即人的远大理想或共同理想。人的理想决定人生的境界和发展方向，具有引擎作用，是人的思想素质的核心元素，是人的思想认识的重要组成部分。理想涵盖广泛，包括价值理想、人生理想、生活理想、政治理想、道德理想、法治理想等等，理想涵盖人的思想素质结构系统的四大子系统，即价值观念、思想心理、思想认识、思想行为，它贯穿于结构系统的始终，串联着要素间的联系，是结构的重要链接力之一。失去理想，不仅人的思想素质显得苍白，人的思想素质结构也会出现重要缺陷。爱因斯坦曾说："每个人都要有一定的理想，这种理想决定着他的努力和判断的方向。"信念亦然，稳定持久的理念称为信念。信念是基于理性认识形成的洞见、理想，体现着对事物本质的深刻洞察和对行动的确信指引。它不同于普通的理念或观念，它以系统的理论思考为支撑。从范畴来看，信念最小，而后是理念，再是概念，然后是观念。信念既是心理概念，又是政治概念，心理意义上的信念是指人对目标的持续确信，政治意义上的信念指对社会主义的信念。无论是哪一种方式的信念，它都是人的思想素质结构的重要元素，信念有很多种，包括价值信念、政治信念、心理信念、人生信念、道德信念、生态信念、法制信念等等，亦涵盖在人的价值观念、思想心理、思想认识和思想行为四大系统中，并贯穿其始终，串联着要素间的联系，也是思想素质结构的重要链接力之一。

理想信念对人的思想具有重要意义。科学的坚定的理想信念，是推动社会进步和人类幸福的力量源泉，是人生最重要的动力和精神支柱。对于大学生而言，如果没有坚定的理想信念，就会失去精神支柱，就会丢魂，思想上就缺钙。习近平总书记高屋建瓴地指出，一个国家、一个民族、一个政党，任何时候任何情况下都必须树立和坚持明确的理想信念。中华民族5000多年沧桑岁月，把56个民族、14多亿人紧紧凝聚在一起的，就是我们共同坚守的理想信念。我们党的百年历史中，一代又一代共产党人不惜流血牺牲，靠的就是对共产主义的坚定信仰，为的就是实现国家富强、民族振兴、人民幸福的伟大理想。然而在现实中，当代大学生尚存在理想信念方面的问题，表现在：信仰动摇，理想滑坡，信念缺失。理想的滑坡是最致命的滑坡，信仰的动摇是最危险的动摇，坚定的理想信念是未来接班人必不可少的思想素质要求，也是新时代人才的立身之本。作为思想和行动的"总阀门""总开关"，理想信念元素的缺失是当代大学生思想素质结构上存在首要而危险的问题。理想信念的缺失直接制约着大学生思想的发展，以至个人的全面发展，存在着极大的危害性。可见，大学生思想素质结构的重要功能就是要切实发挥结构的作用，通过结构功能的发挥，帮助大学生完善这一结构元素，坚定理想信念。这是优化大学生思想素质结构必须考虑的重要内容。

意志在思想心理中居于重要地位，是帮助大学生坚定理想信念形成思想观念的精神定力。意志是大学生思想素质结构系统强大的定力系统。理想信念的确立离不开意志对它的坚定，意志不坚定，理想信念就会动摇。当前大学生中尚存在着意志不坚定，意志消沉，意志薄弱等问题。本研究调查显示，5.91%的大学生对马克思主义信得不真、不诚、不坚定；2.72%的大学生对马列主义存在着假信假懂，更有甚者不信马列信宗教鬼神信迷信；8.52%的学生对理想的追求中途放弃，理想的层级不断降低，对自己要求越来越低，有的甚至从优秀学生沦为"网迷""恋迷""机迷"；7.73%的学生做事中途放弃，没有奋战到底的精神。调查还显示，对理想信念这一人生最重要的价值追求，当代大学生中5.63%的基本态度和回答是"需要，但不重要"，13.75%的大学生认为"有时要，有时不需要"。可见，在当代大学生心中虽然理想信念有着较高的地位，但对其精神支柱和动力的作用，一部分人持有疑惑，即意志力不坚定。调查还得出，29.83%的大学生对人生理想重要性的认同率一直保持在90%以上，但从结构来看，认为"应坚持不懈"的仅占37.00%，认为"视情况调整"的占24.80%，而认为"要经常变化"的占到了38.20%，说明有一些大学生的人生理想不太理性，没有坚定的意志信念做支撑，心理上的持久认同是比较淡薄的。这就要求大学生思想素质结构系统积极发挥结构的整体性功能，尤其是思想心理要切实发挥作用，为加强意志信念提供心理保证，为大学生坚定理想信念提供强大精神动力。

三 为大学生个体心理冲突建构消解机制

大学生思想素质结构的基础功能是建构大学生健康的个体心理。大学生思想素质结构系统中，思想心理是基础，在系统中发挥着基础作用。离开这一基础，思想活动没法完成，人的思想素质也就成为镜中花、水中月。当前大学生思想心理不同程度地存在问题，这些问题直接影响大学生思想素质结构品质，制约着大学生思想素质的优化。因此，优化大学生思想素质结构系统中的思想心理要素应成为大学生思想素质结构系统良好发挥基础功能的重要保证。大学生个体心理优化的首要任务是为心理冲突建构消解机制。

大学生心理冲突是大学生内心出现的矛盾状态，是指两种或两种以上不同方向的动机、欲望、目标和反应同时产生，由难以决断引起的心理纠结和矛盾情绪。在现实中，心理冲突是普遍存在的。一般而言，大学生常见的思想心理冲突有：理想与现实的冲突，理想"很丰满"但现实"很骨感"，理想与现实存在差距造成心理落差，产生对现实的困惑；情绪与理智的冲突，情绪复杂多变，甚至易走极端，具有较好的理智但理智控制不了情绪；独立与依赖的冲突，独立性与自我意识增强，渴望心理"断乳"，但不能真正独立，对家庭、学校存在不可割裂的依赖；乐群与防范的冲突，乐于交友渴望友谊，但害怕感情欺骗滋生防范心理；求知与识短的冲突，求知欲强、渴望成才，但社会阅历浅，常以个人好恶判断是非曲直，致使认识片面性、主观化；自尊与自卑的冲突，自尊心强，具有优越感，但面对挫折容易自卑、焦虑，丧失信心；竞争与求稳的冲突，竞争意识强，但害怕风险，渴望平稳；追求与安逸的冲突，追求丰富广泛、目标高远，但经不起挫折，面对失败不愿吃苦渴望安逸①。引发大学生思想心理冲突的因素在于主体与环境失调、对立的认知以及主客观因素的限制使个体的追求难以完全得到满足。一般而言，与大学生个体同一性危机、个性的缺陷、心理素质的不完备以及情绪发展的不稳定性紧密相关，由大学生知、情、意、信的不完备造成，尤其是大学生情绪处在最富动荡和最复杂的时期，情绪波动大，摇摆不定，致使认知受情绪的影响缺乏对事物的客观准确判断。由此产生内心矛盾冲突而诱发各种心理障碍。以弗洛伊德为代表的心理动力学派认为心理冲突有重要的致病作用，提出人的内在矛盾或情绪紊乱是心理与行为变态的根源。心理冲突发生时，常常伴随不愉快的紧张情绪，甚至导致身心或精神疾病。其对人的思想素质的影响和危害同样是巨大的。

思想心理在大学生思想素质结构系统居于基础地位，是帮助大学生形成思想并提高思想素质的重要基础。上述问题的存在迫切要求思想素质结构积极发挥作用，充分调动思想心理的作用，建构好消解机制，以促使大学生心理变得健康，思想素质结构得到优化。荣格的心理动力学原理指出，在一定时间内，心理结构常量是一定的，是一个常数。如果贮存于指定的心理结构常量的心理能量减少或消失，则这部分心理能量就会在另一种心理结构中出现，换言之，从心理能量库中丧失心理能量是不可能的，它仅仅是从一种位置转移到了另一种位置。因此，必须通过建立一种消解机制，进行自我心理消解。

第三节　结构的品质要求

品质，即事物的质量，它常常用来反映事物的性能、特点、耐用

---

① 王雪梅、王德明：《大学生常见的心理冲突及对策分析》，《鞍山师范学院学报》2005年第4期。

度、稳定性，也指人的行为、作风所表现的质态。结构品质就是结构的性能、质量等的反映，一般通过组成结构的要素、要素品质以及组合方式表现出来，要素的完善度、状态的稳定性、功能的正向性是评价品质优良的重要指标。时代对大学生思想提出新的要求，既要求其基本思想要有稳定性，要连贯一致；又要求其思想要随着时代变化，以适应时代变革的需要。这种稳定性、连贯性、变化性和发展性常常通过结构品质显现出来，结构品质稳定其功能就稳定，结构变化其品性就变化，则外显功能就随之变化。时代的发展变化，是对大学生思想素质结构品质要求的重要动因。

一 要素完善

优化大学生思想素质结构的目的在于通过建优思想素质结构，优化大学生思想素质，使之适应社会和时代对人的思想素质的要求。大学生思想素质结构的优化主要表现在要素的完善和组合的优化。这种完善，体现在时代的发展对大学生思想素质多样化提出要求，因而其内部要素要丰富充实。大学生思想素质结构要素的完善指的是它的要素不但要全面，以适应多样化的社会要求；而且更重要的是要素性质要"善"，即要素性质优良。这是时代对大学生思想素质结构品质最基本的要求。

首先，要素要全面。大学生思想素质结构要素完善，就是价值观念、思想心理、思想认识、思想行为子系统内子要素，即元素的多样丰富。表现在：核心价值观念稳固，政治价值观、经济价值观、文化价值观、社会价值观和生态价值观等一般价值观丰富，以生活价值观、学习价值观、审美价值观、交友价值观、爱情价值观、家庭价值观、婚姻价值观、消费价值观、公益价值观、职业价值观等为主要内容的人生价值观全面而正确。思想心理方面，不仅有自然需要、社会需要、物质需要，更要精神需要全面。按照马斯洛的需要层次理论，不仅生理需要、安全需要、归属与爱的需要要丰富，而且尊重的需要、自我实现的需要要丰盈；不仅生理性动机健全，更要在兴趣、成就、权力、交往、学习、归属、亲密关系等方面的社会性动机健全；同时，信仰认知、理论认知、社会认知、道德认知、法制认知、文化认知等各种认知全面；不仅以激情、热情为内容的情绪丰富，更有良好的健全的情绪控制；同时，对各种事物有良好的热情，情感健全，富有激情，不感情用事；不仅政治意志、思想意志、道德意志、专业意志、职业意志全面，而且政治信念、思想信念、文化信念、社会信念、经济信念、生态信念以及学习信念、生活信念、交友信念、消费信念齐备。思想认识方面，政治觉悟、文化觉悟、社会觉悟、生态觉悟以及道德觉悟等思想觉悟全面，各种理论认识，尤其是马克思列宁主义、毛泽东思想和中国特色社会主义理论体系认识全面、深刻，世界观、人生观、政治观、道德观、法制观、时代观、是非观、消费观等重要观念全面。思想行为方面，学习行为、生活行为、社会行为等思想行为丰富多彩。总之，有着健全的要素体系来适应时代的要求。

其次，要素要良性。这是要素性质方面的要求。即大学生价值观念正确，思想心理健康，思想认识深刻，思想行为端正。大学生价值观念正确，就是要树立与时俱进的先进的价值观，就当代大学生而言，就是要牢牢树立社会主义核心价值观，并以此统领其他价值观念，发挥定向作用。同时，其他的一般价值观也要正确，要切实克服唯利是图、低俗且恶以及实用主义、享乐主义、功利主义、极端利己主义、权力意志主义、存在主义、悲观主义、拜金主义等不正确的价值观念。在思想心理上，动机纯洁，需要科学合理，认知全面，情感稳定而丰富，内心不空虚、落寞，情绪控制好，意志信念科学持久，等等，反映思想心理的各项指标优良。思想认识上，思想立场坚定、思想态度鲜明、思想倾向正确，整体思想觉悟高；有对党的科学理论的坚定认同，理论立场正确、理论观点正确、理论倾向科学、理论思想水平高；在重要观念上，主动反对和摒弃唯心主义世界观，辩证唯物主义世界观坚定；有良好的忠诚意识，政治上觉悟高、认知全、选择对、信仰坚定；人生上目标明确，追求有意义，目标有境界，人生价值观正确；有良好的责任心、公德意识，义利观正确，服务意识强，奉献精神强大，团队意识优良，协作精神好，有开放思想，思想解放；法制观念正确，法制意识强；等等。这些思想素质结构内要素的元素指标都良性。

二 状态稳定

结构状态也是反映和体现结构品质的重要指标，状态是否稳定直接关系到结构功能的正常发挥。系统论认为，"系统的稳定结构规定着制约着功能的性质和水平，限制着系统功能的范围和大小"[1]。可见，系统稳定性之重要。结构状态是系统稳定性的重要基础。结构状态是否稳定，与内部要素是否健全有关，与要素的组合有关，还与结构与环境的作用有关。要素的不健全不良性直接影响状态稳定，比如一个价值观念错误，核心价值观念缺失的人，不可能做好志愿服务工作，尽管他有从事志愿公益活动的动机、热情和行动，但这种抛弃核心价值观定向、存在错误价值观念的行为很可能是形式主义，或别有用心或走场作秀，其性质依然是不符合社会要求的。比如这种人从事志愿公益活动，可能是以捞钱获利为目的，也可能是以炒作提升自己的名声为目的，其根本目的可能不是为他人服务、为社会服务，其根本目的是为己的。现实生活中有的大学生为了一己之利，伪造信息在

---

[1] 乌杰：《系统辩证论》，人民出版社1997年版，第142页。

第七章　优化大学生思想素质结构的时代要求

微信朋友圈众筹，结果被人揭发后无地自容，这样的案例媒体有过报道。2016年底深圳罗一笑事件引发舆论的关注和民众谴责。罗一笑爸爸这类人的行径一旦暴露，则极其可能促使他们调整价值观念，引发思想素质结构的变动。这种变动冲击结构状态的稳定性，是否改变，主体要经历激烈的思想斗争，或者经历一定时间在事件过后仍然没变，或许因此改变，如范跑跑、罗一笑爸爸。当前少数大学生思想要素出现的问题更迫切要求优化他们的结构要素以稳定结构状态。比如，有的贪图安逸、不思进取，精神状态不佳；有的思想保守，缺乏敢想敢试、敢于创新的勇气和魄力，入党动机为了捞"资本"，对学习工作能混就混，能拖就拖，缺乏进取心、干劲和闯劲；有的在顺利时意气风发、扬扬得意，在经历挫折失败时便意志消沉、一蹶不振；有的世界观、人生观、价值观出现偏差，面对身边的官二代、富二代、星二代等优势群体，滋生社会不公的思想，倾向于学得好不如嫁得好、嫁得好不如爸爸好等庸俗、享乐思想，甚至错误地把勤劳朴素看作寒酸、吃苦耐劳当作迂腐，热衷于化妆、旅游，比穿戴、比享受。这些现象为优化当代大学生思想要素，进而稳定结构状态发出了比较明显的信号。因此，优化结构要素的性质，不仅是优化要素的需要，而且是结构状态稳定的需要，更是时代对当代大学生思想素质结构提出的现实要求。

结构组合和结构与环境的作用也影响结构状态。耗散理论认为，非平衡开放系统通过"不断与外界交换物质、能量和信息，会自动产生一些自组织现象，组成系统的各个系统会形成一种非线性相互作用"，从"原来的无序状态通过涨落转变为一种时间、空间、功能的有序结构"[1]，即耗散结构。结构有序即实现稳定性状态，结构无序即

---

[1] 乌杰：《系统辩证论》，人民出版社1997年版，第97、98页。

出现不稳定状态。出现耗散结构的条件：系统与外界不断进行信息交换，系统处于非平衡状态，系统必须有相互作用，即内部不同要素间存在非线性机制。在系统内部要素协同作用下该系统的涨落放大到特定熵值时，就能形成一种"活"的高度稳定有序的耗散结构[①]。在理想状态下，大学生思想素质结构是闭合系统，有效要素之间的相互作用会使有效要素之间的差异逐渐减小，系统的熵值会逐渐增加，系统会逐渐趋于稳定。从现实看，当前大学生思想素质结构互动上存在一些不良表象，表现在：要素互动弱化致使思想僵化、墨守成规，主观主义滋长。"所谓思想僵化，是指思想认识不能从唯心主义和形而上学的束缚中解脱出来，不能随着客观形势的变化而变化，想问题、办事情不能从客观实际出发，不能实事求是。"[②] 当前少数大学生不主动学习新知识，沉迷于手机、电游，习惯于用老眼光、旧观点去看待和评判新事物，用经验主义、本本主义去学习和生活。他们中少数人对时代要求视而不见，没有科学的动机需要，对政治理论和专业学习毫无兴趣，不读书不看报甚至旷课逃课，对时代和形势发展把握不清，热衷于流行的网络新词、歌曲、话语，什么"肿么了""酱紫""躺平""鸡娃"等，有的对新事物不钻研、不接受，沉迷于个人世界，或者二人世界、网络世界。他们中的少数人坚持本本主义，生搬硬套，遇事查网络、找书本，或者问其他人，不尊重实际，更不重视实践，少数大学生写论文、做调查不深入社会调研，而是听其皮毛、想当然坐在室内杜撰，或者找资料、书本照搬抄袭，出现学术不端。他们中的少数人坚持经验主义，习惯于按照局部或个人的狭隘经验行事。经验主义的实质是主观主义，其特点是在分析和解决问题时，从

[①] 乌杰：《系统辩证论》，人民出版社1997年版，第97、98页。
[②] 王永凤：《党的思想作风建设研究》，北京师范大学出版社2014年版，第180页。

狭隘的个人或局部经验出发，不是采取联系的发展的全面的思维方式，而是采取孤立、静止、片面的观点。这些反映出当代大学生思想素质结构内部动力存在不足，其结构内部推动力、链接力没能很好地发挥作用。从要素互动看，他们中的少数人奉行好人主义，缺乏积极的思想斗争。有的不愿意开展批评与自我批评，不开展主动批评，也不允许别人批评自己，更缺乏自我批评的勇气，甚至压制批评；有的大学生不愿开展思想斗争进行自我检讨和反省；有的大学生遇事你好我好大家好，尤其在评奖评优评助以及干部竞选等涉及个人利益时，怕丢选票、失民意；有的面对问题不是直面解决而是绕着打圈，面对是非不敢批驳而是和稀泥，甚至放弃原则，随波逐流；有的不敢正视矛盾，认为事不关己，应该高高挂起；有的奉行多栽花少插刺的人生信条，将信念让步于利益，见到丑恶现象不检举不揭发，熟视无睹，搞表面上的一团和气。据调查，某高校在评选学生困难资助时，某学生事前拉选票，而后将"得来"的困难补助宴请投票者。这些现象反映出他们思想素质结构内部调节力、自我校验力不足。大学生思想素质结构是个开放的系统，其稳定性在于各要素的活力，这种活力使思想素质要素在相互作用中，与外界不断进行物质、能量、信息的交换，从而形成一种"活"的高度稳定有序的耗散结构体系，物质、能量、信息沿着一个方向——耗散的方向转化。对大学生思想素质结构而言，这种转化正是结构功能的实现。

三 功能正向

大学生思想素质结构功能的正向性是系统稳定性的要求。系统论认为，系统的整体功能是由构成整体的要素的功能耦合产生，要素相互作用的有序性、局部功能的协同性、整体结构的合理性等决定整体功能。系统的功能由内部各因素之间的结构及其相互关系及系统与环境的关联所决定。系统发挥作用的重要前提是功能正向。如果功能反向，其功能不支持系统内的和谐性和系统与环境的协调性，就会导致系统解体。大学生思想素质结构具有多项功能，有正向的有反向的。如正向整合功能、反向整合功能，正向整合功能凝聚要素组合，它是大学生思想素质结构要素之间以及结构与环境之间相互联系相互作用时表现出来的整合作用和整合效果，是结构要素的作用方式，也是大学生思想素质结构系统的价值实现方式。反向整合功能阻碍要素组合。此外，大学生思想素质结构功能还有正向协调功能、正向定型功能、正向改进功能，以及反向协调功能、反向定型功能、反向促进功能。正向协调功能协调要素间的关系，协调要素与环境的关系；正向定型功能强化要素链接；正向改进功能优化要素组合；反向协调功能破坏要素间的关系，破坏要素与环境的关系；反向定型功能破坏要素链接；反向促进功能劣化要素组合，这种破坏促使结构出现松动，产生不稳定。大学生思想素质结构系统正向功能的发挥是系统价值实现的前提，在系统正向功能得到发挥的过程中，系统的内在属性得以外化并产生积极效果。正向功能的发挥是价值实现的前提，在功能得到发挥的过程中，大学生思想的内在属性得以外化并产生积极效果即有效性，这一效果体现思想素质结构的价值和意义。大学生思想素质结构系统正向功能的实现程度称为结构效能。结构效能是大学生思想素质结构要素在系统中所担负职能的实现状况。结构效能包括势能维、动能维两个维度。大学生思想素质结构的势能维具体表现为大学生强烈的个体意识、进取心、责任感以及思想需求、自觉意识、作风状况，动能维表现为大学生的思想修养、人格素质、理论准备、思维能力、思想作风等，以及相应的知识准备、接受力等。这些都是结构优化的基本要求。

第八章　优化大学生思想素质结构的策略与方法

研究大学生思想素质及其结构优化，其落脚点在于找到优化的策略和方法，为建构优良的思想素质结构，进而提升大学生思想素质找到科学的方法路径。大学生思想素质结构的优化是个系统工程，也是个过程性工程，必须遵循人的成长规律、思想政治教育规律等客观规律，"人的思想品德的形成发展过程是外部制约和内在转化的辩证统一的过程"[①]，不可能一蹴而就。它涉及方方面面，牵涉到多种因素共同发挥作用。需要把握好优化的原则和目标，更需要科学把握方法路径。

第一节　优化原则

原则是人们认识事物、改造实践所依据的法则或标准，是推进事物发展、从事实践活动并使之达到最佳状态所要遵循的规则。如建设中国特色社会主义，必须以经济建设为中心，坚持四项基本原则，坚持改革开放。如果离开这些原则，事物的发展就受阻倒退或停滞，甚

---

① 陈万柏、张耀灿：《思想政治教育学原理》，高等教育出版社2007年版，第119页。

至走向反面。大学生思想素质结构的优化，首先要探明优化的原则，这是优化大学生思想素质结构的需要，也是确保优化效果推进人的现代化进程和全面发展的基本要求。

一　导向性原则

导向性原则规定了优化大学生思想素质结构的目的性指向。这是对优化目标的要求。习近平总书记多次强调要讲导向，2016年2月19日在党的新闻舆论工作座谈会上，他着眼党的工作全局战略性地提出："要承担起这个职责和使命，必须把政治方向摆在第一位，牢牢坚持党性原则，牢牢坚持马克思主义新闻观，牢牢坚持正确舆论导向，牢牢坚持正面宣传为主。"[1] 导向，它不仅直接关系到凝聚思想人心，形成战略共识；而且事关道路和方向，是极其重要的战略性原则。优化大学生思想素质结构亦然，坚持导向性是首要原则。优化大学生思想素质结构在价值导向上，要以社会主义核心价值体系为统领，以社会主义核心价值观为核心，积极践行"富强、民主、文明、和谐的价值目标，自由、平等、公正、法治的价值取向，爱国、敬业、诚信、友善的价值准则"，引导大学生奉献社会、服务他人，自觉遵循社会主义义利观，正确看待金钱、地位、财富，在结构的组合、模型的建构上，要坚持社会主义核心价值观的统帅地位，牢牢把握这一原则不动摇。优化大学生思想素质结构在思想导向上，要把"全心全意为人民服务"的思想置于思想引导的首位，放在大学生思想素质结构组合的前列，切实引导大学生树立积极健康的思想，懂得感恩，知恩图报，牢固树立投身社会、报效国家的思想。优化大学生思想素质结构在心理导向上要将健康向上的心理置于前列，作为基

---

[1] 《习近平谈治国理政》第2卷，外文出版社2017年版，第332页。

第八章　优化大学生思想素质结构的策略与方法

础，积极导向大学生树立需要科学、动机合理、情绪稳定、情感丰富、意志信念坚定，积极追求幸福，抗压耐挫力较强的健康心理。同时，在思想行为导向上要着力建构优良行为并将之作为引导其他大学生的行为典范，比如导向爱国守法的行为、明礼诚信的行为、敬业奉献的行为、团结友善的行为等。

二　系统性原则

系统性原则规定了优化大学生思想素质结构的方法性指向。这是对优化方法的要求。辩证唯物主义认为，物质世界是无数相互联系、相互依赖、相互作用和相互制约的事物和过程所形成的统一整体。辩证唯物主义关于世界普遍联系及其整体性的思想，就是系统思想，系统思想是辩证唯物主义的内容[1]。系统论认为，世界就是一个大的系统，是由无数个子系统构成的。大学生思想素质结构也不例外。因此，优化大学生思想素质结构要坚持系统性原则，将之作为一个整体系统来进行整体性设计，而不能割裂开来，更不能独立实施。唯物辩证法认为，整体是部分的整体，部分是整体的部分。整体由部分构成，部分离不开整体，离开整体部分的功能将会失去；整体也离不开部分，离开部分整体便不存在，整体的功能也无从谈起。优化大学生思想素质结构的系统性原则，首先要以整体的视角看待部分，以整体的部分的视角看待部分，处理好整体即结构系统与部分即要素的关系。要从整体与部分的关系出发既建构好整体即思想素质结构系统，又优化好部分即思想素质结构要素及其要素内元素，使整体即结构系统与部分即要素协同优化，凸显最佳状态，发挥最优功能。其次，还要以系统的视角看待结构组合，重视结构内作用力的建设，使之正向

---

[1] 钱学森：《论系统工程》，上海交通大学出版社2007年版，第39页。

· 243 ·

发展，累积成为整体强大的结构合力，推进结构呈现良好稳定的结构状态，发挥出最优的功能。

三 时代性原则

时代性原则规定了优化大学生思想素质结构的内容性指向。这是对优化内容的要求，是从结构和结构要素视角提出的原则性要求。这是时代发展的迫切需求。首先，要建构好时代要求的结构模型。这是由时代的发展变化决定的，时代在发展，面对纷繁复杂的现实社会，尤其是时代出现的新情况、新问题，必须积极应对。当今时代已经发生深刻复杂的变化：经济全球化、世界多极化深入发展，社会信息化、生活智能化、文化多样化、矛盾多元化持续推进，科技革命孕育一切可能；同时，国际金融危机影响深远，世界经济在风险与挑战中小步慢行，全球发展不平衡加剧，霸权主义、强权政治有所上升。正确处理中国和世界的关系，事关党的事业成败与否。习近平总书记曾指出："在当今世界深刻复杂变化、中国同世界的联系和互动空前紧密的情况下，我们更要密切关注国际形势发展变化，把握世界大势，统筹好国内国际两个大局，在时代前进潮流中把握主动、赢得发展。"[1] 可以说，大学生每一天都面临着各种新挑战、新要求，作为个体的大学生必须要有与之对应的素质结构，尤其是思想素质结构以迎接挑战。比如互联网时代面对互联网问题时，大学生要将正确的互联网思想置于首位。这时就对其思想素质结构组合即模型提出要求。这些素质要求构成了大学生思想素质结构的功能性要求，大学生思想素质结构要实现这些功能，必然要求其思想素质结构与之对应，否则就

---

[1] 中央文献研究室编：《习近平总书记重要讲话文章选编》，中央文献出版社2016年版，第25页。

会为时代所抛弃或淘汰。其次，要建构好与时代对应的思想素质要素。时代在发展，必然对人的思想素质要素提出新要求，比如，面对大数据互联网时代，数据意识、创新创业精神、互联网＋思维成为对大学生的新要求和新挑战；面对我国产业转型升级，工匠精神成为对大学生的时代要求，这些都要求大学生的思想素质结构要素与之对应，必须在结构要素上予以完善以适应时代之要求。

四 协同性原则

协同性原则规定了优化大学生思想素质结构的技术性指向。这也是对优化方法的要求，是从结构要素、结构与环境视角提出的原则性要求。这是结构应对复杂环境的需要。协同是指要素与要素的相互作用能力，即导致事物间属性互相增强、向积极方向发展的相干性即为协同性（Cooperativity）。系统论认为，"协同反映的是事物之间、系统或要素之间保持合作性、集体性和状态和趋势"，"系统是要素的统一体，同时也就是说要素处于相互合作之中。没有要素之间的合作，各个要素都是绝对的个体，各自为政，就没有系统，没有系统统一体"[1]。系统的协同要求系统内要素在发展运行中要协调合作，形成拉动效应，使结构要素本身增强，活力增加，个体功能增强，因而结构整体加强，实现共同发展和事物的前进。同时，结构与环境间进行协同，使结构与环境和谐共处，有利于保证结构的状态和品质的稳定。优化大学生思想素质结构的协同性原则，就是要求在优化时既要充分虑及要素与要素的协同，即结构内要素作用力的相互作用，坚持要素协同原则；又要充分贯彻结构与结构所处环境的协同，充分利用

---

[1] 魏宏森、曾国屏：《系统论：系统科学哲学》，世界图书出版公司2009年版，第324页。

环境因素为结构优化服务,坚持结构与环境协同原则。

五 个性化原则

个性化原则规定了优化大学生思想素质结构的个体性指向。这是对优化的特殊性要求,是从个体视角提出的原则性要求。它是结构满足不同大学生个性的需要,也是建构不同个性的大学生思想素质的要求。崇尚个性化（personalized）,凸显自己的特色亮点,已成为当代大学生的显著特点。一些大学生喜欢艺术风、一些大学生崇尚清新范、一些大学生热衷"锥子"型……个性化的前提是思想个性化,即在大众化思想的基础上增加独特、另类、拥有自己特质的需要,使之独具一格、别开生面,打造一种与众不同的效果。比如某英语专业的大学生将自己的简历用26个英文单词描绘在自己的照片上,头对应"教育背景"（education background）、"智慧"（wisdom）,手用"动手能力"（operational ability）表示等,引起某跨国公司的极大兴趣,录用了他。个性化越来越成为当代大学生的要求。优化大学生思想素质结构亦然,要积极贯彻这一原则,建构符合大学生个性愿望的个性化的思想素质结构。

第二节 优化目标

马克思认为,"就单个人来说,他的行动的一切动力,都一定要通过他的头脑,一定要转变为他的意志的动机,才能使他行动起来"[①]。也就是说人的思想素质的外现——思想行为,必须经过人脑的动力作用,形成认识,即完成内化,才能变为行动。如果人的认识不

---

① 《马克思恩格斯全集》第28卷,人民出版社2018年版,第360页。

稳定，或者出现问题，即认识上的错误或偏差，人的行为就因得不到正确认识的指导而失范。相反，人的行为就符合并适应社会的要求。马克思主义这一观点为优化大学生思想素质结构的目标提供依据。即通过内化，使大学生思想素质结构要素内实现和谐统一，从而外化为符合时代要求适应社会发展的行为。优化大学生思想素质结构就是完成上述两大目标，即实现内化和外化的统一。

一 内和谐

大学生的内和谐指的是通过大学生的思想活动，实现大学生思想素质结构要素的协调发展。内和谐其实质是，要素的协调发展和要素的完善。人的思想素质结构要素的发展是不均衡的，因而人的思想素质结构亦不均衡，其发展会时刻受到要素的限制。只有内部要素间协调发展良好，其整体功效，即大学生思想素质才会发展良好。就大学生思想素质结构来说，价值观念、思想心理、思想认识和思想行为，发展是不平衡的，这就首先要实现要素的协调发展，即促进要素与要素的和谐统一。其次，要实现结构要素的完善，使大学生在内心完成价值信念、心理和谐和思想认识的和谐统一。这是内和谐最重要的目标。

促进内和谐，需要实现三大目标：

第一，筑牢价值信念。作为思想素质结构的核心，大学生价值信念是恒久持续的价值观念，是价值观念的核心。大学生价值信念也是其信念的重要组成部分，并居于信念的核心。它在大学生思想素质结构系统中占据重要地位，发挥着重要作用。大学生价值信念影响其价值观念，决定和左右他的思想。大学生价值信念的形成，其实就是其思想内核的筑就。因此，优化大学生思想素质结构必须紧紧把握价值信念建设。习近平总书记2016年4月23日在全国宗教工作会议上强调，绝不能在宗教信仰中寻找价值信念，并多次强调要补牢精神之钙。可见，坚定正确的价值信念对社会主义中国未来的建设者和接班人之重要。

第二，实现心理和谐。心理是大学生思想素质结构的基础，在大学生思想素质结构系统中居于基础地位，承担着动力元和调节阀的角色。心理是形成思想认识的基础，是指导思想行为的物质条件，离开心理人的思想没有基础，人的思想素质也失去物质载体。心理和谐是心理健康的重要标志。心理和谐来源于思想心理内元素的积极和完善，即需要旺盛，动机强烈，认知全面，情感丰富稳定，意志坚韧，信念坚定，心理的知、情、意、信性能良好、互动优良，作用力强大，能发挥良好的作用。心理和谐是大学生内心和谐的重要基础。"内心和谐"是大学生内心的名、权、利、势等各种欲望的平和，对待挫折、困难、荣誉不卑不亢的正确态度，以及由此表现出来的与他人、社会、自然等的关系的融洽。大学生内心和谐更高要求更高层次更高境界是大学生发自内心的幸福感的实现。大学生心理和谐需要以相适应的价值信念、思想认识和精神境界为依托。

第三，促进认识深刻稳定，即大学生思想的内化。内化是指大学生思想认识在各种因素的综合作用下，有选择地接受外界影响并将其转化为动机、观念和自觉意识的过程。大学生思想认识的过程，也是其思想的内化过程，同样要经历需要、动机、情感、意志和信念几个环节，到了信念环节即已形成观念，观念是稳定的思想意识，有正确与错误之分，有先进与落后之别，正确的先进的观念符合时代和社会发展要求，是大学生思想认识的结果，也是大学生思想认识深刻的表现。大学生思想观念在形成思想信念前是不稳定的，势必受到各种因素的干扰和影响，而使之发生变化，甚至变异。错误的观念影响制约大学生认识和思想的发展，也是其心理不成熟，认识水平不够、认识偏差，甚至认识错误的表现。因此，大学生要实现内和谐，其关键是思想认识的深刻与稳定与否。大学生如果实现了思想认识的深刻与稳定，就完成了思想素质优化的重要一步。

二 外适应

外适应，首先是素质要素的全面发展。马克思指出，人的全面发展主要包括人的能力、个性、社会关系和主体性的自由、平等、充分、和谐发展，思想道德素质的发展是核心。人的思想素质是由多要素组成的综合系统，它以世界观为核心，以思想、心理和行为等多种要素为子系统按一定方式联结起来，构成人的全面素质大系统的子系统。人的全面发展以每个要素子系统的全面发展为基础，并成为实现人的全面发展的必然要求。因此，优化大学生思想素质结构，其最终目标是促进要素的全面发展。没有其全面发展，显然难以适应外界要求。再者，是可持续发展，即素质结构能不断地激发大学生思想素质的内在需要，哪怕离开学校进入更加复杂的社会环境，他们也能作出正确的选择；并且他们还能在社会需求的刺激下不断产生提升和更新思想素质的需求，能够与时偕行，不断适应环境变化和外界要求。

外适应，其次是素质结构与环境的和谐统一。马克思主义认为，人的全面发展包括人的平等发展、和谐发展，即人与自然、人与社会以及人的身心的和谐发展。环境与人息息相关。人们适应外界，首先要实现思想认识上的认同与接受，进而形成稳定深刻的思想认识即正确先进的思想观念，用以指导人的行为和实践，这样人的实践才符合社会发展的要求。反之人的行为和实践就逆流而行，就被社会所排斥，甚至谴责。优化大学生思想素质结构也必须要以实现人的和谐发展为目标，使之与自然、社会和人和谐发展。自然、社会和人即是大学生所面临的社会环境，大学生要适应环境首先是思想上的适应，即他的思想认识符合社会发展要求,并以此指导其社会实践,使之适应于实践需要,达到与实践的和谐统一。大学生思想素质与环境的和谐统一,第一,要能够适应环境。"白沙在涅,与之俱黑。"适应环境就是大学生与环境和谐发展,在思想素质上表现出既能接受环境的挑战,又能利用环境为自己的发展服务;既能应对环境的影响,又能对环境施加个人的影响,不断从环境中吸取信息、能量,使自身的思想素质结构与环境不断进行能量交换,处理和使用信息熵,完成信息控制,实现结构涨落使系统趋向最稳定的有序结构状态。第二,要能够适应实践,就是大学生的思想行为与实践和谐发展,既能适应实践,又能影响实践,实现与实践的和谐统一;既能应对实践的挑战,又能在实践中吸取能量实现结构内量子的涨落,使思想素质结构趋向最稳定状态。第三,要能够适应关系。马克思说:"人以一种全面的方式,就是说,作为一个完整的人,占有自己的全面的本质。"[①] 在唯物史观的视野里,人的全面发展主要包含三方面内容:一是劳动形式的丰富和多样;二是社会关系的丰富和发展;三是各种能力的提升和发展。人的本质是社会关系的总和,适应关系实质是人的本质的和谐和需要。优化大学生思想素质结构就是不断使他的思想素质适应社会关系,达到与社会关系的和谐,最终促进其本质和谐。

第三节　优化方法

方法是人们在认识世界改造世界的实践中,与客观对象发生关系的工具,在实践中具有纽带和关键作用。列宁指出:"在探索的认识工具中,方法就是工具,是主观方面的某种手段,主观方面通过这个

[①] 《马克思恩格斯文集》第1卷,人民出版社2009年版,第189页。

手段和客体发生关系。"① 可见，方法是人们从事社会实践把握客观规律并达到预期目标的媒介。方法的正确运用是人"此岸"到达"彼岸"的关键。优化大学生思想素质结构亦然，掌握正确有效的方法是重要保证。方法失误，就难以实现预期目标。优化大学生思想素质结构主要解决要素、组合、链接及互动四大问题，基本方法是优化结构要素，改善结构组合，强化结构链接，推进结构互动。

优化大学生思想素质结构基础是优化结构要素，关键是优化结构组合，保证是强化结构链接，动力是推进结构互动，目标是建构优良素质从而实现内和谐、外适应。要不断刺激大学生的合理需要、积极发挥认知作用，不断完善结构要素。要坚持以价值观念为核心优化结构组合，建强结构轴心，建构多样结构模型。要建强结构链接剂，牢固结构链接面、增强结构链接力。同时，要积极发挥结构的内外动力，推进结构互动。

一 优化结构要素

优化结构要素是优化大学生思想素质结构的基础。优化大学生思想素质结构要素的主要任务是完善结构要素，即丰富缺失的结构要素，改善结构要素的性质，使错误的价值观念变为正确的价值观念，不良的思想心理转变为健康的思想心理，错误肤浅的思想认识转化为正确深刻的思想认识，失范、普通的思想行为改变为端正、高尚的思想行为。按照系统论关于系统的结构性质的观点，要素的特性、要素量子涨落的平均规模和放大效率、要素的联接方式这三个因素在规定系统结构性质时所起的作用不同。要素的特性居于首位，要素性质不优的系统其性质显然是不优的，其结构毫无疑问也是不优的。优化大

---

① 《列宁全集》第38卷，人民出版社1959年版，第236页。

学生思想素质结构要素，是由马克思主义关于人的全面发展理论决定的。马克思主义认为，人的全面发展包括人的本质的发展、人的能力、素质和个性的全面发展。优化其思想素质结构要素，从内部而言，主要通过刺激大学生合理需要以丰富结构要素，提升大学生认知以改善结构要素两种方法来实现。

（1）丰富结构要素，不断刺激大学生的合理需要。需要产生动机，动机促使认知。人的思想素质的形成一般经历：社会实践→人的需要→思想动机→行为（新的实践）这样一个循环反复的过程。在这一系统中，其原动力是人的需要，动力来源于思想动机。在马克思看来，"在现实世界中，个人有许多需要"①。他还说人的"每一种本质活动和特性，他的每一种生命欲望都会成为一种需要，成为一种把他的私欲变为追逐身外其他事物和其他人的需求"②。诱发大学生思想动机的因素是其需要乃至产生需要的各种社会实践。大学生思想行为是其思想素质的外在表现，大学生在社会实践中的行为又是其新的思想动机产生的源泉。大学生思想素质之源是社会实践。大学生思想动机是需要引起的，需要在一定条件下又转化为动机。大学生需要反映他内心稳定的需求。精神需要是大学生的最高需要，决定了他的素质的优化核心是加强思想素质的优化。在现实中，当前少数大学生的需要不良、枯竭，或者不科学，比如有的大学生没有科学的需要，沉迷网络、恋爱、游戏；有的大学生的理想不是逐步提升而是一而再地降低；有的大学生的理想不符合实际成为空想；有的大学生梦想当网红一夜成名暴富；等等，这些反映出当代大学生中存在着需要不充足、不科学、不合理的现象，以致他们的思想要素缺失，比如沉迷网络的

---

① 《马克思恩格斯全集》第3卷，人民出版社1960年版，第326页。
② 《马克思恩格斯文集》第1卷，人民出版社2009年版，第321—322页。

第八章 优化大学生思想素质结构的策略与方法

大学生缺乏责任感,作为以学为主的青年大学生理应好好学习而不应沉迷网络,显然是对自己的未来不负责任,也是对父母对国家的不负责任,因为责任感的缺失致使他们迷失了自我,胸无使命,甚至没有理想,其根本还在于心中学习需要的缺失。有的大学生"冷血",对弱势群体视而不见,甚至鄙视,亦是责任感的缺失、受人尊重的需要的缺失。因此,要丰富大学生思想素质要素,必须不断刺激大学生的各类需要,有针对性地针对价值观念、思想心理、思想认识、思想行为及其这些要素内的思想元素缺失的人进行各种需要刺激;要通过精心设置各类适合大学生且时代必需的科学的需要,以各种形式比如观看视频、情景感受、角色体验,针对大学生缺失的思想要素进行需要的感悟、体验和引导。比如针对父子关系紧张的大学生,设置情景,播放《跪羊图》歌曲,使之增强爱的需要,提高感恩意识。同时要引导大学生深入社会实践,精选实践内容,使之在实践中感受,获取内心的多种科学的需要,通过需要刺激他们的思想动机,进而形成内心丰富科学的思想意识、思想观念,乃至理念、信念等多种多样的思想认识,如此大学生的思想素质结构要素就不断走向完善。

(2)改善结构要素,发挥认知作用优化大学生的科学认知。认知是人的认识的前提,是思想认识的关键环节,一个人认知出现错误,难以形成正确的思想意识,也就无法形成正确的思想认识,其观念、理念,乃至信念没法正确科学。一个人认知缺失,更没法形成良好的思想认识。大学生思想认识的形成是一个复杂系统的过程,由大脑收集各种感觉,产生需要,刺激动机,产生认知的欲望,经过价值判断、立场选择、情感态度、意志信念、思想倾向、思想选择等的作用最终形成思想认识,以观念、理念、信念等方式反映出来。如果认识的前端环节出现问题,或者没有这一环节,即对某一事物或者实践根本没有了解,显然难以形成良好的思想认识,更遑论成熟稳定科学的思想认识，而这些正是指导大学生思想行为，使其行为实践正确发展的重要指针。大学生任何实践都无法离开认识的指导，因为缺乏认识指导的实践是不存在的，同样缺乏实践的认识也是不存在的。这就表明，发挥认知作用，增强大学生的认知是形成其思想认识的最基础最关键最重要的环节，离开这一环节思想素质要素的完善成为空谈。当代大学生的思想认知呈现出"层级落差"现象。这与思想理论教育与实践锤炼的脱节、社会转型期特殊的社会生活面貌、个体主体意识的增强等因素有关。

提高当代大学生的思想认知能力和认知水平，首先，要引导大学生正确认知，使认知方法正确。正确认知就是用马克思主义科学的世界观和方法论指导认知，用辩证唯物主义和历史唯物主义的眼光看待问题、评价实践。习近平总书记指出："马克思主义哲学深刻揭示了客观世界特别是人类社会发展一般规律，在当今时代依然有着强大生命力，依然是指导我们共产党人前进的强大思想武器。我们党自成立起就高度重视在思想上建党，其中十分重要的一条就是坚持用马克思主义哲学教育和武装全党。学哲学、用哲学，是我们党的一个好传统。要原原本本学习和研读经典著作，努力把马克思主义哲学作为自己的看家本领。"[①] 正确的认知方法就是坚持用马克思主义的立场、观点、方法看问题，用马克思主义哲学的眼光和思辨审视问题、认识世界。其次，要引导大学生科学认知，选择正确的认知内容。科学认知就是根据大学生的科学需要，有选择性地认知，选择正确的事物认知。世界辽阔无边，人类文明绵延数千年，知识浩如烟海，事物纷繁复杂、千变万化，穷尽一生也难以阅读如此多的知识、了解世界如此

---

① 中共中央宣传部：《习近平总书记系列重要讲话读本》，学习出版社、人民出版社2016年版，第278页。

繁杂而多变的事物。怎么办？其关键在于把握纲目，掌握主线，纲举而目张。引导大学生科学认知，选择正确的事物认知，就是认识国家、世界大势，认识与他们自己息息相关的正确合理的内容和事物，就是习近平总书记在全国高校思想政治工作会议上强调的对世界、中国发展大势，对中国特色和国际比较，对时代责任和历史使命，对远大理想和脚踏实地的认知等方面的知识，以此奠定正确的思想基础。最后，要引导大学生合理认知，使认知理性合理。合理认知的前提是需要的合理，比如幻想摘下天上的星星，那可能吗？意欲通过网络诈骗，那合理吗？合理认知就是去除当前不符合自身实际、不科学的需要，避免认知失调。认知失调理论认为，人的整体认知结构由若干信念、态度、观点等组成，这些内容构成人的认知因素，当人的认知因素并不总是一致时，常常会产生矛盾，引发认知失调。当人的认知彼此冲突时，就会导致个体心理上的焦躁，出现压抑感和紧张感。这种不愉悦的感觉就会成为心理动力，使得个体难以减轻和解除这种不协调状态，产生"失调效应"。因此，要引导大学生认知那些属于科学合理需要的正确的事物和内容，比如报效国家、志愿服务、支教支农、应征入伍以及考研考证、出国留学、求职就业等，以此优化大学生思想素质要素。

二 改善结构组合

改善结构组合是优化大学生思想素质结构的关键。根据系统论的观点，结构组合无外乎优劣，结构品质是反映结构组合的指标，结构品质由结构的严谨性、稳定性体现。结构组合影响结构功能，根据功能的需要不同，可以进行不同的要素组合，使之在内外作用力下形成符合功能需要的不同的结构模型。优化大学生思想素质结构亦然，要根据不同的结构功能引导大学生建构适合自己需要的结构模型，这种模型以"价值观念+主导要素+其他要素"组成,事实也充分证明这种模型是最适应时代对大学生思想素质结构的要求的。因此,优化大学生思想素质结构,要从结构组合上下功夫。

(1) 坚持以价值观念为核心优化结构组合,建强结构轴心。这是优化大学生思想素质结构导向性原则的要求。价值观念作为大学生思想素质结构系统的核心,尤其是社会主义核心价值观作为大学生思想素质结构系统的轴心,在思想素质结构系统中居于极其重要的地位,发挥着极其重要的作用。改善大学生思想素质结构组合,首要的是要自觉将价值观念置于首位。从现实上看,当前大学生思想素质结构核心、结构轴心存在着不可忽视的问题。比如,忽视价值观和核心价值观建设,大学生中少数人的价值观念不同程度地存在着拜金主义、功利主义、实用主义、享乐主义、极端利己主义、权力意志主义、存在主义和悲观主义等问题,表现出无视价值观、核心价值观的重要性,思想上为自己着想,将自私自利价值观置于首位,只满足个人需要,只讲个人需要;无视他人,只顾自己,"人不为己,天诛地灭";既不选择为自己,也不选择为他人;以个人价值实现为核心,无视民族价值、国家价值,价值取向功利化,价值定位个人化,凡事用价值来评判,出现自私自利,甚至极端利己;以个人心理满足为核心,无视集体、社会需要;以个人认识为核心,坚持认识为首位,经验主义;少数人有认识没行为,有口号没动作,有理想没行动;一些人以个人行为为核心,行为个人化,无视集体。这些都严重阻碍影响了大学生的价值观建设,乃至思想素质建设,其根源在于错置了价值观、核心价值观的位置,造成思想素质离社会要求存在差距。

确立价值观念为主导要素,构建战略主导型结构成为当前优化大学生思想素质结构的首要任务。将大学生价值观念作为主导要素置于首位,引导他们树立正确的义利、理欲、公私和知行观,积极应对呈

第八章 优化大学生思想素质结构的策略与方法

蔓延之势的三种错误思潮：拜金主义、享乐主义、极端个人主义。这三种主义其实际是义利观、理欲观和公私观出现的思想素质结构性偏差和错误。拜金主义在义利关系中片面强调"利"而否定"义"，在这一类型的大学生思想素质结构中他们将"利"置于"义"前，或者弱化忽视了"义"。享乐主义同样是对待理欲问题中出现的思想结构性偏差，把享乐思想置于首位或极端突出享乐，放纵了个人的欲望，主要是物质生活欲望，从而放松了理性、理智。欲望生而有之且贯穿于人生，人有欲望无可厚非，但欲望必须受理性的约束与限制，并受理性的支配和引导。如果离开理性指引，过度膨胀私欲就会陷入享乐主义。极端个人主义亦是在公私关系中将私始终置于第一位，于公不顾或者于公次要，而过分强调私，即个人利益，而在个人与集体的关系、公与私的关系结构上处理不好，漠视、忽视甚至否定他人，尤其是集体利益，不愿承担必需的责任和义务。知与行也是思想认知与思想行为的结构问题，知与行不统一，理论与实践不统一，表里不一，言行不一致。社会允许言行不一，但前提是不损害社会和他人的利益。比如有的人低调，行为上不显山露水，有的人高调，喜欢作秀包装自己，阴谋诡计多。这些都是当前大学生思想素质的结构性组合上的较为突出的问题。

针对前述当前大学生价值观组合上存在的问题，建构以社会主义核心价值观为牵引的社会主义义利观是当务之急。社会主义的本质是解放生产力，发展生产力，消灭剥削，消除两极分化，最终达到共同富裕。这就从本质上对其根本属性进行了规定，公平正义是其内在属性。社会主义要实现公正必须要进行全社会范围内的调控，而调控要顺利进行，必须在整个社会倡导集体利益高于个人利益、全局利益高于局部利益的集体主义原则。我国是一个统一的多民族国家，团结凝聚各方力量、克服不正之风等都离不开集体主义为导向的价值观的导引。古往今来，我国优秀的传统文化中诸如"修身齐家治国平天下""富贵不能淫，贫贱不能移，威武不能屈""先天下之忧而忧，后天下之乐而乐""人生自古谁无死，留取丹心照汗青""天下兴亡，匹夫有责""苟利国家生死以，岂因祸福避趋之"等思想无不展现了中华民族的家国情怀和崇高精神，这些都应成为当代大学生优化思想素质结构的重要元素。当代大学生建构以社会主义核心价值观为牵引的思想素质结构模型要始终坚持集体利益至上，个人利益兼顾，将集体利益与个人利益有机统一起来。总之，优化大学生思想素质结构组合，首先要突出价值观、社会主义核心价值观要素的核心地位，这在于唯有社会主义核心价值观能统率其他一切价值观念，且发挥定向核心作用使其他价值观念始终不能超越它脱离它的轨道。这对于优化大学生思想素质结构极其重要。因此，要将之置于思想素质结构模型里要素组合的首位，始终排列在其他要素之前，始终保持它的地位不松懈、不动摇，使之能永续发挥核心定向作用。

（2）根据需要建构不同结构模型，构建多样结构。系统论认为，复杂系统中的结构稳定性代表着有序性，这是结构要素组合的规律。依照这一观点，大学生思想素质结构模型要实现结构状态的稳定，结构要素的有序组合是前提。当今时代对大学生思想素质要求不仅越来越高，而且要求越来越要有特质。具有特质是优化大学生思想素质结构的个性化原则要求。不仅时代对大学生思想素质结构有特色化要求，而且大学生个体也呈追求个性化思想素质的趋向。这就要求优化大学生思想素质结构，要根据需要建构不同的结构模型，只有模型不同，对外才呈现不同的功能，才能满足时代和大学生个体的双重需要。这种模型，必须坚持价值观念的主导，即"价值观念+其他要素"的结构形式，在价值观念里要以社会主义核心价值观为轴心，坚持"轴心+外围自由组合"的方式，以一轴多体的方式构筑各种各样的结构模型。如攻读市场营销专业的大学生可以建构"价值观念（社会主义义利观）+思想认识（良好的道德观）"的形式，这在于诚信的道德观对他们极其重要；有志出国留学深造的大学生，要积极引导他们建构起"社会主义核心价值观（爱国）+"模型的思想素质结构模型，这在于爱国应成为他们的核心主导思想；志愿赴边疆就业的大学生可引导他们建构"奉献+"模型的思想素质结构模型，这在于奉献应成为他们的核心主导思想，如果奉献的价值观不能主导他的思想，往往会导致中途放弃。总的来说，要以建构各种不同需要的模型为引导，积极改善大学生现有的甚至固化的思想素质结构模型，使之能更好地适应时代、社会和个体发展的需要。

（3）积极建优层次秩序，优化时间组合。建构层次秩序是改善结构组合的又一重要方式。在建构结构层次秩序上，要确定层次，即最低层次、核心层次、最高层次。最低层次，具备做合格公民的思想素质结构要求，在价值观念层面，有正确的价值观；思想心理层面，有较为健康的思想心理；思想认识层面，具有正确的世界观、人生观、价值观，能正确处理爱国主义、集体主义、社会主义和个人主义的关系；思想行为层面，行为较为规范。核心层次，社会主义合格建设者和可靠接班人的思想素质结构要求，在价值观念层面，社会主义核心价值观牢固，具有奉献和献身等较高层级的价值观，以社会主义核心价值观主导价值观念系统；思想心理层面，心理状况理想，思维创新、活跃、开放、严谨、务实、民主；思想认识层面，中国梦的观念牢固，具备良好的担当精神和使命意识；思想行为层面，行为端正，能发挥示范引领作用。最高层次，共产主义先进分子思想素质结构要求，以共产主义价值观为核心，具有牢固的共产主义思想，共产主义使命意识强，对党对国家忠诚度极高，大公无私、毫不利己、专门利人，具有崇高的奉献、牺牲精神。同时，要优化结构的时间组合。从空间上看,作为身处大学这样一个特殊阶段、特殊时期的人,大学生思想素质的内涵是伴随其年龄的增长、身心的成熟、年级的提高由表及里、由浅入深、由低级到高级逐步发展的。一般来说,大学生思想素质结构的时间组合,要遵循这样的发展顺序:大一阶段实施核心价值观+理想主导型结构,即构建以核心价值观为主导,以理想信念为主要认识,以正确的"三观"为内容,建构系统性心理,构筑务实、严谨的思想行为体系,重在塑造适应大学生活和理想信念牢固的思想素质结构。进入大二大三,实施核心价值观+奉献主导型结构,即建构以核心价值观为主导,以奉献思想为主要思想,"三观"牢固正确,以辩证性思维为基础,以严谨、开放的思想行为为规范的思想素质结构。进入大四,即将毕业,面临社会挑战和人生选择,这时候可以实施核心价值观+职业观主导型结构,即建构以良好的职业观为主要思想,夯实大学生思想认识方面的劳动观、就业观、创业观及诚信观、责任意识,构建发散性思维心理,并以团队合作、创新创业为行为外现的思想素质结构体系。

三 强化结构链接

强化结构链接是优化大学生思想素质结构的重要保证。耗散结构理论认为,复杂系统内某个参量的变化达到一定的阈值时,通过涨落,系统可能发生突变即非平衡相变,由原来的混沌无序状态转变为一种在时间上、空间上或功能上的有序状态[1]。耗散结构理论为优化大学生思想素质结构组合提供了理论依据。即结构要实现涨落,其前提是要素参量的变化。要促使参量变化,动力是保证,即结构链接力。思想认识作为大学生思想素质结构系统的链接剂,在大学生思想

---

[1] 乌杰:《系统辩证论》,人民出版社1997年版,第96页。

素质结构系统中发挥着重要作用,有着其他要素无法替代的作用和地位。加强思想认识,其前提是保证思想认识的正确性,其次是推进思想认识的深入。人的思想错误或存在短见,主要是由于思想认识错误和肤浅所致。即人的思想素质结构系统的重要因子——链接力弱化,因而价值认识弱化、价值信念偏差、价值理想低下、价值选择庸俗,同时思想心理亚健康或不理想,这就使人的整体思想系统活力弱化,因而表现出失范、不端、无序的思想行为。因此,优化大学生思想素质结构的关键是强化结构链接。

(1) 加强结构链接剂使思想认识正确而深刻。马克思主义认为,实践是认识的动力和来源,并为认识提供物质条件。人们评价一个人思想好坏、思想素质高低与否,标准在其思想立场有没有偏差、价值选择有没有背离人民、思想认识有没有深度,根本在其思想认识是否到位。大学生思想认识是认识系统作用的结果。大学生作为认识主体的力量和能力来源于社会实践。大学生作为认识主体,能够把外在事物、观念等信息"移入"头脑由知、情、意、信等要素组成意识结构并加以能动的加工改造,形成新的观念指导行动。大学生的认识能力往往受着主观因素的影响,个体的立场态度、情感意志等心理元素及科学文化知识修养等构成主观因素,实践活动的广度和深度等构成客观因素。增强链接剂的能力,从主观和内在层面讲,就是不断提高大学生的科学文化水平、思辨能力、情感能力、意志信念的强度。从客观上讲,就是要切实引导大学生深入实践、深入生活,使之在融入生活的基础上感悟生活、升华认识,并从生活里吸取能量和知识,提高认识的深度和质量。人的认识活动离不开实践,没有实践就没有外界物质与意识的相互作用,没有相互作用,就形成不了认识,也就优化不了素质。优化大学生思想素质结构离不开实践,人的认知离不开实践,只有投身实践,才能更好地启动思想心理系统。因此,要积极借助实践，发挥实践对认识的功效，让大学生在认知和情感体验中，在情感意志的调节下内化信念、强化理念、优化观念，建优和重构自己内心的精神世界。

（2）牢固结构链接面增强链接力。人的思想素质结构要素，时时受着环境的影响，就如人的思想一样，随时会蒙尘，从而使其性质发生变化。洁白的思想一旦蒙尘即成灰色乃至黑色，尤其要素的表面即思想素质要素结构面，常常因为环境的直接侵蚀存在各种问题。优化链接面，做好思想的除尘除垢，成为牢固结构面，增强结构力，进而强化结构链接的重要方法。否则，再强大的链接力也会因为连接面的问题而使之失去作用。牢固结构面最主要的方法是优化思想素质要素面，保证要素性质优良，也就是四大要素性质优良及其要素内元素性质的优良。同时，要增强链接力。对大学生个体而言，要增强四类认识力：角色使命认识力、"两个必然两个绝不会"认识力、"四个自信"认识力、社会规范认识力。

当代大学生要明确自己的角色，并对角色有深刻的认识——社会主义的合格建设者和可靠接班人，担当民族复兴大任的时代新人；要明确自身的使命——牢固树立中国梦，为中华民族伟大复兴贡献青春力量，为第二个百年奋斗目标而读书，为全面建成社会主义现代化强国练好本领、建功立业、报效国家。练好本领是大学生的主业，现今少数大学生厌学逃课，以创业和社会实践为借口，丢失了主业，这种思想认识是低端的。"两个必然两个绝不会"是评判大学生思想认识是否深刻的重要标准，树立"两个必然两个绝不会"的思想认识，应成为大学生的思想信念。增强对"四个自信"认识力，就是增强道路自信、理论自信、制度自信和文化自信的认识力。用习近平总书记的话来说，就是"要教育引导学生正确认识世界和中国发展大势，从我们党探索中国特色社会主义发展历史和伟大实践中，认识和把握人类社会发展的历史必然性，认识和把握中国特色社会主义的历史必然性，不断树立为共产主义远大理想和中国特色社会主义共同理想而奋斗的信念和信心；正确认识中国特色和国际比较，全面客观认识当代中国、看待外部世界；正确认识时代责任和历史使命，用中国梦激扬青春梦，为学生点亮理想的灯、照亮前行的路，激励学生自觉把个人的理想追求融入国家和民族的事业中，勇做走在时代前列的奋进者、开拓者；正确认识远大抱负和脚踏实地，珍惜韶华、脚踏实地，把远大抱负落实到实际行动中，让勤奋学习成为青春飞扬的动力，让增长本领成为青春搏击的能量"①。在提升正确认识的同时要牢固树立四个意识，即政治意识、大局意识、核心意识、看齐意识，自觉坚决做到"两个维护"。同时，要加强对社会规范的认识，牢固树立社会主义道德观和法制观。河南大学生闫啸天家门口掏鸟窝获刑十年一案，经报道后引发社会广泛关注。2016年9月，河南新乡市人民检察院驳回其上诉。闫啸天身陷囹圄。这个案件折射出极少数大学生法制意识的浅薄。

四 推进结构互动

推进结构互动是优化大学生思想素质结构的动力保障。这里的结构互动是指结构内外互动，即结构内要素的互动及结构与环境的互动。结构互动是保证结构活力，实现结构与环境和谐的重要方式。大学生思想素质结构是否有活力直接决定着大学生思想素质结构要素是否有活力，直接影响着要素的性能。比如思想素质结构固化的大学生，其思想难免僵化。思想素质结构因时而变的学生，其思想一般要先进新潮一些。推进结构互动要积极推进要素互动以及结构与环境的

---

① 《习近平谈治国理政》第2卷，外文出版社2017年版，第377—378页。

优化互动。

（1）积极发挥要素间的内在动力，推进要素互动。大学生思想素质结构是认知、情感、意志、行为的统一。优化大学生思想素质结构的内在动力是推动大学生接受社会发展所需要的价值观念、思想认识和思想心理等，是支配、控制其思想、情感、行为的内在力量。"人是一个自动体，即是一个能调节自己行动的社会存在物。人的动或不动，怎样动，有时是由外力推动的，但是，多数是由自己决定的，在没有外力的推动下，它也能够由静变动，而且，人的或动或静，都是世界上最复杂、最高级和最深奥的现象。"[①] 为此，要加强结构作用力，优化结构合力。系统论认为，结构力源于内部要素合力，这种合力是要素合力之积，如果某一要素力为负，则结构力可能为负。推进结构互动，必须重视结构作用力建设，否则互动失去力量源泉，互动就弱化或者停滞。大学生思想素质结构系统"结构力＝定向力×动机力×情感力×意志力×信念力×链接力×校验力"，都是要素内在属性的力量。要发挥价值观念的定向力，使价值观念能充分发挥好定向盘的作用。要发挥动机系统动机力的作用。马斯洛认为，需要产生动机，形成人的内在动力。需要是人的原动力。"任何人如果不同时为了自己的某种需要和为了这种需要的器官而做事，他就什么也不能做。"[②] 需要转变成行为，需要理智力的支配，理智力是大学生认知力、情感力、意志力、信念力和链接力的综合。要积极发挥思想素质内部动力系统和调节系统的作用，促进系统要素互动、优化和组合，使内部要素合力最大最优化，形成强大的要素互动力。尤其要发挥内部要素系统的判断和辨别、选择和比较以及调节和控制的作用，激发

[①] 陈秉公：《思想政治教育学原理》，高等教育出版社2006年版，第197页。
[②] 《马克思恩格斯全集》第3卷，人民出版社1960年版，第286页。

大学生思想目的性，通过大学生思想素质结构要素系统不断调节和控制其思想和行为，不断克服困难，向着预定目标前进，显现出自我克制、毅力、信心以及顽强不屈的精神状态。

（2）推动系统内外互动，推进结构互动。优化大学生思想素质结构的动力来源于内外两方面，是大学生思想素质结构各动力要素功能的相互耦合，其优化有赖于各动力要素的相互衔接、协调运转。从外部看，要积极发挥宏观环境的动力。大学生思想素质结构系统具有开放性、发展性特点，它无时无刻都在同环境进行着信息、能量和物质的交换。这些要素为之提供着源源不断的动力，要积极发挥外部环境要素的力量，重视多元主体交流，推进大学生思想素质结构要素不断与社会、他人进行多向交流互动，引导大学生在与外部环境的多向交流碰撞中提高认知，更新观念，拓展视野。

首先，积极发挥宏观环境动力。大学生思想素质结构互动的宏观环境力量来自于社会制度以及社会生活条件、社会文化等宏观环境因素，要使之与大学生思想素质要素发挥作用、形成合力，推进大学生思想素质结构的优化。马克思主义认为，社会存在决定社会意识，社会意识是社会存在的能动反映。"人们头脑中发生的这一思想过程，归根到底是由人们的物质生活条件决定的。"[1] 优化大学生思想素质结构，归根结底是由当前我国社会物质生活条件所决定的，大学生在社会实践中认识世界和改造世界，经济因素是大学生思想素质发展、变化的根源。要重视社会经济建设，建优经济环境，为思想素质的发展提供丰厚的物质基础和物质环境。要优化义化环境，使之免受媒介等不良低俗文化的影响；大力建设革命文化，引导他们积极传承红色基因，赓续共产党人精神血脉，使文化传播正能量，发挥正向的潜移

---

[1]《马克思恩格斯全集》第28卷，人民出版社2018年版，第363页。

默化作用,帮助大学生建构自己的价值观,筑牢优良深刻的思想观念。

其次,注重发挥微观环境动力。大学生思想素质结构互动的微观环境动力来源于家庭、学校、社区及各种非正式交往环境等。宏观环境动力一般需要微观环境动力的直接影响去实现,大学生与微观环境紧密相关,息息相融。美国著名教育家杜威说:"一切教育都应该不断地发展个体的能力,熏染它的意识,形成他的习惯,锻炼他的思想,并激发他的感情和情绪。"[1] 学校教育作为优化大学生思想素质结构动力系统的重要因素,具有主导作用。学校教育系统、科学,学校的一师一友、一桌一椅、一草一木、一课堂一活动无不影响着大学生的思想作风、情感意志和思想认知,学校良好的思想政治教育是优化大学生思想素质结构的重要动力。学校教育要更加重视大学生接受信息的加工、处理,及时否定、淘汰、抛弃对大学生没有意义的信息,使之成为大学生的真正"需要"。家庭教育是学校教育的有效补充,家庭成员尤其是父母的世界观、人生观、价值观及其人格魅力对大学生起着良好的示范效应。家庭作为优化大学生思想素质结构的环境动力,最具针对性、持久性。要重视家庭教育、家风建设。社区环境是社会的缩影,良好的社区环境,文明程度、人际交往直接作用于大学生思想观念和思想心理。要将社区环境作为优化大学生思想素质结构的重要动力,积极建设人际和谐、开放包容、团结协作的大学生公寓区,为优化大学生思想素质结构提供持续动力。大学生在各种非正式交往,尤其是朋辈环境中其作用动力亦不可忽视。要积极利用朋辈效应为优化大学生思想素质结构发力。

---

[1] [美]约翰·杜威:《学校与社会·明日之学校》,吴志宏译,人民教育出版社2005年版,第98页。

第八章　优化大学生思想素质结构的策略与方法

第四节　优化路径

2016年12月习近平总书记在全国高校思想政治工作会议上发表重要讲话强调高校思想政治工作关系高校培养什么样的人、如何培养人以及为谁培养人这个根本问题。"要坚持把立德树人作为中心环节,把思想政治工作贯穿教育教学全过程,实现全程育人、全方位育人,努力开创我国高等教育事业发展新局面。"[①] 这是对新时代如何培养接班人这个根本问题的深刻阐释,亦是大学生思想政治教育的根本遵循,更是优化大学生思想素质结构的重要指针。把握优化大学生思想素质结构的基本路径是提升思想政治教育成效,增强思想政治教育针对性、实效性的现实需要。大学生思想素质结构优化的核心是优化结构轴,即以社会主义核心价值观的培育为首要,紧紧围绕这一结构球体轴心建好素质结构的核心部分;动力是培育健康心理,以健康心理、健全人格培养为基础,建优思想素质结构的基础部分;关键是深化思想认识,铸牢理想信念,培优思想素质结构的关键部分;条件是筑优客观环境,整合教育资源,完善思想素质结构的外围部分。概言之,就是积极发挥"五维联动",构筑和开拓"五维联动"的工作机制和实践路径。

一　抓总:拧好总开关,育牢核心价值观

抓总就是抓住核心价值观结构轴心这一根本,这是优化大学生思想素质结构的核心路径。《思想政治教育学原理》提出,人的思想品德结构中思想(观念)是思想品德的核心要素,它是思想品德的内

[①]《习近平谈治国理政》第2卷,外文出版社2017年版,第376页。

容,并决定着思想品德的性质和方向①。人的现代化理论认为,思想道德素质是人的现代化素质的核心和关键,是人的素质结构的灵魂。思想观念的现代化是人的现代化的灵魂。价值观念是人的思想观念的核心。系统论提出,结构系统具有核心性,居于中心、复杂、密集地带和起关键作用的部分是结构核。结构核决定结构的核心,也是决定结构模型的轴心②。这些理论充分说明,牢固树立核心价值观这一大学生思想素质结构轴心是首要和根本。核心价值观作为大学生判断事物时依据的是非标准和遵循的行为准则,对于我们国家而言,引导他们树立核心价值观至关重要。习近平总书记多次寄语当代青年要积极培育和践行社会主义核心价值观,"扣好人生的第一粒纽扣"。社会主义核心价值观作为大学生思想素质结构的结构轴心,是大学生内心的"最大公约数",在大学生思想素质结构系统中具有提纲挈领的作用。优化大学生思想素质结构首先要从引导他们牢固树立社会主义核心价值观开始。实现社会主义核心价值观在大学生心里的内化,这是提纲挈领的抓总工作,事关大学生思想素质结构系统结构轴的稳固。河北工业大学教师田雨晴研究了美国的核心价值观,并在《哲学进展》期刊上撰文总结出美国培育核心价值观的十大路径。美国培育核心价值的基本做法是通过政府、政党、中介组织、学校、媒体、法律、宗教、实物、文化产业、高科技等途径、手段和方法进行直接或间接的灌输与渗透。这为当前我国大学生社会主义核心价值观的培育提供了参考。作为社会主义中国的大学生,如何开辟优良路径使之拧好总开关夯实结构之核呢?

(1)融于课堂教学。实施课程体系和教育教学创新计划,将社

---

① 陈秉公:《思想政治教育学原理》,高等教育出版社2006年版,第118页。
② 乌杰:《系统辩证论》,人民出版社1997年版,第140页。

第八章 优化大学生思想素质结构的策略与方法

会主义核心价值观融入教育教学全过程，推动其进入教材、进入课堂、进入学生头脑。整体推进教材、教师、评价、学科、保障等方面综合改革创新，将之融入课程体系，打造由思想政治理论课、专业课程、社会实践、网络教学等构成的教育教学体系，不断提高课堂开展核心价值观教育的实效性。加强教材建设，使之融于教材体系。积极创新课堂教学的方式方法，比如，依托思想政治理论课、形势政策课开展中国梦演讲、党史国史讲坛、"学习新思想"微课慕课比赛等，使之融入心理健康教育、各类实践教学、实践课程和活动课程中，渗透到教学体系的方方面面，增强大学生对社会主义核心价值观的吸引力。

（2）渗入社会实践。推动社会主义核心价值观渗入社会实践，通过建立完善师生志愿服务体系，开展"三下乡"、进社区及学雷锋志愿服务活动等使之渗透到家庭、社区、社会的每一个细胞中。积极搭建培育和践行社会主义核心价值观的实践育人共同体，通过与政府、企业、实体等建立实践基地，依靠并用好各类基地，深化大学生对社会主义核心价值观的理解和认识。将其融入专业学习的社会调查、专业见习、社团活动、基地实践及"三下乡"等广泛的社会实践中，开展撰写调查报告、心得体会和学术论文等活动，使大学生在身临其境中加深对乡情、社情、国情、民情的了解，培养他们正确看待社会问题的方法，帮助他们认清社会主流，从中获得正确的价值取向。同时，将之融入各类节庆、纪念日及重大纪念活动中，广泛开展深入社区"四进"活动，围绕应急救援、扶贫济困、科普、环保等方面，聚焦城市空巢老人、困难职工，农村留守妇女儿童、残疾人等群体，组织开展各类形式的实践服务活动，让大学生在活动中感受我为人人、人人为我的良好社会风气。

（3）涵于文化制度。将社会主义核心价值观建设与校园文化建设紧紧结合以来，使之渗透到各类文化活动中。比如，组织报告会、分享会等形式多样的宣传教育活动，开展"读好书看好剧品好文"竞赛活动，不断筑牢大学生核心价值观念。同时，积极创新形式，采取喜闻乐见的方式为大学生所喜爱。比如，开展诸如"我为核心价值观代言"之类的活动，组织动员学生结合自身经历，以文字、图片、视频、动漫、微电影等方式表达对社会主义核心价值观的理解感悟；创新"文明班级、文明教室、文明寝室、文明学生"评选表彰，将它搬上微信、网络，使之为大学生们所青睐。利用校园平台繁荣校园文艺创作，组织创作以弘扬核心价值观为主题的诗歌、散文、歌曲、动漫、视频、微电影、公益广告等为形式的系列文化作品；同时，建立社会主义核心价值观优秀文化作品资源库，分阶段、分层次地在校园网等媒体上进行展演、展映、展播。此外，还可将之与优秀传统文化和美德教育结合起来，使之融入中国共产党史、新中国史、改革开放史、社会主义发展史中及重大事件纪念日内；将之与各项制度建设紧密结合起来，在文明创建、评奖评优、学生资助、入党选干等重要制度的设置中融入社会主义核心价值观的思想，以制度的形式形成培育和践行的长效机制，使之内化于心、外化于行。

（4）加强典型引路。当代大学生中涌现出许多可歌可泣的优秀典型、系列感动人物，是培育和践行大学生社会主义核心价值观的强大典型力量。徐本禹，感动中国 2004 年度人物，数度在乡村支教，他的事迹感动了千千万万的人；唐建哲，习近平总书记亲切接见的 2012 中国大学生年度人物、扫街男孩、石家庄经济学院华信学院大学生；李文波，2013 年感动中国人物，1986 年青岛海洋大学毕业后一直在南沙守礁，他用自己的行动告诉当代大学生如何选择自己的人生；最有担当的 90 后大学生、湖南科技大学"向日葵女孩"何平，她从小就打工，带着全家上大学，抱着账本上央视感动千万人，考上研究生,荣获第五届全国道德模范提名奖,被誉为"向日葵女孩";在抗击新冠疫情中的"网红"郑能量、雨衣妹妹刘仙等。还有许许多多的大学生身边的典型,这些优秀典型是培育和践行社会主义核心价值观最有说服力的教材,用好用活他们可以产生强大效应。典型教育重在创新方式,开展案例讨论是较好的形式,以研讨法引导大学生思考使之内化于心。某高校开展了一场《同是大学生办网,为何结果不同?》的案例研讨,组织大学生讨论贺晓华与谢某的不同人生。这两人都是浙江理工大学的学生,前者为传承民族音乐倾其所有,艰难维持"华音网",赢得了乐友的广泛喜爱与尊重。后者为牟取暴利铤而走险,在网上传播色情电影,最终锒铛入狱。辅导员老师在点评中,将每位同学的发言用手机精彩再现,然后通过微信晒在朋友圈,收到了良好教育效果。

(5)利用现代手段。伴随着大数据的战略机遇,尤其是"数加"等大数据平台的应势崛起,迅速转移了大学生的目光。在大数据时代,依托大数据现代技术手段是培育和践行大学生社会主义核心价值观的良好方式。大数据的特性与大学生社会主义核心价值观培育的本质要求,存在着内在的战略耦合。即大数据的丰富性、即时性、精准性、预见性与大学生社会主义核心价值观培育的多样性、多变性、针对性需求和反复性特点存在着高度的战略耦合。但大数据同时助长了意识形态风险和价值观渗透,加剧了我国大学生社会主义核心价值观培育的复杂性和难度。利用大数据促进大学生社会主义核心价值观培育,其主要途径有:一是实施社会主义核心价值观培育国家大数据战略,积极利用大数据深入系统地分析、评估和预测其培育的发展态势,统揽全局。二是建立大学生社会主义核心价值观培育的大数据分析处置机制。价值观之战,危在无形,重在网络,是一场无形的大脑战。当前,"网络等新传媒成为意识形态影响力的风向标"[①],如何把握好这个"风向标"关乎国家和民族在未来"地球村"的生存状态。建立安全有效的大数据分析处置机制十分重要。三是利用大数据技术,加强对互联网和自媒体的监控,及时从大学生社交网络、搜索引擎、微博微信中获取数据信息,通过对各个群体的大学生的上网信息进行价值取向分析和实时监控,为其培育提供精准分析,发出应对信息,制定引导策略。四是构建价值观安全大数据保障体系,确保大学生思想不受负面信息侵蚀。价值观安全关乎国家安全。当务之急是构建价值观安全大数据保障的组织体系,建立预警网络,筑牢国家网络信息安全"防火墙",有效防范西方错误价值观侵蚀。五是借助大数据,创新马克思主义话语体系,增强社会主义核心价值观的吸引力。积极利用大数据从当代大学生的思想特点、行为方式出发创新马克思主义话语体系,使之融入大学生日常生活的重要阵地——网络。同时,实施大数据理论引领工程,推动大学生社会主义核心价值观入脑入心。将故事化、视频化、动漫化、生活化了的理论及时传输到大学生喜爱的网站、QQ 空间、微博、微信朋友圈、BBS、论坛等大学生经常光顾的阵地。推进大数据文化涵养工程,做好以文化人、以文育人。"比如《马克思是个九零后》这首歌的意外走红,其根本原因在于契合了大部分青年人的心理特点,唱出了中国青年的心声,符合广大青年的话语表达。"[②]某高校将校史馆数字化后通过微博、微信等方式及时发布到大学生手机上,使之接受爱校荣校教育,提升爱国爱校情感,收到了意想不到的效果。

---

① 本刊记者:《社会主义核心价值观建设中的若干重大理论问题——访中国社会科学院马克思主义研究院党委书记、博士生导师侯惠勤教授》,《思想教育研究》2012 年第 5 期。
② 付安玲、张耀灿:《大数据助力网络意识形态治理及其提升路径》,《马克思主义研究》2016 年第 5 期。

二 夯基：培育健康心理，培养健全人格

夯基就是锤炼个体心理这一大学生思想素质结构基础，这是优化大学生思想素质结构的基础路径。《思想政治教育学原理》关于人的思想品德结构的思想认为，人的心理是思想品德的基础。培育健康心理是优化大学生思想素质结构的重要基础。要切实培育好这一基础，使之在大学生思想素质结构系统中的基础作用能良好发挥，内生原动力充足。教育家纽曼说："大学不培养政治家，不培养作家，也不培养工程师，大学首先要培养学生的灵魂，健全地达到博雅的高度即具有完整的人格。一个心灵健康的人做什么事情都可以；一个灵魂健全的人做什么事情都更容易胜任。"健康的心理是健全人格的基础，健全的人格其实是人的思想素质结构的优化。1993年联合国教科文组织在北京召开的"面向21世纪的教育"国际研讨会上提出："高境界的理想、信念和责任感，强烈的自立精神，坚定的意志和良好的环境适应能力、心理承受力，便是21世纪人才规格的突出特征。"培育健康的心理，关系到大学生思想素质结构的动力，也关系到大学生人格的完善，是优化大学生思想素质结构的基础性路径。

弗洛伊德人格结构理论（theory of personality）较好地论述了人的本我（id）、自我（ego）和超我（superego），本我是人格结构中最原始部分；自我是由本我分化发展，由本我而来的各种需求；超我在人格结构中居于最高部分，是由个体接受社会文化道德规范的教养而形成的。超我有两个重要部分：一是自我理想，二是良心。显然，超我是人格结构中的道德部分。按照弗氏的理论，大学生心理健康和人格健全的标准是：第一，正确认识自我和接纳自我。这是人格的核心。第二，保持和谐的人际关系。第三，良好的适应能力。个体与客观现实环境保持良好秩序。第四，具有顽强的意志。第五，具有良好的情

绪状态。

　　围绕上述标准，培育大学生健康的心理、健全的人格要从以下几个方面着力。其一，以人为本，满足大学生的合理需要、尊重大学生个体差异。作为大学生思想素质结构基础的思想心理，承担着承载乐观向上的人生态度、坚忍顽强的意志，适应社会竞争的能力，具备进取有为的心理品质，促进人的全面发展等方面的重要功能。因而，培养大学生健康心理，是大学生的一种现实需要，应高度关注和满足。大学生作为特殊群体，在自我实现上他们自我定位较高、自我成才欲望强烈，社会对之期望值也高，但又存在着社会阅历浅、生活经验不足、理想信念尚未完全确立、认知发展不成熟等方面的困境，社会需求与自我实现使得他们心理压力也较大。促进大学生心理健康，要切实为大学生的成长成才提供一个健康、和谐的环境，为大学生提供良好的教育资源，尊重和满足大学生的合理需要，尊重大学生的个体差异，多一份理解和宽容。其二，关注发展，将大学生的发展作为优化心理的落脚点。面对日趋激烈的社会竞争，必须更加积极主动地关注大学生的发展，关注影响大学生发展的系列问题，着力解决大学生的焦虑不安等心理问题和矛盾心理。比如，针对就业难问题要引导大学生运用自我安慰、自我激励、注意力转移、适度宣泄、广交朋友等心理方法进行自我调适，及时解除困扰，缓解压力。其三，创新心理教育方式，利用现代手段促进心理成熟。积极利用新媒体技术和手段，创新教育形式，将大学生喜欢的人和事搬上大学生每天点击的平台，使之受到感染和影响。大力开展阳光心灵教育，给予大学生阳光、分享、接受，给予爱和友谊，引导他们以良好的心态面对人生。教育引导他们在对待人生中的各种挫折、矛盾、问题时，调整心态、正确面对。引导他们学会自我调适，积极融入集体和社会，扩大朋友圈，在自助、互助、他助中提升获得感，释放心理压力，收获友谊和快乐。

同时，积极引导大学生多读好书，多听好歌，多与人交流，在人与人彼此之间畅叙衷肠，分担苦恼，分享快乐。大力开展阳光心灵教育，让大学生拥有健康阳光的心灵，提高大学生热爱生命、珍惜生命、尊重生命的意识，从而对生命充满信心和敬畏，让心中充满激情。其四，积极开展素质拓展，引导大学生在素质拓展中培养健全人格。拓展训练是现代组织采用的一种全新的学习方法和训练方式。它能使参与者在解决问题、应对挑战的过程中磨炼克服困难的毅力，培养健康的心理素质和积极进取的人生态度。优化大学生心理素质，培养大学生健全人格，组织开展拓展训练是重要途径。比如，组织大学生在体育课教学中完成空中单杠、断桥、独木桥等项目，使大学生在面临困境与危险时能战胜自身的懦弱。组织大学生在素质拓展营开展天梯、求生、渡河、背摔等团队项目，促进大学生之间的互相理解、信任协作。还可以通过心理讲座、心理游戏和心理训练等手段，锻炼大学生心理素质、健全大学生人格。有条件的大学还可建立大学生素质拓展认证中心，完善大学生科技创新实验基地、"三下乡"社会实践活动基地、爱国主义教育基地、大学生志愿服务基地等拓展基地，使之成为大学生提高素质、锤炼心理、展示自我的良好舞台。

三 铸魂：强化理论教育，筑牢理想信念

铸魂就是通过理论教育铸牢理想信念，这是优化大学生思想素质结构的根本路径。马克思主义经典作家提出，社会民主主义的意识、阶级政治意识、社会主义意识、社会主义思想等革命理论，不是从无产阶级的阶级斗争中自发地产生的，必须从外面灌输进去。在马克思主义经典作家看来，思想的形成，思想素质的塑造必须进行灌输。马克思、恩格斯还亲自安排和指导了革命理论的灌输工作，用以塑造、改变工人阶级的思想素质。马克思指出："理论只要说服人，就能掌

握群众；而理论只要彻底，就能说服人。所谓彻底，就是抓住事物的根本。"① 铸魂是强化理论教育，帮助大学生在思想素质结构内心构筑起牢固的理想信念。美国著名学者安东尼·奥罗姆（Anthony M. Orum）说："国家建设的核心是确立和维持一套共同信仰。"② 理想、信念在大学生思想素质结构系统中占据重要地位，发挥着重要作用，是人的思想的灵魂，是思想认识的核心。筑牢理想信念是筑牢大学生思想素质结构要素的关键，使结构的关键要素——思想认识能发挥在思想素质结构系统中强大的链接作用，呈现强劲的链接力。

（1）强化理论教育，切实用科学理论武装大学生头脑。列宁在《为什么社会民主党应当坚决无情地向社会革命党人宣战?》一文中鲜明地指出："轻视理论，对待社会主义意识形态躲躲闪闪、摇摆不定，就必然有利于资产阶级意识形态。"③ 马克思说："批判的武器当然不能代替武器的批判，物质力量只能用物质力量来摧毁；但是理论一经掌握群众，也会变成物质力量。"④ 可见，理论对人的重要性。作为优化大学生思想素质结构的重要路径，当前大学生理论教育尚存在一些不足和问题。比如，理论教学的成效不够理想，方式方法陈旧不为学生所喜爱，思政课程与课程思政的协同性不强，大思政课没有很好的办起来，等等。这些都成为优化大学生思想素质结构，强化理论教育的障碍。如何强化理论武装？马克思在《〈黑格尔法哲学批判〉导言》中说："理论在一个国家实现的程度，总是取决于理论满足这个国家的需要的程度。"⑤ 理论的需要来源于人的现实需求。人在现实

---

① 《马克思恩格斯选集》第1卷，人民出版社1995年版，第9页。
② [美] 安东尼·奥罗姆：《政治社会学》，张华清译，上海人民出版社1989年版，第343页。
③ 《列宁全集》第6卷，人民出版社2013年版，第362页。
④ 《马克思恩格斯选集》第1卷，人民出版社2012年版，第9页。
⑤ 《马克思恩格斯选集》第1卷，人民出版社2012年版，第11页。

第八章 优化大学生思想素质结构的策略与方法

中的困惑、迷惘不能解决时总会寻求各种帮助，也都会寻找各种答案，这个答案其他理论解决不了唯有马克思主义解决了，如此就会形成对马克思主义的强大需求，就倍加信服和遵从。西方经济危机时，西方理论界似乎"江郎才尽"，一些企业家重新将马克思的《资本论》搬出来寻找"良方"。

马克思主义理论的正确在于它是经实践证明了的科学的发展的理论，其理论品质是坚持一切从实际出发，理论联系实际，实事求是，在实践中检验真理和发展真理。这个品质是任何其他理论所没有的。要"把马克思主义理论作为必修课，认真学习马克思列宁主义、毛泽东思想、邓小平理论、'三个代表'重要思想、科学发展观，认真学习习近平总书记系列重要讲话精神，认真学习党章党规，不断提高马克思主义思想觉悟和理论水平。"[1] 强化理论教育，其一将大学生的现实需求与个体需要结合起来，结合大学生需要开展理论教育。将灌输式教育变为引领式教育，提高理论感染力和吸引力，并针对大学生成长成才需要，增强服务性。其二强化实践教学，依托红色资源和实践基地，利用革命文化，让大学生在亲身体验和感受中增强对新中国的认识，对改革开放和中国特色社会主义伟大成就的认识，不断传承红色基因，赓续共产党人精神血脉。其三建优理论课教师队伍。眼下高校思想政治理论课教学队伍数量不够、结构欠优问题较为突出，按照教育部要求严格配齐并不断优化思想政治理论课教学队伍是当务之急。思政课教师的自身建设必须坚持习近平总书记在全国思政课教师座谈会上的讲话要求，心系国之大者，做到"政治要强、情怀要深、思维要新、视野要广、自律要严、人格要正"的"六要"要求，自

---

[1] 中共中央文献研究室：《十八大以来重要文献选编》（下），中央文献出版社2018年版，第421页。

· 277 ·

觉按照"坚持政治性和学理性相统一、坚持价值性和知识性相统一、坚持建设性和批判性相统一、坚持理论性和实践性相统一、坚持统一性和多样性相统一、坚持主导性和主体性相统一、坚持灌输性和启发性相统一、坚持显性教育和隐性教育相统一"这"八个统一"的要求讲好思政课。其四不断创新教育方式手段，打造思政"金课"。利用微课、慕课、雨课堂等新型方式，组织力量精编学生喜爱、富有特色的本土案例教材，使用案例、音像、短视频等学生喜爱的形式使教学内容深入学生头脑、内心，达到精准施教。特别是用好思想政治理论课课堂，重点和有针对性地做好大学生深层次思想理论问题的释疑解惑，引导大学生旗帜鲜明地批判错误思潮和观点，始终做到用先进的理论武装大学生头脑，使之形成深刻的思想认识，提升理论课教学实效。就当代大学生而言，就是引导他们形成习近平总书记在全国高校思想政治工作会议上提出的"四个认识"，用"四个认识"武装头脑，指导实践。

（2）紧扣理想信念教育核心，铸牢大学生思想之魂。纽曼说："真正的大学教育是什么？不是专业教育，不是技术教育，而是博雅教育。大学的理想在于把每个学生的精神和品行升华到博雅的高度。这样的人首先在精神上就是健康的。"这种精神最重要的是对理想的追求，对信念的坚定。理想是人生观的核心，崇高的理想是引领社会进步的重要力量，也是人们战难而进、走向成功的精神动力。理想信念是优化大学生思想素质结构的重要内容和重要测量指标。邓小平深刻指出，"在我们最困难的时期，共产主义的理想是我们的精神支柱，多少人牺牲就是为了实现这个理想"①。"我们一定要经常教育我们的人民，尤其是我们的青年，要有理想。为什么我们过去能在非常困难

---

① 《邓小平文选》第3卷，人民出版社1993年版，第137页。

的情况下奋斗出来,战胜千难万险使革命胜利呢?就是因为我们有理想。"①

当代大学生在理想信念上还不同程度地存在一些问题,其突出表现有:一是政治迷茫型,理想不明确,或理想不坚定,信念动摇,感觉前途迷惘,心生悲观。二是伦理困惑型,感到道德滑坡、人心不古,道德代价升高,事不关己,出现自私自利倾向。某高校一位大学生在日记中写道:"把灵魂交给撒旦,那太卑鄙了,但把灵魂交给天使,那又太吃亏了。我既不愿做十足的坏人,也不愿做十足的好人。"在撒旦与天使之间徘徊正是极少数大学生伦理困惑的生动表现。三是生存忧虑型,少数大学生面对就业压力、工作困惑、生活窘况,深感自身的小小生活理想都实现不了,何谈报国效民?四是心理失衡型,少数大学生面对"富二代""官二代""拆二代""学二代""星二代"等现象,感觉社会不公,心理失衡。有的大学生梦想一夜成名暴富,有的大学生的心态发生嬗变。《学记》中说:"知其心,长善而救其失。"在信念上,本研究抽样调查显示,1.80%的大学生"不知道信什么,什么也不信",尚有3.50%的大学生信念不坚定,选择"有时信,有时不信"。信念与信仰是紧密相关的。"信仰是信念的整合和升华,是一切信念中最重要、最根本的居于统摄、支配其他信念的最高信念。"②习近平总书记曾形象地指出,"理想信念就是共产党人精神上的'钙',没有理想信念,理想信念不坚定,精神上就会'缺钙',就会得'软骨病'"③。又指出:"人民有信仰,民族有希望,

---

① 《邓小平文选》第3卷,人民出版社1993年版,第110页。
② 魏长领:《信念与信仰的异同》,《河南师范大学学报》(哲学社会科学版)2007年第5期。
③ 中共中央文献研究室:《十八大以来重要文献选编》(下),中央文献出版社2018年版,第742页。

国家有力量。"他还强调"要坚守共产党人精神家园，把改造客观世界和改造主观世界结合起来，切实解决好世界观、人生观、价值观问题，练就共产党人的钢筋铁骨，筑牢坚守信仰的铜墙铁壁，矢志不渝为中国特色社会主义共同理想而奋斗"①。筑牢当代大学生的理想信念不仅是个体发展的需要，而且关乎国家民族未来，关乎社会主义事业的兴衰成败。筑牢大学生理想信念，多维度开展正面教育是重要途径。第一，教育引导大学生深刻领会党中央治国理政的新理念新思想新战略，筑牢理想信念教育主阵地，即课堂阵地、舆论阵地、活动阵地。可以通过组织开展"我的中国梦"主题教育及"红色星期二"等系列主题活动，增强理论学习的向心力。第二，多形式开展社会实践教育，强化理想信念教育的实践环节。比如组织大学生参与感受社会主义建设伟大成就的实践体验，开展"十九大精神宣传""追梦新时代""我看新变化""我与乡村振兴"等主题实践活动，让广大学生深入城市乡村，直观感受社会主义建设的伟大成就，在感悟中提升认识、升华思想，坚定理想信念。第三，多渠道开展网络与新媒体育人，拓展理想信念教育新空间。建好主题网站，掌握网络引导主动权，特别是重视新媒体平台建设，用好"两微一端"，大力实施"网络领航工程"，做到"学生在哪里，辅导员在哪里""学生在哪里，辅导员微博、微信、QQ空间就在哪里"，让广大教师广泛进入大学生的朋友圈、QQ群，通过新兴培育载体，决不给其他思想以可乘之机，切实筑牢大学生的理想信念，扎实引导大学生毫不动摇地坚定"四个自信"，牢固树立"四个意识"，补足精神之钙，铸牢思想之魂。

---

① 习近平：《在纪念陈云同志诞辰110周年座谈会上的讲话》，人民出版社2015年版，第6—7页。

四 锻造：优化思想环境，加强社会实践

锻造就是促进大学生思想素质结构与环境和实践的交互交融，这是优化大学生思想素质结构的实践路径。《思想政治教育学原理》关于人的思想品德结构的形成和发展规律认为，环境是影响人的品德素质的重要因素。人在实践中逐渐形成一定的思想品德，并通过实践对环境产生影响，实践成为联结外部信息和思想活动的中介。可见，优化大学生思想素质结构，必须优化思想环境，加强社会实践。我国古代一直强调"知行合一"。朱熹很重视行的重要性，提出"为学之实，因在践履，苟徒知而不行，诚与不学无异"。王守仁强调知行并进，提出"知是行的主意，行是知的功夫；知是行之始，行是知之成"。这是知与行的问题。环境方面，常言道："鸟随鸾凤飞腾远，人伴贤良品质高"，古语云"于君子交，如入芝兰之室，久而不闻其香；于恶人交，如入鲍鱼之市，久而不闻其臭"。可见实践和环境对人的重要性，优化大学生思想素质结构亦然，必须重视实践和环境对结构的影响和作用，切实发挥环境和实践的作用，为建优大学生思想素质结构服务。

（1）优化大学生思想素质结构环境。系统论认为，结构的形成与环境的作用紧密相关，结构的变化发展受环境的直接影响，结构发展到最优同样离不开环境的作用。大学生思想素质结构环境，指的是影响大学生思想素质的形成和发展，并影响其思想素质结构运行的一切外部因素的总和。与一般意义的环境比较，大学生思想素质结构坏境具有自身的特点，其中复杂性、易变性和开放性是其主要特征。在现代社会，这些特征越发凸显。当前我国改革步入深水区、攻坚期，我们面临着百年未有之大变局，人们思想活跃，价值取向多元，各种思想交错存在，各种观念此消彼长，正确的与错误的、先进的与落后的

相互交织，使得人们眼花缭乱；此外，经济全球化、社会信息化一日千里，国家间的合作越来越密切，给社会主义意识形态带来巨大挑战，西化与反西化、渗透与反渗透、颠覆与反颠覆斗争长期存在。我们面临的思想环境日益复杂多变，这些环境性因素正深刻地影响着人们的思想素质及其结构。影响大学生思想素质结构的环境因素，按区域来划分，可分为学校环境、家庭环境和社会环境；按维度来区分，可分为宏观、中观和微观三个方面，宏观方面有国际环境、社会环境等，中观方面有媒介环境、网络环境等，微观方面则有宿舍环境、班级环境、社团环境以及人际环境等。环境与结构的关系紧密相联，就如鱼水关系，二者须臾不可分离。思想环境使思想素质及其结构内部系统各要素间的联系变得紧密，彼此间相互联系和影响，构成环境整体，共同作用于人的思想素质结构系统。大学生思想素质结构系统随时与外部环境发生着作用，并受其影响。

建优大学生思想素质结构面临的上述环境是优化大学生思想素质结构的重要现实路径。必须把握好几大重点环境的优化。第一，优化教育环境，营造校园文化良好育人氛围。大学校园为大学生所提供的文化氛围为大学生价值观念、思想心理、思想认识和思想行为的形成和发展提供了中观的文化生态环境。在校园建设上注重引导价值观念、提升思想认识、促进人的思想心理健康。在规范人的思想行为上，积极营造良好氛围，通过校园文化艺术节精心设计主题引导大学生积极讲奉献，学会感恩，富有责任感，坚定理想信念；在物质文化建设上，不断凸显学校主流思想，倡导民主开放、和谐包容的思想，积极培育现代大学精神；在制度文化设置上，突出富有学校特色的思想引领。四川某民办高校实行半军事化管理，校园弥漫着浓郁的军事文化气息，旨在培养学生吃苦耐劳的精神、敢想敢干的思想，将之作为大学生思想素质结构特色，其极富个性化的思想素质结构深受用人单位好评，该校毕业生成为广受欢迎的香饽饽。

第二，充分调动家庭力量营造理想成长空间。2021年10月，我国出台家庭教育促进法，体现了国家对家庭教育的高度重视。家庭作为社会细胞，家庭教育的影响对大学生的影响有时比学校教育更有效，是大学生的第一"德育场"，也是大学生思想素质结构优化的起始环节。应首先从家长入手引导家长改变教育观念，使之能充分认识到家庭教育对于优化孩子思想素质结构的作用，将家长的积极性调动起来。同时，提升家庭成员的思想道德素养。家庭成员的思想道德素养直接影响着子女的思想素质水平，家庭成员必须当好榜样，做好表率。此外，注重家庭成员思想行为的引导，言传身教、言行感化；注重积极营造民主、友善、和谐的家庭氛围，让优良的家风影响感染大学生，使之受到陶冶熏陶，实现潜移默化。

第三，加强媒介监督管理创建清朗虚拟环境。当前，以网络技术为手段的现代通信技术正在冲破不同意识形态、不同国家制度间的森严壁垒，带来大学生归属感的弱化、爱国心的衰减，有的低俗媒体和节目传播的拜金主义、唯利是图思想影响着当代大学生。必须加强媒介环境建设，以正确的新闻舆论引导大学生，唱响主旋律，传播正能量，发出党的时代强音。净化网络空间，积极培养健康的网络文化，使网络成为大学生的红色家园、精神领地，而非灰色地带、无聊空间；不断丰富网络教育活动内容，推进第二课堂进网络；充分发挥微媒体的作用，利用好大学生喜欢和占有重要份额的微媒体力量，矫正大学生价值观念，提升大学生思想认识；创新方式方法，开展丰富多彩的网上活动，开设"时政要闻""红色课堂""社会主义潮吧"等栏目、主页，用微视频、卡通、沙画等学生喜爱的形式引导大学生积极健康向上。

第四，培育社区和谐环境拓建优良实践阵地。社区是连接学校教育、家庭教育和社会教育的重要纽带，良好的社区是居民的精神生活家园，是在精神上情感上互相认同和依存、生活上互相合作、人际关系和谐的社会缩影。一个道德高尚、风尚文明的社区是大学生优良的实践阵地。加强高校与社区的共建共享，增强大学生对现实生活的认识，增进对党和国家的感情，增强获得感。引导大学生积极参与社区服务，增强大学生和社区居民的归属感和凝聚力，培育起共同的情感认同、价值认同和内心信念；建好校社共享文化阵地，培育社区文化，引导大学生在各项文娱文体活动中修正行为，涵养思想，提升素养。

（2）加强社会实践助推思想素质结构优化。实践是认识的来源，是形成思想素质的重要基础。社会实践活动是优化大学生思想素质结构的有效平台，为大学生提供了接触社会、加深对社会了解的良好机会，也是锻造大学生思想的重要舞台。通过实践，有利于大学生在实践中知晓民情、把握世情、了解党情国情，理解党的政策、理论、路线、方针，确立正确的奋斗目标和价值取向。因此，实践对于优化大学生思想素质结构具有极其重要的作用。

积极开展多形式的社会实践活动，为优化大学生的价值观念、思想心理、思想认识和思想行为提供有利条件。第一，组织开展丰富多彩的社会实践活动，优化大学生思想行为。如开展实习实训、社会公益、资困助学等活动，使大学生在接触和认识社会中了解国情；组织各项公益活动，如义务献血、帮助孤寡老人等，使之在活动中提升思想认识，修正思想行为。第二，积极创新实践活动方式，引导大学生升华思想规范行为。组织大学生在社会实践中进行角色扮演，以体验的方式如模拟访谈、在线模拟采访、模拟审判、模拟公务活动等使大学生在角色体验中接受教育；开展扮演各种角色的演讲赛、红色会、重走红色路、"大学生村官的一天""我在兵营的日子"等思想主题好、形式多样的主题实践体验活动，用情景再现原貌，展现大学生献身祖国的感人镜头，引导大学生转变观念，端正行为。第三，组织大学生深入社会，在社会中认清国情社情。深刻的思想认识离不开对社会的了解，有人说社会才是真正的大学，是颇有道理的。大学生在亲身实践中感受的信息才最令他们信服。大力组织"四进社区"等活动，引导他们在实践中了解社会主义现代化建设所取得的伟大成就和所面临的困难，科学辩证地看待社会的阴暗面，增强对党和人民政府的赞誉，坚定社会主义信念。同时，通过组织"微宣讲""大学生义务讲师团"等方式，让大学生深入社区乡村宣讲党的政策、理论，提升他们的理论水平和政策水平，帮助他们更好地了解国情社情，增强责任感，增进建设有中国特色的社会主义的信心和认同感。第四，倡导志愿服务，引导大学生培养高尚行为。行为是最好的老师。近年来，随着社会进步和经济发展，已有越来越多的大学生加入到了志愿服务队伍中，他们在奉献爱心、支援他人、服务社会的志愿服务活动中，服务意识逐步提高，懂得为别人着想，行为修养在活动中得到极大提升。实施这一途径的较好方式是拓展服务平台，扩大志愿服务范围，创新工作方式，广泛组织大学生投身到诸如支农支教、扶贫帮困、环境保护、公益捐赠、法律援助等志愿活动中去，锻造奉献精神、使命意识，提升大学生自我价值的实现，使之在无私奉献、服务他人、实现个体价值的过程中养成良好的行为习惯，锤炼和形成高尚行为。

五 塑型：整合教育资源，培优思想素质

塑型就是定型思想素质结构模型，这是优化大学生思想素质结构的条件路径。大学生思想素质结构的优化是长期而复杂的过程，需要集结全社会的合力共同完成。习近平总书记在全国高校思想政治工作会议上明确要求全员全过程全方位育人。这要求教育者积极整合资

源，切实了解当代大学生思想素质优化的现实困境并进行有的放矢的调节和干预，凝聚全社会的资源实现大学生思想素质结构的优化。优化大学生思想素质结构必须唤起全社会的重视，整合全社会的力量，形成全社会合力共同把接班人的思想素质优化好。

（1）整合组织资源提升大学生思想水平。积极利用党团组织优势，发挥党团组织中思想素质高的学生党员和干部的先锋模范作用、思想行为上的引领作用；利用和发挥社会组织的力量，引导大学生增强对党的执政信心和支持力度，提升大学生思想觉悟和政治品质。第一，构建联动机制，打造党团合力。坚持党团联动，用好组织合力，将更多的优秀青年团员、青年大学生吸引到党的组织中来，使他们成为大学生们身边的重要教育力量，充分发挥大学生中"关键的少数"的作用，吸引更多更优秀的大学生团结凝聚在党的周围；创新基层党建团建方式，广泛开展形式多样的党团活动，提升党建团建成效，让党团支部成为引领大学生思想、带领大学生进步的重要战斗堡垒。第二，加强社团建设，丰富社团活动。推进大学生社团发展，强化社团平台建设，将思想政治教育融入到丰富多彩的社团活动中去，让社团成为培育大学生思想的重要载体，建构大学生个性化思想素质结构的重要平台。第三，整合社会教育资源，建构社会合力。大学生思想素质结构的优化需要找准与大学生成长成才的结合点，必须整合校内外各类教育资源，利用社会资源补好学校教育资源的短板，如邀请各级青年委员、十大杰出青年、成功企业家、"五四"奖章获得者、时代楷模等优秀成功人士到校演讲、做报告，言传身教，感化影响大学生；用好各类爱国主义、德育教育和教学实践实训基地，让这些力量充分发挥作用。广泛利用各级各类社会组织，如各类协会、学会、研究会、商会、促进会、联合会等文化文艺、学术、义工、志愿团体，引导大学生充分融入各级社会组织中，开展诸如义工、志愿等丰富多彩的教育体验活动,不断拓展优化大学生思想素质结构的有效途径和发展空间。

(2)利用朋辈资源优化大学生思想素质。朋辈亦是大学生思想素质结构优化的重要资源,其言行往往最容易使对方受到感染和教化,可谓最鲜活最让人接受的良好教育资源。第一,积极引导大学生融入集体,在朋辈交往中提升思想认识。比如,通过组织沙龙等形式引导他们探讨热点、焦点、难点问题,形成思想共识,化解思想困惑;通过兴趣爱好角、茶吧等活动载体组织一些专题性的,如现代女性、我的室友、青春风采等小型活动,让朋辈参与其中谈论交流,碰撞思想,净化心灵。第二,用社会主义核心价值观武装"小伙伴"们的头脑,引导大学生树立正确价值观念。朋辈之间容易产生价值共鸣,他们在交流分享中探讨人生、专业、发展等,具有平等性,可以无话不说,这种交流中无不涉及价值观念、价值取向问题,大多数人认同的价值观念一般会影响少数价值观存在偏差的大学生,这一方式有利于帮助朋辈建立起正确的价值观念。第三,发挥朋辈核心人物作用,引导大学生思想行为良性发展。在朋辈中的核心人物其思想言行常常能对其他大学生产生广泛影响,其一言一行,往往会成为其他大学生模仿的蓝本。其思想素质高低与否,结构组合如何,直接影响着其他大学生。要重视朋辈中的核心人物、代表者和意见领袖,积极引导这些优秀分子用他们的先进思想引导、感化其他大学生,以大学生身边的优秀标兵优化他们的思想素质结构。比如,通过开展小范围、专题性的集体活动,让优秀分子担任主持人,用他们的言行影响带动其他大学生,实现其思想素质结构的优化。

(3)依托优秀文化资源建构思想素质结构特质。文化是文明的基石,是一种无形的软实力,它凭借其具有的凝聚力和影响力对人类文明发展的引领产生着巨大的作用。优秀传统文化是涵养大学生思想特质，建构个性化思想素质结构模型，优化大学生思想素质结构的重要资源。第一，用革命文化浸润大学生头脑，弘扬伟大建党精神，优化大学生思想素质结构内核。比如，可依托本地的红军墙、红军路、烈士陵园等红色文化和先烈们的革命事迹，用老一辈无产阶级革命家的事迹及其他们身上体现的坚持真理、坚守理想，践行初心、担当使命，不怕牺牲、英勇斗争，对党忠诚、不负人民的伟大建党精神建构大学生思想素质结构，弘扬传承中国共产党人的精神谱系，引导大学生把远大理想、共同理想与个人理想紧密结合起来，把实现人生理想与祖国的命运和人民的意愿紧密结合起来，将革命前辈的绝对忠诚注入大学生灵魂，凸显其特别"红"的思想底色。还可以组织富有特色的地方红色文化纪念主题活动，以此为载体培养大学生特别"硬"的红色品质。比如组织参观纪念馆、故居等德育教育基地；在节庆和纪念日，组织大学生在基地开展主题纪念教育活动，让他们在体验中感悟崇高，汲取力量，自觉调整和优化思想素质结构。第二，以优秀传统文化塑造心灵，加强传统伦理教育，帮助大学生筑造具有鲜明个性的思想素质结构模型。比如，利用道德文化发祥地、理学文化集散地、文化名人故里等地域资源，将博大精深的优秀传统文化作为大学生现实的鲜活教材，组织学生以缅怀中华道德始祖舜帝、纪念理学开山鼻祖周敦颐等为主题开展传统道德实践和修身体验，结合评选"舜德学子"并将之与"最美大学生"等主题教育结合起来，培养大学生特别讲信修睦、知书达理、仁爱通达等方面的思想素质结构特质。第三，以名人文化洗涤心灵，加强逆境挫折教育，构筑心理素质特别强大的思想素质结构模型。中华文化，博大精深、源远流长，在人类文明史上绽放着璀璨夺目的精神光芒，孕育了历史上不同类别的文化名人，有的逆境中崛起，有的"位卑不敢忘忧国"，有的淡泊名利、具有高尚的情操。散布在各地的名人文化无不彰显着一种自强不息、敢为人先、爱国敬业、勤勉进取的精神,这种精神是新时代培育大学生优良思想品质的良好文化教材。可以充分利用本地名人文化资源,让大学生在亲身体验中培养积极进取精神,锻造思想素质结构特色。可以将这些资源编入心理健康教育教材、讲义中,让学生在对地方优秀传统文化的感悟中提升耐挫承受能力。学校还可将它们作为创建特色校园文化的重要资源,让大学生在富有浓郁地方特色的校园文化熏陶中陶冶思想,培育起特别能耐挫、特别能进取、特别能吃苦的思想素质结构特质。

结　　语

　　科学研究是艰辛的，又是幸福的；是严谨的学术活动，又是脚下的基础功夫。对大学生思想素质结构及其优化的研究来源于实践，又将成为指导实践的参考。研究结论是学术研究的结果，也是检验学术研究的重要标尺，更是成果运用的基础。它始终承载着研究者的不懈追求和执着梦想。

　　本书基于多年来我国思想政治教育较为注重从外部手段入手，比较忽视从思想素质内部展开研究的现实背景，围绕当前大学生思想素质结构及其优化的理论和现状，综合运用了思想政治教育学、马克思主义理论、哲学、心理学、教育学及系统科学等学科的相关理论，对大学生这一特殊群体的思想素质结构进行了颇具开创性的研究。通过理论研究回答了大学生思想素质结构是什么、如何优化这一理论和现实问题，揭示了大学生思想素质结构要素及其关系，通过实证研究较好地把握了当前大学生思想素质结构的总体状况、主要问题及其原因，探析了大学生思想素质结构及优化的时代要求，并结合时代要求和我国思想政治教育的实际，回答了优化大学生思想素质结构的基本策略和方法路径等现实问题。

　　本书通过对当前我国大学生思想素质结构及其优化的考量，紧扣与大学生思想素质内部存在着有机联系的四大要素系统——价值观

结　语

念、思想心理、思想认识、思想行为，坚持理论与现实相结合、个别与一般相统一的原则，对大学生思想素质结构规律和走向趋势进行了较好探析。既有对当前大学生思想素质结构现状的描述，又有对影响大学生思想素质结构因素的分析；既有纵向的理论渊流的比较和梳理，也有横向的实证调查与研究；既有对大学生思想素质内在结构的分析，又有结构与环境互动关系的考察；既有对优化大学生思想素质结构的时代分析，又有对大学生思想素质结构发展趋势的预测。通过研究和分析，揭示了当前大学生思想素质结构及其优化的思想方法和理论观点，为大学生思想素质结构及其优化找到了切实可行的策略。通过研究，得出了如下结论：

第一，大学生思想结构要素紧密联系、相互作用，共同构成大学生思想素质结构系统。价值观念、思想心理、思想认识、思想行为是大学生思想素质结构的四大要素，构成大学生思想素质结构系统。在这一系统中，社会主义核心价值观为轴心，价值观念为核心，是大学生思想素质结构的定向盘；思想心理是基础，是大学生思想素质结构的动力元调节阀；思想认识是关键，是大学生思想素质结构的链接剂；思想行为是外现，是大学生思想素质结构的校验器。它们由内而外组成大学生思想素质结构的多层球体结构，它们内外运动，呈现出相对稳定的状态、螺旋上升的趋势。它们的结构次序构成了大学生思想素质结构的形成机理，体现在筑轴、构基、建架、成型四个环节；它们的关系构成了大学生思想素质结构模型，这种模型主要有：一轴三体型、要素主导型、要素平行型、要素交互型，其中一轴三体型模型是标准的理想的结构模型。

第二，实证调查表明，当前大学生思想素质结构总体状况良好，正沿着健康的轨道发展。从现状看，大学生思想素质结构总体呈现出结构要素多元、结构模型多样、结构方式严谨、结构状态稳定，特别是近些年，随着我国综合国力和世界影响的不断攀升，大学生目睹了改革开放四十多年和"入世"二十年的辉煌成就，亲身感受到了国家繁荣富强给生活带来的实惠和幸福，对党对国家更加高度拥护和爱戴，对国际重大敏感事件有清醒的认识，始终与党和国家的立场保持一致。但同时值得我们高度重视和密切关注的是少数大学生的思想素质结构尚存在着一些不容忽视的问题，表现为结构要素不健全，结构组合欠科学，要素互动弱化。

第三，时代对大学生思想素质结构的要求是客观的，也是较高的。在结构方式上体现出结构要多样、结构要严谨、要素要互动的要求，在结构功能上表现为：要为大学生社会主义核心价值观的建立奠定思维基础，为大学生坚定理想信念提供意志定力，并为其个体心理冲突建构消解机制；在结构品质上要求要素完善、状态稳定、功能正向。

第四，当代大学生思想素质结构的优化应遵循一元主导与尊重差异相结合，坚持导向性、系统性、时代性、协同性和个性化的原则，围绕内和谐、外适应两大目标，优化结构要素、结构组合，强化结构链接，推进结构互动。同时，要积极实施"五维联动"的优化路径：拧好总开关，育牢核心价值观；培育健康心理，培养健全人格；强化理论教育，筑牢理想信念；优化思想环境，加强社会实践；整合教育资源，培优思想素质。

社会主义精神文明建设对大学生思想素质结构及其优化的影响是极其广泛而深刻的。全面建设社会主义现代化国家，实现中华民族伟大复兴，面对第二个百年奋斗目标，当代大学生既是社会主义伟大成就的见证者、获益者，又是未来现代化建设的生力军，责任重大、使命光荣。当代大学生思想素质结构呈现出稳定的态势，他们社会主义核心价值观牢固，价值观念正确，思想心理健康，思想认识深刻，思想行为端正，表现出良好的精神状态和思想素质。同时我们也要清醒地认识到，他们中的少数人思想素质结构存在着价值观念、思想心理、思想认识和思想行为上的偏差，表现出结构上的问题。进入全面现代化国家建设的新征程，需要我们在立足新发展阶段、贯彻新发展理念、构建新发展格局上有新作为，更需要人的思想上的丰盈和进步、精神上的富足和幸福，我们绝不能让少数大学生在思想上落后和掉队。随着全面建设社会主义现代化国家新征程的不断推进，立德树人的新使命新要求越来越高地摆在社会主义大学面前，培养高素质的接班人和担当民族复兴大任的时代新人已成为全社会的广泛共识和强大合力，我们要用更加坚实的脚步、更加务实的作风帮助支持青年大学生改善优化他们的思想素质结构，推进人的现代化，助推他们的全面发展，以应对中国梦对当代大学生的召唤，不负时代，不负韶华，不负党和人民的殷切期望！奋力走好新的赶考之路，努力为党和人民争取更大光荣！

大学生思想素质结构是个极其复杂的系统，它的优化也是个极其复杂的工程。因各种原因本书还存在一些不足。从研究内容上看，尚存在着一些没有触及的学域，比如我国大学生思想素质结构的演进及其规律性，大学生思想素质结构要素系统的进一步细化，影响大学生思想素质结构关系的深层次原因，大学生思想素质结构、功能与环境的深层次关系，大学生思想素质结构内部作用力的关系、运行及其影响，大学生思想素质结构与其他素质结构乃至大学生素质结构的关系，等等，尚未做探讨。从研究方法上看，尚存在定量分析较少、定性分析较多，逻辑思辨上的阐述较多、数据与案例分析较少等方面的不足。唯望后来者沿着这些方向有深层的发现，以贡献于学界。

可以毫无疑问地说，对大学生思想素质结构的研究才刚刚起步，我们在探求大学生思想素质结构真理的道路上也刚刚叩响门环。面对世界经济全球化、思想多元化、矛盾深层化、竞争白热化的趋势，面对当代中国社会深刻转型、改革开放进入攻坚期深水区等现实，进行新的伟大斗争、推进伟大事业、建设伟大工程，实现人的现代化和自由全面发展关系到实现第二个百年奋斗目标和中华民族伟大复兴中国梦这一伟大梦想的实现。用优良的思想素质结构建构和优化大学生的思想素质，用思想凝聚推进我们前进的力量，始终应成为对这一问题研究的旨归。

凡益之道，与时偕行。时代在发展，瞬息万变的发展变化对大学生思想素质结构提出了更高更新的要求，更成为了对大学生思想素质结构研究的不息动力。研究者理应与时俱进，审时度势，始终站在研究的前沿，以时代的脉搏为视点，不断拓展视域，展开对立德树人的孜孜探究，展开对大学生思想素质结构的不倦求索。比如，对大学生思想素质结构建模的研究、对大学生思想素质结构力的探究尤其是内外作用力的分析、对大学生思想素质结构与大学生素质结构关系的研究，以及对大学生思想素质结构与政治素质结构、道德素质结构等其他素质的关系，乃至人的全面发展的关系的研究，等等，以更加精准地把握大学生思想素质结构的奥妙、大学生思想素质的内蕴，为新的伟大事业添砖加瓦。

参考文献

（一）经典文献

本书编写组：《"三新"（新理念、新思想、新战略）学习读本》，光明日报出版社2016年版。

本书编写组：《习近平总书记教育重要论述讲义》，高等教育出版社，2020年版。

《邓小平文选》第1—3卷，人民出版社1993年版。

《胡锦涛文选》第1—3卷，人民出版社2016年版。

《江泽民文选》第1—3卷，人民出版社2006年版。

教育部课题组：《深入学习习近平关于教育的重要论述》，人民出版社，2019年版。

《列宁全集》第6、12、38、55卷，人民出版社1990年版。

《列宁选集》第1—3卷，人民出版社2012年版。

《马克思恩格斯全集》第1、2、3、19、23、30、46、49卷，人民出版社1995年版。

《马克思恩格斯文集》第1、2、9卷，人民出版社2009年版。

《马克思恩格斯选集》第1—4卷，人民出版社2012年版。

《毛泽东文集》第1—8卷，人民出版社1996年版。

《毛泽东选集》第1—4卷，人民出版社1991年版。

任仲文：《深入学习习近平总书记重要讲话精神》，人民出版社 2014 年版。

《习近平关于青少年和共青团工作论述摘编》，中央文献出版社 2017 年版。

《习近平关于社会主义文化建设论述摘编》，中央文献出版社 2017 年版。

《习近平谈治国理政》第 1 卷，外文出版社 2018 年版。

《习近平谈治国理政》第 2 卷，外文出版社 2017 年版。

《习近平谈治国理政》第 3 卷，外文出版社 2020 年版。

习近平：《在北京大学师生座谈会上的讲话》，人民出版社 2018 年版。

中共中央文献研究室：《十八大以来重要文献选编》（上、中、下），中央文献出版社 2016 年版。

中共中央宣传部：《习近平总书记系列重要讲话读本》，学习出版社、人民出版社 2016 年版。

中央文献研究室：《习近平总书记重要讲话文章选编》，中央文献出版社、党建读物出版社 2016 年版。

（二）中文专著

艾四林、吴潜涛：《马克思主义理论学科发展报告》，高等教育出版社 2016 年版。

本书编写组：《党的十九大报告辅导读本》，人民出版社 2017 年版。

本书编写组：《信仰的力量——学习习近平总书记在庆祝中国共产党成立 95 周年大会上的讲话》，中共中央党校出版社 2016 年版。

本书课题组：《当代大学生思想特点与发展趋势调研报告》，清华大学出版社 2013 年版。

陈秉公：《思想政治教育学原理》，高等教育出版社 2006 年版。

陈万柏、张耀灿：《思想政治教育学原理（第三版）》，高等教育出版社 2015 年版。

戴钢书：《大学生社会主义核心价值理念培育质性研究》，人民出版社 2008 年版。

戴艳军、吴桦：《大学生与社会主义核心价值观》，中国文史出版社 2014 年版。

冯刚、沈壮海：《中国大学生思想政治教育发展报告 2013》，北京师范大学出版社 2013 年版。

冯秀军：《中国青少年道德价值观研究丛书：社会变革时期中国大学生道德价值观调查》，教学科学出版社 2013 年版。

高国希：《道德哲学》，复旦大学出版社 2005 年版。

葛兆光：《中国思想史》，复旦大学出版社 2011 年版。

贺雄飞：《信仰与危机》，华龄出版社 2010 年版。

胡凯：《现代思想政治教育心理研究》，湖南人民出版社 2009 年版。

教育部思政司：《马克思主义思想政治教育经典著作选读》，高等教育出版社 2011 年版。

兰久富：《社会转型时期的价值观念》，北京师范大学出版社 1999 年版。

李德顺：《价值论——一种主体性的研究》，中国人民大学出版社 2013 年版。

李辉：《当代大学生理想信念形成的特点及机制研究》，中国书籍出版社 2013 年版。

李辉：《现代思想政治教育环境研究》，广东人民出版社 2005 年版。

李忠军：《社会主义核心价值体系统领大学生思想政治教育研究：内在逻辑与体系建构》，人民出版社 2014 年版。

林泰：《唯物史观通论》，高等教育出版社 2001 年版。

林泰：《问道：改革开放以来的社会思潮与青年思想政治教育研究》，

中国社会科学出版社 2013 年版。

刘建军等：《信仰书简：与当代大学生谈理想信念》，中国青年出版社 2012 年版。

刘建军：《守望信仰》，人民出版社 2013 年版。

刘建军：《信仰是成"人"之基、立国之本》，中国青年出版社 2015 年版。

刘书林：《未来成功人才的全面素质》，国家行政学院出版社 2011 年版。

刘新庚：《现代思想政治教育方法论》，人民出版社 2014 年版。

卢黎歌、薛华：《当代大学生思想特点成长规律与马克思主义大众化研究》，西安交通大学出版社 2012 年版。

罗国杰：《马克思主义价值观研究》，人民出版社 2013 年版。

骆郁廷：《精神动力论》，武汉大学出版社 2003 年版。

马克思主义中国化的历史进程和基本经验课题组：《马克思主义中国化研究——历史进程和基本经验》，北京古籍出版社 2009 年版。

闵永新：《大学生思想政治教育整体有效性问题研究》，中国社会科学出版社 2012 年版。

彭平一：《从新民新人到人的全面发展——马克思主义"人的全面发展"理论的中国化进程》，中南大学出版社 2007 年版。

彭新武：《复杂性思维与社会发展》，中国人民大学出版社 2003 年版。

钱广荣：《社会主义核心价值观教育读本》，安徽大学出版社 2014 年版。

钱学森等：《论系统工程》，上海交通大学出版社 2007 年版。

邱吉、王易、王伟玮：《轨迹——当代中国青年价值观变迁研究》，人民出版社 2012 年版。

人民日报理论部：《思想纵横》，中国方正出版社 2017 年版。

佘双好：《当代社会思潮对高校师生的影响及对策研究》，中央编译出版社2012年版。

佘双好：《中国梦之中国精神》，武汉大学出版社2015年版。

沈德立、阳国恩：《基础心理学》，华东师范大学出版社2012年版。

沈国权：《思想政治教育环境论》，复旦大学出版社2002年版。

苏恩泽：《思想的力量》，军事科学出版社2009年版。

田辉、蒋庆哲：《马克思主义中国化在青年大学生中的传播研究》，北京师范大学出版社2014年版。

万光侠：《思想政治教育的人学基础》，高等教育出版社2006年版。

王学俭：《凝心聚力兴国魂：社会主义核心价值体系》，兰州大学出版社2002年版。

魏宏森、曾国屏：《系统论》，中国出版集团2009年版。

乌杰：《系统辩证论》，人民出版社1997年版。

吴潜涛等：《中国精神教育读本》，人民出版社2014年版。

武东生：《社会主义意识形态研究——关于中国特色社会主义核心价值体系建设的一种理解和说明》，中国社会科学出版社2014年版。

西南交通大学政治学院等：《社会主义核心价值观的践行与培育》，西南交通大学出版社2013年版。

熊建生：《思想政治教育内容结构论》，中国社会科学出版社2012年版。

熊晓红、王国银：《论价值自觉与人的价值》，人民出版社2007年版。

徐光宪：《物质结构》，科学出版社2010年版。

徐园媛等：《大学生思想政治教育心理接受机制构建》，西南交通大学出版社2013年版。

许国智：《系统科学大词典》，云南科学技术出版社1994年版。

许纪霖、宋宏：《现代中国思想的核心观念》，上海人民出版社2011

年版。

杨德广、晏开利：《中国当代大学生价值观研究》，上海教育出版社1998年版。

杨晓慧：《当代大学生成长规律研究》，人民出版社2010年版。

杨永志：《马克思主义中国化与中国人的现代化》，南开大学出版社2012年版。

余玉花：《思想道德概论》，华东师范大学出版社1999年版。

宇文利：《中国人的价值观》，中国人民大学出版社2012年版。

袁贵仁：《价值学引论》，北京师范大学出版社1991年版。

张波、袁永根：《系统思考和系统动力学的理论与实践：科学决策的思想、方法和工具》，中国环境科学出版社2010年版。

张蔚屏、李永恒：《思想行为学概论》，中国方正出版社2001年版。

张禧、毛平、尹媛媛：《大学生思想政治教育实效性探索》，西南交通大学出版社2014年版。

张艳涛：《知识与信仰：当代大学生精神世界研究》，中国文史出版社2014年版。

张耀灿、郑永廷、吴潜涛、骆郁廷等：《现代思想政治教育学》，人民出版社2006年版。

张耀灿：《中国共产党思想政治教育史论》，高等教育出版社2009年版。

郑永廷：《思想政治教育学原理》，高等教育出版社2016年版。

周晓虹：《现代社会心理学》，上海人民出版社1997年版。

（三）中文译著

[波兰]亚当·沙夫：《结构主义与马克思主义》，袁晖、李绍明译，山东大学出版社2009年版。

[德]恩斯特·卡西尔：《人论》，甘阳译，西苑出版社2003年版。

[德]卡尔·雅斯贝尔斯：《什么是教育》，邹进译，生活·读书·新

知三联书店1991年版。

[法] 莫里斯·梅洛-庞蒂：《行为的结构》，杨大春、张尧均译，商务印书馆2010年版。

[法] 帕斯卡尔：《思想录》，何兆武译，商务印书馆1985年版。

[美] 阿历克斯·英格尔斯：《迈向现代化》，殷陆君译，四川人民出版社1985年版。

[美] 贝迪·阿纳思·瓦尔马：《现代化问题探索》，周忠德、严炬新编译，知识出版社1983年版。

[美] 布鲁克·诺埃尔·穆尔、肯尼思·布鲁德：《思想的力量》，李宏昀、倪佳译，北京联合出版公司2017年版。

[美] 查尔斯·S.卡佛、迈克尔·F.沙伊尔：《人格心理学》，梁宁建等译，上海人民出版社2014年版。

[美] 杜威：《道德教育原理》，王承绪译，浙江教育出版社2003年版。

[美] 冯·贝塔朗菲：《一般系统理论基础、发展和应用》，林康义、魏宏森等译，清华大学出版社1987年版。

[美] 库恩等：《心理学导论——思想与行为的认识之路（Gateways Psychology An Introduction to Mind and Behavior）》，郑钢等译，中国轻工业出版社2014年版。

[美] 路易斯·拉思斯：《价值与教学》，谭松贤译，浙江教育出版社2003年版。

[美] 罗伯特·L.索尔所、M.金伯利·麦克林、奥托·H.麦克林：《认知心理学》，邵志芳、李林、徐媛、高旭辰、何敏萱等译，上海人民出版社2008年版。

[美] 罗伯特·霍尔、约翰·戴维斯：《道德教育的理论与实践》，陆有铨、魏贤超译，浙江教育出版社2003年版。

［美］内尔·诺丁斯：《幸福与教育》，龙宝新译，教育科学出版社2009年版。

［美］塔尔科特·帕森斯：《社会行动的结构》，张明德、夏遇南、彭刚译，译林出版社2012年版。

［美］亚伯拉罕·马斯洛：《动机与人格》，许金声等译，中国人民大学出版社2012年版。

［美］亚伯拉罕·马斯洛：《人性能达的境界》，曹晓慧、张向军译，世界图书出版公司2019年版。

［美］约翰·杜威：《民主主义与教育》，陶志琼译，中国轻工业出版社2009年版。

［美］约翰·派博：《思想的境界：让头脑被灵性的激情点燃》，李晋、马丽译，团结出版社2012年版。

［瑞士］卡尔·古斯塔夫·荣格：《心理结构与心理动力学》，关群德等译，国际文化出版公司2018年版。

［苏联］拉扎列夫、特里伏诺娃：《认识结构和科学革命》，王鹏令、陈道馥译，中国社会科学出版社1985年版。

［意］R. D. 赫斯利普：《美国人的道德教育》，王邦虎译，人民出版社2003年版。

［意］奥雷里奥·佩西：《人类的素质》，薛荣久译，中国展望出版社1988年版。

［英］T. H. 马歇尔、安东尼·吉登斯：《现代化问题探索》，郭忠华、刘训练编译，江苏人民出版社2009年版。

［英］彼得斯：《道德发展与道德教育》，邬冬星译，浙江教育出版社2000年版。

［英］佩里·安德森：《思想的谱系：西方思潮左与右》，袁银传、曹荣湘等译，社会科学文献出版社2010年版。

[英] 乔伊·帕尔默：《教育究竟是什么？100位思想家论教育》，任钟印、诸惠芳译，北京大学出版社2008年版。

[英] 特里·伊格尔顿：《马克思为什么是对的》，李杨、任文科、郑义译，新星出版社2011年版。

[英] 休谟：《道德原则研究》，曹晓平译，商务印书馆2001年版。

[英] 休谟：《人性论》，关文运译，商务印书馆2012年版。

[英] 亚当·斯密：《道德情操论》，蒋自强等译，商务印书馆2013年版。

（四）中文期刊

包玉山、杨兴猛：《社会转型期影响少数民族大学生思想政治素质的因素及对策》，《黑龙江民族丛刊》2014年第1期。

陈志波：《对提高理工科大学生思想政治素质的几点思考》，《上海交通大学学报》（社会科学版）2000年第S1期。

崔美玉：《大学生社会主义核心价值观现状调查》，《中国健康心理学杂志》2013年第12期。

戴钢书：《环境、中介和人的思想政治道德素质的结构方程分析》，《统计研究》2001年第12期。

杜春华：《试论大学生思想政治教育结构系统》，《科教文汇》2007年第10期。

冯霞：《当代大学生思想结构特质的影响因素及主要表征》，《广西师范大学学报》（哲学社会科学版）2013年第6期。

冯益谦：《中美大学思想政治教育方法比较研究》，《思想教育研究》2007年第1期。

耿俊茂：《坚持"五化"思想优化大学生素质结构》，《改革与战略》2006年第6期。

耿俊茂：《试析大学生素质结构优化中的思想政治理论教育》，《内蒙古农业大学学报》（社会科学版）2006 年第 1 期。

郭平：《大学生思想政治素质及其拓展》，《毛泽东思想研究》2005 年第 4 期。

何评：《"90 后"大学生思想行为特征与思想政治教育的实效性研究》，《经济师》2011 年第 3 期。

胡凯、孙菲：《大学生错误网络价值观：表现、根源及矫正》，《求索》2016 年第 5 期。

姜晰、周怡：《大学生思想素质的现状、成因及对策》，《陕西师范大学学报》（哲学社会科学版）1998 年第 S3 期。

金吉山、李菊：《分析大学生思想结构特点 开拓高校思想政治工作新途径》，《中国西部科技》2005 年第 3 期。

金盛华、郑建君、辛志勇：《当代中国人价值观的结构与特点》，《心理学报》2009 年第 10 期。

李春雷、郑绘：《新时期大学生思想政治素质调查研究》，《广西民族大学学报》（哲学社会科学版）2007 年第 6 期。

李屏南：《论人的思想结构》，《湖南师范大学社会科学学报》1997 年第 5 期。

李屏南：《论人的思想结构及对人的评价方法》，《求索》1986 年第 2 期。

刘佳：《大学生价值观结构与其心理距离间的关系》，《山西经济管理干部学院学报》2008 年第 2 期。

刘梅：《西方"道德灌输批判"的意义及启示》，《理论探讨》2000 年第 5 期。

罗剑明：《论人的思想系统的自组织》，《湖南师范大学社会科学学报》1992 年第 1 期。

罗剑明：《论人的思想系统自我构成的辩证过程》，《社会科学》1991

年第 6 期。

骆郁廷、黎海燕：《大学生日常思想政治教育内容结构解析》，《学校党建与思想教育》2014 年第 5 期。

潘宏佳：《"90 后"大学生思想行为特征与思想政治教育对策研究》，《佳木斯大学学报》2011 年第 3 期。

申小蓉：《当代大学生思想发展变化的动因及特点研究》，《电子科技大学学报社科版》2007 年第 1 期。

孙美晖：《90 后大学生思想观念和行为特征——以黑龙江省部分高校为例》，《黑龙江教育》2011 年第 5 期。

汤勇：《对大学生思想素质的理解》，《高校德育研究》1986 年第 3 期。

田益民：《大学生思想道德素质结构浅析》，《传承》2008 年第 6 期。

童强：《结构与思想的机构史》，《南京大学学报》（哲学人文社会科学）2002 年第 9 期。

万美容、曾兰：《"90 后"大学生思想行为特点及其引导策略》，《学校党建与思想教育》2012 年第 8 期。

汪浩然：《对部分大学生思想素质的分析》，《学校思想政治教育研究》1987 年第 3 期。

王景春、戴有忠：《试论系统的元素、结构、环境与其功能的关系》，《农业系统科学与综合研究》1987 年第 12 期。

王升臻：《思想政治素质内在结构刍议》，《教育与管理》2007 年第 3 期。

王滔、张大均、陈建文：《大学生心理素质量表的编制》，《西南大学学报》（社会科学版）2008 年第 1 期。

王学梅：《当代大学生思想政治素质现状分析及其教育策略》，《淮海工学院学报》2012 年第 19 期。

魏源：《价值观的概念、特点及其结构特征》，《中国临床康复》2006

年第 18 期。

吴丽兵：《分析教育对象的思想结构 增强思想政治教育的有效性》，《合肥工业大学学报》（社会科学版）1992 年第 S1 期。

吴敏英、陈青山：《新中国 60 年大学生思想道德素质发展轨迹及其启示》，《四川师范大学学报》（社会科学版）2009 年第 5 期。

习近平：《思政课是落实立德树人根本任务的关键课程》，《求是》2020 年第 16 期。

谢丽萍：《新时期大学生价值观结构分析》，《兵团党校学报》2009 年第 6 期。

辛志勇、金盛华：《大学生的价值观概念与价值观结构》，《高等教育研究》2006 年第 2 期。

邢鹏飞：《当前大学生思想政治素质实证研究》，《江西师范大学学报》（哲学社会科学版）2014 年第 1 期。

徐蓉：《结构分析法在大学生思想状况分析中的运用及其启示》，《复旦学报》2010 年第 4 期。

杨静云：《美国政治观、价值观教育掠影》，《思想教育研究》1994 年第 3 期。

杨礼清：《马克思主义价值观的系统结构》，《毛泽东思想研究》1999 年第 S1 期。

杨丽、黄红梅、王梦娜：《大学生思想政治素质量表的研制及信效检验》，《人才资源开发》2014 年第 23 期。

杨晓静：《大学生素质模型的构建》，《科教文汇》2011 年第 4 期。

杨鑫：《外部环境对组织结构的影响与关系探究》，《商业时代》2010 年第 6 期。

杨业华、湛利华：《大学生核心价值观的内涵及研究意义探析》，《思想教育研究》2013 年第 4 期。

杨宜音：《从读书结构看大学生思想结构》，《青年研究》1983 年第 3 期。

姚伟龙、李蓓、郭磊：《"90 后大学生"思想行为特征分析——基于思想行为学视角》，《成人教育》2011 年第 2 期。

曾长秋、曹挹芬：《社会主义核心价值观结构探析》，《伦理学研究》2014 年第 2 期。

张朝蓉：《西方思想史中人的素质思想考察》，《江西社会科学》2006 年第 6 期。

张青、刘树雨、周茂袁等：《天津大学生社会主义核心价值观调查及对策研究》，《法制与社会》2008 年第 29 期。

周顺玲：《社会主义核心价值观的结构分层初探》，《求实》2013 年第 S1 期。

朱应皋、金鑫：《当代大学生思想政治素质的实证分析》，《高等工程教育研究》2006 年第 2 期。

（五）学位论文

陈丽媛：《大学生思想政治教育实效性研究》，硕士学位论文，辽宁师范大学，2011 年。

陈青山：《建国以来大学生思想道德素质发展轨迹及其规律性认识》，硕士学位论文，四川师范大学，2008 年。

黄晓花：《高校思想政治理论课教师素质模型建构研究》，硕士学位论文，西南大学，2011 年。

李春山：《当代中国大学生政治素质优化研究》，博士学位论文，大连理工大学，2012 年。

李杰：《大学生政治素质评估研究》，博士学位论文，中国地质大学，2013 年。

李然：《素质模型的建构理论及应用研究》，硕士学位论文，西安建筑科技大学，2005 年。

李瑛：《大学生心理素质结构研究》，硕士学位论文，华中科技大学，2005 年。

李征澜：《青少年社会主义核心价值观量表构念信效度及全国常模的制定》，硕士学位论文，西南大学，2010 年。

廖晋梅：《"90"后大学生思想行为的特征调查与分析——以成都市高校为例》，硕士学位论文，西华大学，2012 年。

刘江：《当代大学生的政治素质结构及其优化》，硕士学位论文，河海大学，2003 年。

刘亚菲：《大学生心理素质的结构与测评》，硕士学位论文，天津大学，2009 年。

刘忠艳：《高校教师思想道德素质模型构建及实施策略研究》，硕士学位论文，西南大学，2014 年。

柳松：《大学生思想政治教育内容体系的构建》，硕士学位论文，山东大学，2012 年。

路晓晴：《社会主义核心价值观的内在结构研究》，硕士学位论文，合肥工业大学，2015 年。

吕志：《大学生思想政治素质发展研究》，硕士学位论文，广西师范学院，2013 年。

罗昊宇：《高校思想政治教育环境影响因素分析与优化研究》，硕士学位论文，中国矿业大学（北京），2013 年。

罗品超：《大学生心理素质构成因素及其测量工具的研究》，硕士学位论文，华南师范大学，2005 年。

孙建杰：《当代大学生思想政治素质状况分析及对策研究》，硕士学位论文，吉林农业大学，2012 年。

唐艳军：《"90"后大学生思想行为特征及教育对策研究》，硕士学位论文，广西师范大学，2011年。

王利平：《对"90后"大学生思想现状的调查分析及其教育对策研究》，硕士学位论文，西华大学，2012年。

王琴：《新时期大学生思想政治素质现状及其对策研究》，硕士学位论文，陕西科技大学，2012年。

王淘：《大学生心理素质结构及其发展特点的研究》，硕士学位论文，西南师范大学，2002年。

吴微：《改革开放以来大学生思想变化轨迹与规律的研究》，博士学位论文，东北林业大学，2011年。

伍秀敏：《大学生使用网络的思想行为特征与教育对策研究》，硕士学位论文，电子科技大学，2006年。

武爽：《当代社会思潮对大学生的影响及对策研究》，硕士学位论文，渤海大学，2013年。

肖大卉：《和谐校园视野下大学生思想政治素质优化论》，硕士学位论文，湖南师范大学，2008年。

徐海祥：《提升大学生思想政治素质的对策研究》，硕士学位论文，东北师范大学，2006年。

杨双霜：《民办高校大学生思想政治素质现状及对策研究》，硕士学位论文，西南大学，2012年。

袁雅琦：《民族院校大学生思想政治素质现状分析与对策》，硕士学位论文，哈尔滨工业大学，2006年。

曾涛：《大学生思想道德素质结构及其优化》，硕士学位论文，武汉大学，2004年。

赵兵：《大学生政治素质现状及培育对策——以承德医学院为例》，硕士学位论文，河北师范大学，2011年。

赵炳建：《新时期大学生思想认知特点及对策研究》，硕士学位论文，复旦大学，2002年。

（六）中文报纸

李斌、霍小光：《习近平在党的新闻舆论工作座谈会上强调坚持正确方向创新方法手段　提高新闻舆论传播力引导力》，《人民日报》2016年2月20日第1版。

刘睿民：《中国需要加快形成大数据国家战略》，《中国经济时报》2016年7月9日。

田芝健等：《现代化的核心是人的现代化》，《光明日报》2013年1月28日第7版。

吴晶、胡浩：《习近平在全国高校思想政治工作会议上强调　把思想政治工作贯穿于教育教学全过程　开创我国高等教育发展新局面》，《人民日报》2016年12月9日第1版。

习近平：《青年要自觉践行社会主义核心价值观——在北京大学师生座谈会上的讲话》，《人民日报》2014年5月5日第2版。

《习近平在清华大学考察时强调　坚持中国特色世界一流大学建设目标方向　为服务国家富强民族复兴人民幸福贡献力量》，《人民日报》2021年4月20日第1版。

张胜、夏静：《〈中国大学生思想政治教育发展报告〉发布　为高校思想政治工作科学化打造"硬支撑"》，《光明日报》2019年11月24日第2版。

（七）中文网站

《第45次〈中国互联网络发展状况统计报告〉出炉》，2020年4月28日，新浪财经（http：//finance.sina.com.cn/wm/2020-04-28/doc-iirczymi8876230.shtml）。

李政葳：《第47次〈中国互联网络发展状况统计报告〉发布》，《光明日报》2021年2月4日第9版。

附录1 大学生思想素质结构调查问卷

同学你好！

　　感谢你对本次调查的支持。调查问卷的目的在于了解当前大学生思想素质结构的现状，调查数据仅作学术研究所用不作其他用途，请放心填答。本着更好地优化当代大学生的思想素质，提升人才培养质量的目的，研究者需要较客观全面地把握真实情况，请你如实填答。所有选项均为单项选择，请用钩（√）填下最符合你的答案，你的回答无对错好坏之分，但真实性对研究者十分重要，衷心感谢你对本次调查的大力支持！

一 个人资料

01. 性别：

1. 男 □　　　　　　2. 女 □

02. 年级：

1. 大一 □　　　　　2. 大二 □

3. 大三 □　　　　　4. 大四 □

03. 专业类别：

1. 文史类 □　　　　2. 理工类 □

3. 艺体类 □

04. 政治面貌：

1. 中共党员 □   2. 共青团员 □

3. 群众 □

05. 是否为学生干部：

1. 是 □   2. 否 □

二 问卷部分

06. 大学生应具备奉献社会的价值观

A. 赞成 □   B. 基本赞成 □

C. 不太赞成 □   D. 不赞成 □

07. 大学生要自立自强自己创造幸福

A. 赞成 □   B. 基本赞成 □

C. 不太赞成 □   D. 不赞成 □

08. 大学生适当的拜金和享乐是必要的

A. 赞成 □   B. 基本赞成 □

C. 不太赞成 □   D. 不赞成 □

09. 大学生就要有对名利的追求

A. 赞成 □   B. 基本赞成 □

C. 不太赞成 □   D. 不赞成 □

10. 你对自私自利的看法是什么？

A. 赞成 □   B. 基本赞成 □

C. 不太赞成 □   D. 不赞成 □

11. 权力能决定一切吗？

A. 赞成 □   B. 基本赞成 □

C. 不太赞成 □   D. 不赞成 □

12. 你崇尚自我主张个人主义吗？

    A. 赞成 ☐   B. 基本赞成 ☐

    C. 不太赞成 ☐   D. 不赞成 ☐

13. 你觉得应该助人为乐吗？

    A. 赞成 ☐   B. 基本赞成 ☐

    C. 不太赞成 ☐   D. 不赞成 ☐

14. 你有较强的学习愿望吗？

    A. 有 ☐   B. 基本有 ☐   C. 不太有 ☐   D. 没有 ☐

15. 你有各种需要和想法吗？

    A. 有 ☐   B. 基本有 ☐   C. 不太有 ☐   D. 没有 ☐

16. 你对特朗普后谁想竞选总统了解吗？

    A. 有 ☐   B. 基本有 ☐   C. 不太有 ☐   D. 没有 ☐

17. 你对当今社会反腐败有较好的了解吗？

    A. 有 ☐   B. 基本有 ☐   C. 不太有 ☐   D. 没有 ☐

18. 老师批评了你，你有情绪吗？

    A. 有 ☐   B. 基本有 ☐

    C. 不太有 ☐   D. 没有 ☐

19. 你觉得你空虚寂寞或有"空心病"吗？

    A. 有 ☐   B. 基本有 ☐

    C. 不太有 ☐   D. 没有 ☐

20. 做某件事十分困难你有奋战到底最终征服的决心吗？

    A. 有 ☐   B. 基本有 ☐

    C. 不太有 ☐   D. 没有 ☐

21. 你志愿考上研究生但中途遇到很大困难，你有坚持吗？

    A. 有 ☐   B. 基本有 ☐

    C. 不太有 ☐   D. 没有 ☐

22. 选定某一目标后你有不达目标不罢休的信念吗？

　　A. 有 □　　　　　　　　B. 基本有 □

　　C. 不太有 □　　　　　　D. 没有 □

23. 你对为什么选择马克思主义作为党和国家的指导思想清楚吗？

　　A. 清楚 □　　　　　　　B. 基本清楚 □

　　C. 不太清楚 □　　　　　D. 不清楚 □

24. 你对为什么要坚定"四个自信"清楚吗？

　　A. 清楚 □　　　　　　　B. 基本清楚 □

　　C. 不太清楚 □　　　　　D. 不清楚 □

25. 你对为什么追逐中国梦的理由清楚吗？

　　A. 清楚 □　　　　　　　B. 基本清楚 □

　　C. 不太清楚 □　　　　　D. 不清楚 □

26. 你对当前党和政府的决策部署有清楚的认同吗？

　　A. 清楚 □　　　　　　　B. 基本清楚 □

　　C. 不太清楚 □　　　　　D. 不清楚 □

27. 你对最高理想和共同理想之间的关系清楚吗？

　　A. 清楚 □　　　　　　　B. 基本清楚 □

　　C. 不太清楚 □　　　　　D. 不清楚 □

28. 你清楚中美贸易摩擦对中国的危害吗？

　　A. 清楚 □　　　　　　　B. 基本清楚 □

　　C. 不太清楚 □　　　　　D. 不清楚 □

29. 你清楚当代大学生的使命即你的中国梦吗？

　　A. 清楚 □　　　　　　　B. 基本清楚 □

　　C. 不太清楚 □　　　　　D. 不清楚 □

30. 你对老人倒地扶不扶有清楚的认识和选择吗？

　　A. 清楚 □　　　　　　　B. 基本清楚 □

C. 不太清楚 □　　　　　　　D. 不清楚 □

31. 你认识到了诚信对大学生人生的重要性吗？

A. 清楚 □　　　　　　　　B. 基本清楚 □

C. 不太清楚 □　　　　　　　D. 不清楚 □

32. 你对当今时代对人思想观念的要求有清楚的认识吗？

A. 清楚 □　　　　　　　　B. 基本清楚 □

C. 不太清楚 □　　　　　　　D. 不清楚 □

33. 你守法且知道为什么要守法吗？

A. 清楚 □　　　　　　　　B. 基本清楚 □

C. 不太清楚 □　　　　　　　D. 不清楚 □

34. 你经常参加形势政策报告会或理论沙龙吗？

A. 有 □　　B. 基本有 □　　C. 基本没有 □　　D. 没有 □

35. 你正在为考研考证做准备吗？

A. 有 □　　B. 基本有 □　　C. 基本没有 □　　D. 没有 □

36. 你经常参加学术报告论坛吗？

A. 有 □　　　　　　　　　B. 基本有 □

C. 基本没有 □　　　　　　　D. 没有 □

37. 你周末参加公益志愿活动吗？

A. 有 □　　　　　　　　　B. 基本有 □

C. 基本没有 □　　　　　　　D. 没有 □

38. 你经常参加文娱文体等集体活动吗？

A. 有 □　　　　　　　　　B. 基本有 □

C. 基本没有 □　　　　　　　D. 没有 □

39. 你经常上网发帖并发表评论吗？

A. 有 □　　　　　　　　　B. 基本有 □

C. 基本没有 □　　　　　　　D. 没有 □

40. 你谈恋爱吗？

　　A. 有 □　　　　　　　　B. 基本有 □

　　C. 基本没有 □　　　　　D. 没有 □

41. 你整形美容或染发异装吗？

　　A. 有 □　　　　　　　　B. 基本有 □

　　C. 基本没有 □　　　　　D. 没有 □

42. 你爱逛街或网购吗？

　　A. 有 □　　　　　　　　B. 基本有 □

　　C. 基本没有 □　　　　　D. 没有 □

43. 你认为社会主义核心价值观对你重要吗？

　　A. 第一重要 □　　　　　B. 重要 □

　　C. 不太重要 □　　　　　D. 不重要 □

44. 你觉得社会主义核心价值观对当代中国重要吗？

　　A. 第一重要 □　　　　　B. 重要 □

　　C. 不太重要 □　　　　　D. 不重要 □

45. 你在生活中把社会主义核心价值观放在什么位置？

　　A. 第一重要 □　　　　　B. 重要 □

　　C. 不太重要 □　　　　　D. 不重要 □

46. 你在处理问题时常常把价值观放在什么位置？

　　A. 第一重要 □　　　　　B. 重要 □

　　C. 不太重要 □　　　　　D. 不重要 □

47. 你在处理问题时常常边思考边行动吗？

　　A. 是 □　　　　　　　　B. 基本是 □

　　C. 偶尔是 □　　　　　　D. 不是 □

48. 你喜欢在实践中思考在思考中实践吗？

　　A. 是 □　　B. 基本是 □　　C. 偶尔是 □　　D. 不是 □

49. 你认为认知对你的认识最重要吗?

　　A. 是 □　　　　　　　　B. 基本是 □

　　C. 偶尔是 □　　　　　　D. 不是 □

50. 你是个感情用事的人吗?

　　A. 是 □　　　　　　　　B. 基本是 □

　　C. 偶尔是 □　　　　　　D. 不是 □

51. 你会为朋友两肋插刀吗?

　　A. 是 □　　　　　　　　B. 基本是 □

　　C. 偶尔是 □　　　　　　D. 不是 □

52. 明明是错的你还坚持你的意见吗?

　　A. 是 □　　　　　　　　B. 基本是 □

　　C. 偶尔是 □　　　　　　D. 不是 □

53. 你坚定的信念无论对错你都会坚持到底吗?

　　A. 是 □　　　　　　　　B. 基本是 □

　　C. 偶尔是 □　　　　　　D. 不是 □

54. 你在日常学习生活中很讲究凭经验办事吗?

　　A. 是 □　　B. 基本是 □　　C. 偶尔是 □　　D. 不是 □

55. 做任何一件事你一定要经过深刻思考后才实施吗?

　　A. 是 □　　　　　　　　B. 基本是 □

　　C. 偶尔是 □　　　　　　D. 不是 □

56. 你认为提高思想认识是做好一件事最重要的前提吗?

　　A. 是 □　　　　　　　　B. 基本是 □

　　C. 偶尔是 □　　　　　　D. 不是 □

57. 思想认识在你心目中居于最重要的位置吗?

　　A. 是 □　　　　　　　　B. 基本是 □

　　C. 偶尔是 □　　　　　　D. 不是 □

58. 老师安排你组织歌咏比赛你不假思索就组织选手吗？

    A. 是 □   B. 基本是 □

    C. 偶尔是 □   D. 不是 □

59. 有企业说愿意赞助要你立即过去你立马就去吗？

    A. 是 □   B. 基本是 □

    C. 偶尔是 □   D. 不是 □

60. 你觉得你的行为可以不受约束放任自由吗？

    A. 是 □   B. 基本是 □

    C. 偶尔是 □   D. 不是 □

61. 你随手丢物吗？

    A. 是 □   B. 基本是 □

    C. 偶尔是 □   D. 不是 □

62. 你的言行受到过别人的指责吗？

    A. 是 □   B. 基本是 □

    C. 偶尔是 □   D. 不是 □

63. 你经常上课迟到早退吗？（有其中之一可视为）

    A. 是 □   B. 基本是 □

    C. 偶尔是 □   D. 不是 □

64. 你的学习表现受到老师的表扬吗？

    A. 是 □   B. 基本是 □   C. 偶尔是 □   D. 不是 □

65. 你平时喜欢骂人或者说脏话吗？

    A. 是 □   B. 基本是 □   C. 偶尔是 □   D. 不是 □

66. 你总喜欢欠账不还吗？

    A. 是 □   B. 基本是 □   C. 偶尔是 □   D. 不是 □

67. 你经常参加公益活动并受到老百姓赞扬吗？（参加一项可视为）

    A. 是 □   B. 基本是 □   C. 偶尔是 □   D. 不是 □

68. 你崇尚个性喜欢与众不同吗?

　　A. 是 □　　B. 基本是 □　　C. 偶尔是 □　　D. 不是 □

69. 你特立独行喜欢行为自由吗?

　　A. 是 □　　　　　　　　　B. 基本是 □

　　C. 偶尔是 □　　　　　　　D. 不是 □

70. 你对社会主义核心价值观了解吗?

　　A. 非常了解 □　　　　　　B. 了解 □

　　C. 不太了解 □　　　　　　D. 不了解 □

71. 你觉得西方社会思潮如普世价值对你影响大吗?

　　A. 非常大 □　　　　　　　B. 比较大 □

　　C. 不太大 □　　　　　　　D. 不大 □

72. 你认为低俗的电视剧对你的价值观影响大吗?

　　A. 非常大 □　　　　　　　B. 比较大 □

　　C. 不太大 □　　　　　　　D. 不大 □

73. 你认为学校教育对你的心理影响大吗?

　　A. 非常大 □　　　　　　　B. 比较大 □

　　C. 不太大 □　　　　　　　D. 不大 □

74. 家庭教育对你的思想心理有影响吗?

　　A. 非常大 □　　　　　　　B. 比较大 □

　　C. 不太大 □　　　　　　　D. 不大 □

75. 我国社会思潮对你的思想认识影响大吗?

　　A. 非常大 □　　　　　　　B. 比较大 □

　　C. 不太大 □　　　　　　　D. 不大 □

76. 手机等新媒体对你的思想认识影响大吗?

　　A. 非常大 □　　　　　　　B. 比较大 □

　　C. 不太大 □　　　　　　　D. 不大 □

77. 下课后大家都向一群人跑去，大家的行为对你影响大吗？

　　A. 非常大 □　　　　　　B. 比较大 □

　　C. 不太大 □　　　　　　D. 不大 □

78. 公共场合突然有人尖叫此事对你影响大吗？

　　A. 非常大 □　　　　　　B. 比较大 □

　　C. 不太大 □　　　　　　D. 不大 □

79. 你的身后有人你最先进入电梯（此电梯不按"打开"键数秒后会自动关门升梯）首先做什么？

　　A. 习惯性摁下要去的楼层数字键 □

　　B. 长摁打开键等他人进入 □

　　C. 继续玩手机 □

　　D. 什么也不做 □

80. 洪水来袭军民奋起抗洪，你最先做什么？

　　A. 申请支援抗洪 □　　　B. 上课学习 □

　　C. 参加文体活动 □　　　D. 了解家人的安危 □

81. 什么样的人生最成功？

　　A. 对国家社会有贡献 □　B. 拥有美满婚姻 □

　　C. 有钱有权 □　　　　　D. 知识渊博 □

82. 得知考研失败后第一时间你怎么做？

　　A. 偷哭郁闷 □　　　　　B. 查找原因认真反思 □

　　C. 继续泡图书馆复习 □　D. 觉得没用而放弃 □

83. 你很渴望与同学建立良好友谊，你的选择是什么？

　　A. 努力搞好关系，不断增进感情 □

　　B. 不知道怎么经营友谊 □

　　C. 对他不冷不热 □

　　D. 什么也不做 □

附录2 大学生思想素质结构访谈提纲

（1）你认为当前党和政府以及贵校对大学生思想素质建设重视吗？如果很重视，在大学生思想政治教育上采取了哪些举措？

（2）你觉得当前大学生思想政治教育最大的问题是什么，怎么应对这一问题？

（3）你认为贵校思想政治教育措施有力吗？如果教育成效还不尽人意，你赞成用外部手段来提高思想素质，还是从内部结构分析思想素质进而采取有针对性的措施？

（4）有人提出当前大学生思想素质问题主要是结构问题，你赞同吗？

（5）你认为大学生思想素质结构应该由哪些部分构成？目前存在哪些结构性问题？

（6）有人提出大学生思想素质的核心是价值观念、关键是思想认识，因此解决大学生思想素质问题主要从培育核心价值观、提高思想认识两大重点入手。你认为如何优化大学生思想素质结构？

（7）你是否坚信"两个必然"和"两个绝不会"？社会主义比资本主义优越，你觉得有哪些理由？

（8）请你对所在高校的思想政治教育方式做一个评价并提出建议。

（9）你认为影响当代大学生思想素质结构的因素有哪些，如何应对？

（10）关于优化大学生思想素质结构你还有什么好的意见和建议？

后　　记

　　对大学生思想问题的思索自本人进入高校工作起一直未曾停息。后来因工作关系，接触了数届大学生，地域、年龄、性格、喜好等形形色色，他们的思想也千差万别，所呈现出来的思想素质更是迥然各异。如何将不同大学生的思想进行归类研究，如何提高他们的思想素质使之能更好地适应时代发展要求？带着这些问题，我思考了很长一段时间，后来读到了系统论等方面的理论，开始思考从结构的视角探讨这一问题。思想素质结构，如何进行研究？它到底包含哪些要素，结构关系如何，什么结构是最科学牢固的，如何从内部入手优化结构提高思想素质？起初对这些问题不甚明了。后来针对这些问题查阅了大量文献资料，不断请教方家后，研究思路慢慢清晰，研究脉络逐步呈现，研究框架也基本定好了。

　　概念的明晰和框架的建构是从事研究的重要基础。在厘清大学生思想素质结构的概念、要素、结构关系等基本理论后，带着这些知识，带领课题团队开始在湖南省内一些高校调查当前大学生思想素质结构状况，其间利用学术交流、培训等机会，还对省外几所高校进行了调研。历时半年多的专项调查，课题组从大学生思想素质结构要素、结构组合、结构链接、要素互动等方面展开了较为广泛的调研。通过调查和长期工作接触了解的情况，课题组初步形成了对当前大学生思想素质结构总体状况和主要问题的把握，初步掌握了其思想素质结构问题、原因与危害。随后，开始了边研究边写作，边研究边思考的阶段。其间经历了思索、学习和领悟等过程。后来不断写作和修改，花去了将近一年的时间，力争把它写得更好一些。研究是艰辛的，完稿后我所坐的竹椅将木地板磨花一片。

本人大学毕业后在媒体求职，先后几次放弃在其他领域就职的机会坚守在高校。多少年来，一直忘不了父母亲人勤劳节俭送我求学的历历往事，忘不了师长益友教导的"学会感恩""积德行善"的谆谆教诲，忘不了入党时的宣誓和长期以来组织的关心培养，忘不了青年学子们的纯真笑容和求知上进的殷殷目光……常常追问自己：我是谁？当老师的最大价值在哪里？我告诉自己：我是老师，更是引路人。因而，常常将敬畏、勤勉、感恩、担当记在心里。常常告诫自己：敬畏就是要敬畏天地、尊长、弱幼和现有的一切，懂得良知底线；勤勉就是要奋发有为，教好书育好人、做好自己；感恩就是要知恩图报，学会分享，凡事多说声谢谢；担当就是要忠诚负责，敢于亮剑，淡泊名利。为此，常常喜欢读读"地位清高，日月每从肩上过；门庭开豁，江上常在掌中看""时时勤拂拭，莫使惹尘埃""个体善性是获得幸福的方式"等言语；常常爱翻翻王树增的《解放战争》、塞缪尔·斯迈尔斯的《品格的力量》、老子的《道德经》、王通的《止学》、王跃文的《大清相国》等修身典章；常常想起马克思说的"最先朝气蓬勃投入新生活的人，他们的命运是令人羡慕的""科学绝不是自私自利的享乐，有幸能够致力于科学研究的人，首先应该拿自己的学识为人类服务"等话语；想起艾青的"为什么我的眼里常含泪水，因为我对这土地爱得深沉"那句诗，想起泰戈尔说的"离我们最近的地方，路程却最遥远。我们最谦卑时，才最接近伟大"等箴言；常常提醒自己：保持一名学人的底色和担当。多少年来，一直坚守在教书育人的三尺讲台上，一直坚定

后　记

"让更多学生成才是为师之道"的信条。一直有个梦想未曾改变,那就是更好地充实自己助力青年学子们求学成才,帮助他们用思想和智慧在竞争中角逐,收获人生的幸福!

这本书的出版很感谢导师刘新庚教授的指导。它的出版得到了湖南省委教育工委和湖南警察学院的大力支持。学院党委书记周学农教授、院长王周博士特别关心关爱,马院院长张满生教授等为之付出诸多辛劳,我的博士后导师张国祚教授欣然拨冗作序、使之增色不少,好友谢晓军博士为之校译了外文文献。十分恩谢诸君。一路走来,我还衷心地感谢脚下这片土地,是这片热土养育了我;衷心地感谢多年来老师们的辛勤栽培,是你们教导培养了我;衷心地感谢前人和有关学者们的研究成果,让我站在巨人的肩膀上前行;衷心地感谢帮助关心过我的领导及同事,是你们的支持认可提携了我;衷心地感谢亲人朋友,是亲情友情鼓励支持了我;衷心地感谢挫折和磨难,是这些历练和积淀支撑充实了我;衷心地感谢一草一木、一花一物,是世界的多彩丰富、生活的点点滴滴丰盈装饰了我。这一切都始终在以旷达的胸怀、慈爱的目光抚慰着我的一举一动、一言一语,容忍我的缺点和不足;始终在以大爱的双手、坚强的臂膀提携这位学人和马克思主义理论的爱好者,以爱鞭策着我的人生;始终在以求实的作风、拼搏的精神,教育激励我跨越每一步、走过每一程。

欣逢盛世千帆竞,不负春光万里先。畅想明天,作为一名人民教师和共产党员,奔跑在实现中华民族伟大复兴中国梦的逐梦征程上,中华民族伟大复兴的中国梦在时刻昭示提醒着我们肩上担当的使命。时代已赋予当代青年"海阔凭鱼跃,天高任鸟飞"的良好机遇和施展舞台,"居之无倦,行之以忠"体现的是忠诚,更是无悔,"不爱沙滩擢贝子,扬帆击楫戏中流",只要我们向着太阳生长,胸怀开疆拓土、精卫填海的精神和毅力,为着事业披荆斩棘、不懈奋斗,无论在哪里,无论尊卑,无论岁月长短，都一定会书写出自己初心如磐、清气若兰的坚实人生！

笔落风雨酣，诗意满潇湘。窗外桃红柳绿、盈盈欲滴，花草随风摇曳，春天正踏步向前。这是我写完书稿的情景。然而待校完书稿，已是另一个冬季。我在朋友圈发了段文字：站在季节的街头，车来车往，匆匆的脚步踩响城市的鼓点，那一张张裹进衣帽的笑脸温暖着初冬的胫骨。天冷了啊，我常常想，哪怕季节再深，多看一看那一个个挥舞着的臂膀的姿势，那些刚强有力的城市音符，一定可以点亮引领我们前行的火把……向着这片土地问个好吧，它的心跳与我多么相似，它的脸庞多么令我心动……是的，这就是我现在的心境。夜已深，好静。但还想写下最后一句话：由于水平有限，书中定有纰漏与不当之处，敬请读者批评指正。

作　者

辛丑年初冬于浏阳河畔